NO HAY CAUSA PERDIDA

ÁLVARO
URIBE VÉLEZ

NO HAY CAUSA
PERDIDA

MEMORIAS

A CELEBRA BOOK

CELEBRA
Published by New American Library, a division of
Penguin Group (USA) Inc., 375 Hudson Street,
New York, New York 10014, USA
Penguin Group (Canada), 90 Eglinton Avenue East, Suite 700, Toronto,
Ontario M4P 2Y3, Canada (a division of Pearson Penguin Canada Inc.)
Penguin Books Ltd., 80 Strand, London WC2R 0RL, England
Penguin Ireland, 25 St. Stephen's Green, Dublin 2,
Ireland (a division of Penguin Books Ltd.)
Penguin Group (Australia), 250 Camberwell Road, Camberwell, Victoria 3124,
Australia (a division of Pearson Australia Group Pty. Ltd.)
Penguin Books India Pvt. Ltd., 11 Community Centre, Panchsheel Park,
New Delhi - 110 017, India
Penguin Group (NZ), 67 Apollo Drive, Rosedale, Auckland 0632,
New Zealand (a division of Pearson New Zealand Ltd.)
Penguin Books (South Africa) (Pty.) Ltd., 24 Sturdee Avenue,
Rosebank, Johannesburg 2196, South Africa

Penguin Books Ltd., Registered Offices:
80 Strand, London WC2R 0RL, England

First published by Celebra,
a division of Penguin Group (USA) Inc.

First Printing (Spanish Edition), October 2012
10 9 8 7 6 5 4 3 2 1

CELEBRA SPANISH-EDITION HARDCOVER ISBN: 978-0-451-41382-6

THE LIBRARY OF CONGRESS HAS CATALOGED THE ENGLISH-LANGUAGE EDITION OF THIS TITLE AS FOLLOWS:

Uribe Vélez, Álvaro, 1952-
No lost causes / Álvaro Uribe Vélez.
p.   cm.
ISBN 978-0-451-41381-9
1. Uribe Vélez, Álvaro, 1952–   2. Presidents—Colombia—Biography.
3. Colombia—Politics and government—1974–   I. Title.
F2279.22.U78A3 2012
986.106'34092—dc23   2012014078
[B]

Set in Adobe Garamond Pro
Designed by Alissa Amell

Printed in the United States of America

PUBLISHER'S NOTE
Penguin is committed to publishing works of quality and integrity. In that spirit, we are proud to offer
this book to our readers; however the story, the experiences and the words are the author's alone.
    While the author has made every effort to provide accurate telephone numbers and Internet addresses
at the time of publication, neither the publisher nor the author assumes any responsibility for errors, or for
changes that occur after publication. Further, publisher does not have any control over and does not
assume any responsibility for author or third-party Web sites or their content.

Para Lina,
quien representa a la familia

PRIMERA PARTE

Amor

"Lo único que me duele al morir es que no sea de amor".
GABRIEL GARCÍA MÁRQUEZ

1

—Las tropas están listas, señor Presidente.

—Procedan bajo mi responsabilidad —dije.

Cerré los ojos y recordé sus caras. Entonces recé.

2

Por varios años fui amigo de Guillermo Gaviria Correa y Gilberto Echeverri Mejía. Hombres de paz y buena voluntad —como muchos colombianos—, por amor a la patria estaban dispuestos a sacrificarlo todo. Por eso, cuando el 17 de abril de 2002 decidieron aventurarse por un tramo peligroso de la zona cafetera antioqueña, confiaban en que su buena voluntad sería retribuida.

Hijo de una influyente familia de Medellín dedicada al periodismo y a hacer empresa, Guillermo Gaviria era un hombre profundamente espiritual; sus héroes eran personajes como Gandhi y Martin Luther King, Jr. En su ejercicio como gobernador del departamento de Antioquia (cargo que desempeñé unos años antes que él), gracias al cual tenía un peso nacional considerable, decidió organizar una "Marcha de la Solidaridad y la Reconciliación" que debía de llegar hasta el municipio de Caicedo. Sería una marcha por la paz que, durante cinco días, recorrería cincuenta kilómetros. El propósito era mostrar que a pesar de tantas décadas de caos y derramamiento de sangre como las que había vivido Colombia, todavía era posible una solución no violenta. Según informes de prensa, Gaviria ordenó a la Policía y al Ejército mantenerse alejados de la marcha; pidió que no lo protegieran y que en el caso de ser secuestrado o asesinado, ninguna represalia debía tomarse.

Fue un acto valiente. Durante muchos años el grupo terrorista autodenominado Fuerzas Armadas Revolucionarias de Colombia (FARC) había aterrorizado la zona de Caicedo donde además de otros crímenes, había perpetrado secuestros y masacres de civiles. Guillermo conocía los peligros a los que se exponía: su madre, doña Adela Correa, había sido secuestrada algunos años atrás por el EPL, otro grupo armado ilegal, y el Ejército le advirtió sobre los peligros de la zona a la que pensaba marchar. Pero Gaviria era joven y carismático, poeta y bailarín, poseía el celo de un verdadero creyente.

Por esos años, la población de Caicedo había llamado la atención de todo el país al declararse "neutral" frente a la violencia que azotaba a Colombia. Al marchar, entonces, hacia este municipio, Gaviria creía con firmeza que su posición pacifista iluminaría el camino de la paz para todo el país. Quería mostrarle a otros políticos colombianos —entre ellos a mí, según se dijo—

que la confrontación armada no era la respuesta a nuestros males. Así, pues, la marcha estaba destinada a convertirse en un punto de quiebre en la historia colombiana; a ser nuestro Selma. A quienes le advirtieron de los peligros, Guillermo contestó: "Me da más miedo la cobardía de no ir". Comprendo exactamente lo que quería decir.

Alrededor de mil personas acompañaron al gobernador en su marcha hacia Caicedo. Entre ellos se encontraba Gilberto Echeverri, un veterano estadista ampliamente admirado quien había sido ministro de Defensa, embajador y gobernador de Antioquia. Era un colombiano sobresaliente a cuya familia conocía desde mi infancia. También se encontraban el presidente de la Conferencia Episcopal Colombiana, los obispos de Medellín y de otras ciudades, y un estadounidense que en 1965 había marchado en Alabama con el doctor King: Bernard Lafayette, profesor universitario y activista por la paz, quien como tantos otros se identificó con el ideal que alentaba la misión de Gaviria.

Durante cinco días los manifestantes marcharon a lo largo de la carretera. Iban vestidos con camisetas blancas y agitaban banderas del mismo color, entonaban canciones de paz y entregaban rosarios a los transeúntes. En varios lugares los pobladores, de manera espontánea, salieron a la carretera ondeando banderas blancas de fabricación casera y gritando: "¡No a la violencia!". Era un espectáculo hermoso, una demostración sincera y conmovedora del anhelo de paz y normalidad de la gran mayoría de los colombianos, sin importar sus convicciones políticas.

Habría sido suficiente un mínimo de razón por parte de las FARC para acoger a estas personas de buen corazón o, al menos, dejarlas continuar su marcha en paz. Pero no fue así. El 21 de abril, último día de la jornada y cuando faltaban tres kilómetros para llegar a Caicedo, un grupo de terroristas del llamado Frente 34 de las FARC impidió el paso a los caminantes. El cabecilla era Aicardo de Jesús Agudelo Rodríguez, alias "El Paisa", un criminal de carrera y un verdadero monstruo quien, según la Policía Nacional de Colombia, era responsable de más de 400 secuestros y 500 homicidios; entre ellos, el de la madre de Cecilia María Vélez, ministra de Educación durante nuestro gobierno.

Alias "El Paisa" le pidió a Gaviria acompañarlos a una reunión con los jefes de la guerrilla, y al ver que éste oponía resistencia le mintieron, afirmando que lo llevaban únicamente para conocer mejor los objetivos de la marcha. Partió con algunos de los marchantes, entre los que se contaban

Gilberto Echeverri —quien lo había acompañado por solidaridad— y el profesor estadounidense.

Horas más tarde, quienes esperaban al gobernador vieron regresar al grupo de sus acompañantes. Faltaban, sin embargo, Gaviria y Echeverri. Las FARC los habían secuestrado y, a caballo, los internaron en lo más profundo de la selva colombiana. Se convirtieron en dos nuevos rehenes que se sumaban a los más de 2.800 secuestrados ese año por los diferentes grupos terroristas; víctimas indefensas de una época oscura e infame.

3

¡Cuánto trabajamos para encontrarlos!

Cuatro meses después, en agosto de 2002, asumí como presidente de Colombia. Una de las tareas prioritarias de nuestro gobierno era la liberación de Guillermo, Gilberto y demás rehenes. Todos los días hablaba con los talentosos comandantes del Ejército y la Policía para conocer los avances en la búsqueda, aviones especiales realizaban vuelos de reconocimiento en amplios territorios y se ofrecieron recompensas a informantes que facilitaran la localización de los secuestrados. También, y si las condiciones eran propicias, planeábamos un posible rescate militar. Los viernes permanecía en el despacho presidencial hasta muy tarde en la noche y llamaba a los generales, coroneles y oficiales para examinar los avances en la seguridad, y pedirles noticias sobre el progreso de las operaciones antisecuestro. Con excepción de los actos de obligatorio protocolo (recepción de jefes de Estado o personalidades importantes), en la Casa de Nariño no hubo encuentros de carácter social, y las vacaciones o los días de descanso eran casi inexistentes. Nuestra misión era restaurar la seguridad y liberar a todos los secuestrados de Colombia.

Se trabajaba sin interrupción porque nuestro país estaba en crisis. No compartíamos, sin embargo, la opinión de algunos analistas, para quienes Colombia era un Estado fallido.

Cuando asumí la presidencia, el asedio criminal se había extendido por todo nuestro territorio: capos de la droga, grupos paramilitares, asesinos, delincuencia común y terroristas (nominalmente marxistas, como las FARC) delinquían a sus anchas. Pocos meses antes los criminales habían lanzado bombas incendiarias contra una iglesia y matado —además de numerosos adultos— a cuarenta y ocho niños. Secuestraron un avión comercial; tomaron como rehén a una de mis competidoras en la campaña presidencial de 2002, a quien mantuvieron seis años en la selva. Las FARC incluso intentaron sabotear mi toma de posesión: durante la ceremonia lanzaron más de una docena de morteros a la Casa de Nariño; la mayoría de ellos erraron el blanco y cayeron en unas viviendas humildes cercanas. Como resultado, murieron diecinueve personas inocentes.

No era una crisis pasajera. Por décadas, Colombia había sido flagelada por el tráfico ilegal de la cocaína y los terroristas. Las masacres y las aldeas destruidas por la acción de las bombas aparecían con frecuencia ante los ojos del mundo. Con 28.000 homicidios por año, el país presentaba una de las tasas más altas del mundo. La violencia obligó a más de dos millones de ciudadanos a abandonar sus hogares. Muchos de ellos se refugiaron en el extranjero, lo que dio ocasión para hablar de la diáspora colombiana. Solo Sudán y Angola tenían cifras superiores. Se había hecho imposible viajar por carretera entre las principales ciudades: mediante retenes ilegales, los grupos armados sacaban a los pasajeros de sus automóviles y los secuestraban por horas, días o meses hasta conseguir el pago de un rescate. Y todo este caos tenía su efecto desastroso en la economía: el país acababa de sufrir la peor recesión desde los años treinta, el desempleo alcanzaba el 16 por ciento y el déficit presupuestal alcanzaba niveles alarmantes. Pocos días después de ser investido como presidente, el ministro de Hacienda, Roberto Junguito, me informó de la necesidad de implementar soluciones radicales pues, de lo contrario, en seis semanas no habría dinero para el pago de nuestros soldados.

Sí, la lista de problemas era casi interminable. Ante ellos y faltos de soluciones concretas, muchos se habían dado por vencidos. ¿Acaso no habían intentado todo los gobiernos anteriores? Negociaciones de paz, intervenciones militares, estados de emergencia, mediadores extranjeros, ofertas de amnistía, canjes de prisioneros... Y, sin embargo, nuestros problemas habían empeorado. Por otra parte, quienes aún tenían el valor para intentar cambiar el *status quo* corrían peligro de morir: muchos senadores, alcaldes, líderes sindicales, empresarios y sacerdotes habían sido asesinados en la década anterior. Yo mismo había sobrevivido a por lo menos quince atentados durante mi carrera política.

Vivimos en una época que ve el futuro con escepticismo; en todo el mundo muchas personas han perdido la fe en la capacidad de sus líderes y gobiernos para mejorar sus condiciones de vida. Tal vez soy un romántico incorregible, o tal vez tantas bombas y balas me volvieron obstinado, pero siempre me he negado a aceptar que Colombia sea una causa perdida. Creo apasionadamente en la fuerza de la voluntad para resolver los problemas, sin importar cuán graves sean. Creo que una visión audaz y su materialización mediante un trabajo constante lograrán el progreso y el bienestar para nuestro país. Que con la dedicación y el trabajo en equipo de los ministros, los comandantes de las Fuerzas Armadas y los servidores públicos, y con la solidaridad de las comunidades, puede enfrentarse a los violentos y derrotarlos sin poner nuestros valores en peligro. Siempre fue éste el objetivo de mi gobierno: llevar la seguridad, los derechos humanos, el progreso, la equidad —en síntesis el imperio de la ley— a toda la Patria.

Sabíamos que no sería fácil, que habría muchos fracasos y desengaños. Pero estábamos dispuestos a no escatimar esfuerzos, a hacer todo lo que fuera necesario para sacar a Colombia del abismo en que se encontraba.

Di, entonces, el número de mi teléfono celular en público y procuré responder las llamadas de miles de personas sin importar la hora; llamé a los líderes empresariales de Colombia y el mundo para preguntarles qué necesitaban para invertir de nuevo en el país; los sábados iba con el equipo de gobierno a ciudades y municipios —sin excluir aquellos considerados como muy peligrosos—, y durante ocho horas o más hablábamos con las autoridades y la comunidad sobre sus problemas y analizábamos las posibles soluciones. Estaba tan concentrado en los detalles que con frecuencia inspeccionaba los baños, jardines y pasillos del aeropuerto al que llegaba y si no estaban limpios, lo notificaba a la administración. Algunos llaman a esto microgestión, otros piensan que es un proceder bastante extraño. Quizás unos y otros tengan razón: estoy convencido de la necesidad de combinar una visión global con los pequeños detalles y dedicar la vida a producir este tipo de cambios transformadores. Algo menos que esto sería simplemente insuficiente.

Alentados por algunas victorias sobre los grupos ilegales en los primeros meses de nuestro gobierno, los colombianos empezaron a creer de nuevo en su país. Recordaron que cuando el sol brilla y la violencia se reduce, Colombia puede ser un paraíso. Fuimos bendecidos por Dios con un pueblo vibrante, abundantes riquezas naturales y una belleza extraordinaria. Sin ninguna duda, Colombia es un país digno de dedicarle nuestro cuerpo y nuestra alma, y su pueblo tiene un potencial ilimitado.

Pero estas victorias tempranas no redujeron las acciones encaminadas a encontrar a los cientos de secuestrados que, dispersos en campamentos selváticos, encadenados a los árboles o encerrados en jaulas metálicas, afectados por las enfermedades tropicales y alejados de sus familias durante años, eran como soldados abandonados en el campo de batalla. Símbolos de los males e injusticias que padecía Colombia, la situación de los secuestrados era la nuestra.

Fue en este contexto que tuvo lugar el secuestro de Guillermo Gaviria y Gilberto Echeverri, un hecho devastador no solo para su familia, sino también para todo el país. Dos de los personajes políticos más queridos —el gobernador de Antioquia y un hombre de Estado sumamente digno— languidecían en condiciones inhumanas. Su ausencia me dolía y cada día que pasaba se hacía más insoportable. Como presidente del país me sentía responsable de su suerte.

En los primeros seis meses de mi gobierno no tuvimos más indicios de Guillermo y Gilberto que las cartas que el primero le escribió a su esposa, en las que detallaba las condiciones de su cautiverio. No sabíamos nada más.

Y entonces, finalmente, tuvimos una pista.

4

"Me parece un error grave de las FARC tenernos aquí, en lugar de escuchar nuestros planteamientos", señaló Gaviria en una de las cartas que le escribió a su esposa durante el secuestro. Pasaba sus días en la selva, cerca de los ríos; daba clases de inglés a sus compañeros de cautiverio y leía, en particular la Santa Biblia. Por las noches, mientras en arduas jornadas a lomo de mula lo trasladaban de un campamento a otro, contemplaba el cielo estrellado. "Cielo espectacular", escribió. Conservaba la fe en que de algún modo lograría inculcar su filosofía a sus captores. Decía en sus cartas: "Lo que yo hago dará sus frutos tarde o temprano [...]. Habrá valido la pena si las FARC se abren a la oportunidad de la no violencia".

En general, todos los secuestrados de Colombia han hecho acopio de gran valor y resistencia. Guillermo y sus compañeros no fueron la excepción. Es inevitable, sin embargo, que el tiempo pasado en cautiverio se haga sentir. Dos de los rehenes contrajeron leishmaniasis —enfermedad tropical transmitida por picaduras de moscas de arena parasitarias que produce heridas abiertas en la piel del tamaño de un huevo y que se propagan con rapidez cuando no se recibe el tratamiento adecuado—; otro tenía una herida encima del ojo, y no había medicamentos adecuados en el campamento. "Tengo mucho miedo de que pierda el ojo si permiten que su condición empeore", escribió Gaviria; un secuestrado que acababa de cumplir seis años en cautiverio sufría por decimonovena vez un ataque de malaria. En cuanto a sí mismo, Guillermo informaba que aparte de un hongo que le afectaba los pies, su salud era buena, pero estaba preocupado por Echeverri, próximo a cumplir sesenta y siete años, quien mostraba claras señales de quebranto. "A su edad no debería correr los riesgos que corremos aquí", escribió.

La monotonía implacable de la lluvia, las arduas exigencias físicas de la vida en la selva y la angustia de estar separado de la familia por un tiempo indefinido pueden quebrantar al espíritu más fuerte. Para su sustento emocional, Gaviria recurría con frecuencia a la radio. Varios programas —entre ellos "Las voces del secuestro"— surgieron para llevar a los colombianos en cautiverio palabras de aliento de sus familiares y amigos. Eran emitidos por lo general antes del amanecer y gracias a ellos los rehenes compartían con sus familiares la alegría por el nacimiento de una hija o el cumpleaños de un sobrino. Detalles cargados de emoción, mensajes sencillos capaces de levantar la moral de los secuestrados. "Tu voz hizo que mi alma se regocijara. Fue muy hermoso", le escribió Guillermo a su esposa.

Escapar era imposible. Los rehenes de "alto valor" —como los llamaban las FARC con cinismo— eran vigilados constantemente y si por algún azar lograban desembarazarse de las cadenas con que los ataban a los árboles, evadir a los guardias armados que los rondaban y deslizarse por en medio del anillo de los terroristas que patrullaban el perímetro exterior del campamento, todavía debían hacer frente a otro carcelero: la selva y sus innumerables peligros. En ella, la vegetación es tan espesa que es difícil oír o ver algo situado a más de diez yardas de distancia, acechan animales salvajes —se dice que hay anacondas de veinte pies capaces de arrastrar a hombres bajo el agua— y las posibilidades de extraviarse y morir son muy altas. Al parecer, los únicos que han logrado la destreza requerida para sobrevivir en las zonas selváticas colombianas son los terroristas de las FARC, que gracias a las cuatro décadas que llevan recorriéndolas son, por lo general, capaces de recapturar en cuestión de horas al rehén que huye. Vuelto al campamento, el evadido recibe palizas brutales y es obligado a dormir durante varios meses con cadenas apretadas alrededor del cuello como castigo. Todos los secuestrados sabían esto, por eso rara vez trataban de escapar.

Las familias de los secuestrados padecen también una tensión casi insoportable. El dolor de tener a un ser querido en cautiverio por tiempo indefinido —especie de limbo en el que sin estar muerto tampoco se está vivo del todo— es suficiente para destruir la estabilidad emocional de muchas personas. No resulta extraño, entonces, que algunos matrimonios terminaran durante el cautiverio de uno de los cónyuges, o que los niños crecieran con la frustración de no conocer a uno de sus padres. Estos traumas han afectado a todos los estratos de la sociedad colombiana, pues los secuestrados son colombianos humildes, soldados activos, miembros de la élite económica y política. Cuando asumí como presidente de Colombia, varios de ellos llevaban casi una década como rehenes.

Entre otros muchos, a principios del 2003 las FARC tenían en su poder al ex ministro de Desarrollo Fernando Araújo, a Ingrid Betancourt, ex candidata presidencial franco-colombiana, y a Marc Gonsalves, Keith Stansell y

Tom Howes, tres contratistas estadounidenses secuestrados durante una misión contra el narcotráfico, cuando el avión en el que viajaban se estrelló.

Así, pues, en aquellos años el secuestro —tanto para quien lo sufría, como para su familia— era una tragedia que no conocía fronteras nacionales, sociales o económicas. Incluso, hubo quienes afirmaban que era peor que la muerte.

Gaviria, siempre optimista, veía las cosas de otro modo: "El secuestro es como un tipo de muerte de la que es posible volver", escribió. "La única diferencia es que nos da una segunda oportunidad".

5

Los secuestrados no estaban lejos.

Un niño de escasos recursos económicos había salido una tarde a pescar y a cazar en la zona rural de Antioquia. En su recorrido se topó con un campamento de las FARC. Sintió curiosidad, caminó por los alrededores y vio lo que parecían ser una docena de rehenes. La suerte quiso que este niño tuviera un hermano en las Fuerzas Armadas, y esa información se difundió rápidamente por la cadena de mando. Uno de nuestros generales subió al niño y a su hermano a un avión del Ejército, y le pidió que señalara el lugar del campamento. Fue así como supimos que las FARC tenían a Gaviria, Echeverri y otros secuestrados en una zona selvática, montañosa y apartada, cerca de los ríos Murrí y Mandé; a cincuenta kilómetros del municipio de Urrao y a solo unos 130 kilómetros en línea recta de Medellín.

Que este campamento estuviera al alcance de un corto viaje en helicóptero desde una de las ciudades más grandes de Colombia, era elocuente. En muchos otros países una patrulla del Ejército o de la Policía, destacada en una ciudad del tamaño de Medellín, sin duda ya los habría detectado. Pero en nuestro país, con su intrincada red de montañas, valles y selvas, y un desarrollo socio-económico desigual, esa distancia bien puede equivaler a 1.600 kilómetros.

Asignamos al caso más personal de inteligencia. Pronto descubrimos que había un centenar de terroristas en las proximidades del campamento. Entre quince y veinte de ellos estaban encargados de vigilar a los rehenes. Además de Gaviria y Echeverri había diez soldados, algunos con cuatro años o más de secuestro. Nos informaron que el comandante del grupo —el criminal conocido con el alias de "El Paisa"— se encontraba allí, y estaba encargado de supervisar el cautiverio de quienes las FARC consideraban como rehenes de "alto valor".

Teníamos la información. Debíamos decidir el modo de proceder para liberar a los secuestrados.

Muchas cosas nos preocupaban. La prioridad, como es obvio, era la vida de los rehenes. Muchas de sus familias estaban a favor de un intercambio negociado en el que el Gobierno liberaría de las cárceles a cientos de prisioneros de las FARC y a cambio este grupo ilegal liberaría a los secuestrados. Nunca descartamos esta negociación, pero bajo ciertas condiciones, entre ellas que los antiguos integrantes de las FARC renunciaran a la violencia y aceptaran salir del país o participar en un programa de reinserción en la sociedad colombiana. Durante nuestro gobierno aceptamos muchas propuestas provenientes de la comunidad internacional y de la Iglesia Católica para tratar de negociar la liberación de los rehenes. Pero cada vez que dábamos un paso, las FARC se retractaban de sus propuestas o exigían condiciones que ellos sabían eran imposibles de cumplir. Por otra parte, la historia reciente de Colombia había demostrado que el pago de un rescate o el intercambio de rehenes por terroristas presos alentaban a las FARC a perpetrar más secuestros.

Los problemas de salud de los rehenes que acompañaban a Gaviria y Echeverri en su cautiverio hacía urgente la toma de decisiones. Por ellos, y porque el resultado de nuestras decisiones iluminaría la suerte de decenas de otros rehenes que se encontraban —muchos de ellos desde hacía varios años— en condiciones físicas y psicológicas inhumanas. ¿Cuánto tiempo más tendría que soportar el país que permaneciéramos de brazos cruzados mientras los secuestrados se consumían en la selva, lejos de sus vidas y de sus familias? ¿Cinco años? ¿Siete? ¿Diez? No, el tiempo de la pasividad debía terminar.

Una vez detectado el lugar de cautiverio de los rehenes, teníamos que actuar con rapidez, pues en cualquier momento podían ser trasladados a otro campamento. Pedí entonces al Ejército la elaboración de un plan de operaciones que condujera a su rescate. Éste debía minimizar, hasta donde fuera posible, el riesgo de víctimas tanto entre nuestros secuestrados como entre las FARC.

Dependeríamos en gran medida de dos elementos: la sorpresa y una fuerza abrumadora. Decidimos desplegar una gran cantidad de tropas en la zona que descendiera rápidamente por cuerdas y localizara pronto a los rehenes. Nuestros soldados estarían equipados con megáfonos para avisar a las FARC que nadie saldría perjudicado si entregaban pacíficamente a los rehenes. En lugar de realizar la operación en horas de la noche o al amanecer, lo haríamos alrededor de la hora del almuerzo, pues nuestra inteligencia nos informó que el campamento estaría más relajado a esa hora. Mientras tanto la Cuarta Brigada —la unidad del Ejército responsable de la zona—

suspendió temporalmente las operaciones de los dos batallones que estaban en el área; de este modo esperábamos que las FARC estuvieran tan desprevenidas como fuera posible. Antes de la operación, nuestras Fuerzas Armadas tomaron fotos aéreas de la zona para familiarizar a las tropas con las condiciones del terreno.

Estaba consciente de los riesgos que esta misión conllevaba para el futuro de mi ejercicio presidencial: si fallábamos, la probabilidad de fracaso de nuestro programa de seguridad —que ya generaba una controversia considerable— era muy alta. Ningún cálculo político, sin embargo, fue tenido en cuenta: desde mi campaña había insistido en la necesidad de derrotar el secuestro y liberar a los rehenes, por la fuerza si era necesario. Y tenía un mandato claro para hacerlo.

A principios de mayo de 2003 la operación estaba lista para ser ejecutada. Sopesamos los riesgos con el mayor cuidado. Nunca antes en Colombia se había intentado una operación de esta magnitud y en ciertos círculos existía una preocupación: que ni las Fuerzas Armadas ni la capacidad para recopilar información estuvieran a la altura de semejante desafío. No estaba de acuerdo: tenía —todavía tengo— plena confianza en nuestras Fuerzas Armadas, y la información era precisa. Además, la condición de los secuestrados —de hecho, la condición de Colombia como un todo— exigía una acción urgente.

La decisión fue tomada y di la orden.

6

El día de la operación me desperté a las cinco de la mañana y le dije a Lina:

—Tenemos que rezar.

Me incorporé luego a mis actividades para seguir los procedimientos que rigen las operaciones encubiertas: debía desempeñarme como si nada estuviera ocurriendo, así no levantaría sospechas entre los grupos armados ilegales que pudieran haberse infiltrado en nuestras filas. Viajé de Bogotá a Cali a bordo del avión presidencial (FAC-001), y en helicóptero llegué hasta el Parque Nacional Los Farallones (montañas que se elevan sobre esta ciudad). Iba a inaugurar un nuevo Batallón de Alta Montaña al que habíamos dado el nombre del difunto Rodrigo Lloreda Caicedo; un colombiano valiente y amado que fue ministro de Defensa en un gobierno anterior. Estos batallones eran puestos de avanzada en la cordillera de los Andes; diseñados para despejar y mantener puntos estratégicos, su altitud nos permitiría tener una ventaja sobre las FARC cortándoles las rutas de escape y para tal vez, irónicamente, poner fin a los secuestros masivos en Cali y su valle circundante.

Minutos antes de pronunciar el discurso inaugural, Marta Lucía Ramírez, entonces ministra de Defensa, me informó que la misión estaba en marcha. Si teníamos éxito, ella o el general Jorge Enrique Mora Rangel —el militar de mayor rango presente— debían recibir la confirmación por teléfono celular.

Mientras me dirigía a la multitud pensé en mis amigos y compañeros Guillermo Gaviria Correa y Gilberto Echeverri Mejía, en los diez soldados cautivos, en sus familias y en todos los secuestrados que había en nuestra nación. Pensé también en las tropas que estaban a cargo de la operación. Elevé una oración por la seguridad de todos. Mis ojos se posaron varias veces en el general Mora Rangel y en la ministra Ramírez. Intentaba descifrar en su expresión la recepción de la buena noticia.

La llamada que todos esperábamos nunca llegó.

7

Veinte años antes, por estos mismos días, mi padre Alberto Uribe Sierra se despertó agitado. Era un hombre jovial y carismático, la personificación misma de la salud, la felicidad y el vigor. Consumado jinete y aficionado a la tauromaquia, daba con destreza la estocada final —con la espada, no con el rejón— a un toro montado en su caballo. Nada ni nadie lograba perturbar su buen humor habitual. Pero, algo completamente extraño en él, esa mañana de junio de 1983 se levantó enojado, inquieto e impetuoso como un toro.

Alberto Uribe Sierra fue un habitante de esa *otra* Colombia: un lugar de belleza cegadora, con caballos, música y baile. Un paraíso para hombres hechos a pulso. Se había ido de su casa a los catorce años para buscar fortuna y vivir su propia vida. Tenía siempre una guitarra cerca y cantaba una balada en los momentos más inesperados. Sus fiestas eran legendarias y muchas veces duraban hasta diez días. Don Juan y poseedor de un gran encanto, era una fuente de alegría para quienes lo rodeaban.

Donde más feliz se sentía mi padre era en su finca. En ella trabajaba sin descanso acompañado, con frecuencia, por alguno de sus hijos o hijas. Con él cabalgué muchas veces por los campos de Colombia, rodeados por mil tonos de verde. Examinábamos el ganado y ayudábamos a reparar las cercas hasta el anochecer. "¡Ay, Álvaro!", suspiraba. "Temo decirte que esta vida de ganadero no deja mucho dinero; es solo romántica. Tienes que dedicarte a ella por amor". Y entonces sonreía, coceaba a su caballo y regresábamos a la casa.

La vida que llevaba como ganadero lo era todo para mi padre. Por eso nos sorprendimos cuando, tres semanas antes de la mañana en que se despertó inquieto, hizo una concesión sin precedentes:

—No regresaremos a Guacharacas —dijo a mis hermanos—. No volveremos allá por el momento.

Guacharacas, una finca hermosa y productiva en Antioquia, era su propiedad favorita. La tenía desde 1975, en asociación con un ganadero de la zona. En esa época el tren a Puerto Berrío todavía pasaba por la finca, y la casa había sido una posada junto a la estación. Situada en una región caracterizada por gente trabajadora y honesta que sabía cómo sacarle el máximo provecho a la tierra, Guacharacas contaba con cuarenta trabajadores y un mayordomo. Pero en la década de 1980 la zona empezaba a convertirse en el fortín de un reducto de las FARC.

Mi padre, a quien la violencia persiguió siempre, no era ajeno a esas circunstancias. Se hizo adulto en el tiempo en que la guerra civil entre liberales y conservadores regó con sangre los campos de la Patria: más de 200.000 colombianos muertos en las décadas de 1940 y 1950 han dado a esta época el nombre de "La Violencia". Con la esperanza de llevar una vida más tranquila, en 1961 se trasladó al extremo norte de Antioquia; pero el destino quiso que esa zona —cerca del municipio de Montelíbano, en el departamento de Córdoba— fuera el lugar de nacimiento del Ejército Popular de Liberación (EPL), grupo armado ilegal que empezó a operar en las zonas rurales y se fortaleció a una velocidad alarmante. A mediados de los años sesenta —tenía yo entonces doce o trece años—, el EPL llegó una noche a la finca, destruyó la maquinaria agrícola, se robó el ganado y quemó nuestra casa. Esa noche ningún miembro de la familia se encontraba allí pero mi hermano Jaime, algunos amigos del colegio y yo habíamos pernoctado unos pocos días antes con ocasión de las vacaciones escolares. Si hubiéramos estado durante la incursión, quizá nos habrían secuestrado o asesinado.

Poco a poco las FARC se fueron consolidando como el grupo armado ilegal más poderoso de Colombia. Cada día eran más audaces las extorsiones no solo contra propietarios de tierras y de fábricas, sino también contra ciudadanos comunes y corrientes. Mi padre no fue la excepción y a pesar de las amenazas —o, más probablemente, *debido* a ellas— nunca se echó para atrás ni hizo concesiones.

En mayo de 1982 los terroristas de las FARC lanzaron su "plan estratégico" que tenía por objeto derrocar al Gobierno Nacional mediante la organización de insurrecciones en las principales ciudades del país y la lucha de clases. Con dicho plan pretendían consolidar su accionar militar, fortalecido en los últimos años por la creciente participación de este grupo ilegal en el comercio de narcóticos —y en particular de cocaína— que desde Colombia alimentaba la demanda en ascenso de Estados Unidos y Europa. El narcotráfico proporcionó a las FARC los ingresos que necesitaban para ampliar su campo de operaciones, y al llegar a una nueva zona exigían dos cosas: dinero y silencio. La posición de mi padre fue clara:

—No camino un paso, y no doy un peso.

Por eso nos desconcertó su decisión repentina de no volver a Guacharacas. ¿Iba a ceder ahora a la presión de las FARC después de resistir tantos años? Nunca supimos a ciencia cierta el porqué de aquella decisión. Es posible que hubiera conocido de alguna amenaza concreta o que solo se hubiese dejado guiar por una intuición. Tampoco sabremos por qué, en esa mañana nefasta de junio de 1983, después de dar vueltas por la casa durante un largo rato cambió abruptamente de opinión. Solo puedo sospechar que Alberto Uribe Sierra no podía vivir con lo que él sentía como una capitulación. Era un hombre que a sus cincuenta años había vivido sin hacer concesiones, que creía que el trato generoso que daba a sus trabajadores lo eximía de las crecientes tensiones que afectaban a Colombia por entonces, y confiaba en que su código de comportamiento era compartido por el país y sus compatriotas.

Agarró el teléfono y llamó a mi hermano Santiago:

—Recógeme en el aeropuerto —le dijo—. Nos vamos para Guacharacas.

Antes de salir de la casa llamó a mi hermana María Isabel para invitarla. Luego tomó su pistola Walther. En cierta ocasión le había dicho a mi hermano: "Mejor muerto que secuestrado". Cruzó la puerta con paso vigoroso y con la esperanza de contemplar una gloriosa mañana colombiana.

8

—¿Señor Presidente?

Lo supe desde el instante en que vi la cara de la ministra.

Los primeros detalles del operativo eran incompletos y llegaron por partes: tal y como estaba previsto, hacia las diez de la mañana cinco helicópteros Black Hawk habían despegado desde el aeropuerto de Urrao; llevaban setenta y cinco soldados de la Fuerza de Despliegue Rápido (unidad de élite de las Fuerzas Especiales). Contaban con el acompañamiento de dos helicópteros Arpía, una unidad de comando y control, y un avión que sobrevolaba a una altura considerable para el apoyo logístico. El tiempo de vuelo estimado a las tres zonas designadas de descenso —cercanas al campamento de las FARC-- era de dieciocho minutos, lapso suficientemente corto para permitir un cierto grado de sorpresa, incluso si el rumor de la operación se había filtrado.

Cuando nuestras tropas llegaron al campamento, ya los terroristas se habían ido. Nueve de los trece secuestrados estaban muertos. Guillermo Gaviria Correa y Gilberto Echeverri Mejía estaban entre ellos. Les habían disparado detrás de la oreja o en la nuca, a quemarropa. Tres de los soldados cautivos estaban heridos y uno salió ileso. Nuestras tropas no dispararon un solo tiro.

No teníamos más detalles, pero sí mil preguntas sin respuesta. ¿Nuestra inteligencia había sido defectuosa? ¿Las tropas fueron detectadas? ¿Adónde habían huido los terroristas? ¿Cuál era la condición de los heridos? ¿Existía un informante entre nosotros? La angustia me embargó. Era una sensación antigua y familiar. Entonces supe que esta tragedia me perseguiría por el resto de mis días. Y así ha sucedido.

No era el momento, sin embargo, para el duelo. Era necesario actuar. Iríamos de inmediato a Urrao, y de allí al lugar de la masacre. Siempre he creído en la importancia de la presencia física en el lugar de las grandes crisis para coordinar mejor la respuesta, transmitir autoridad y asumir la responsabilidad de la situación. Necesitaba, además, honrar la memoria de las víctimas y supervisar una investigación urgente sobre los errores de la operación. Tenía que ver la selva y percibir las condiciones que debieron soportar los secuestrados, necesitaba inspeccionar el lugar para entender mejor los desafíos de la operación militar.

Convoqué una breve reunión con el equipo de seguridad y di las órdenes que se requerían para este caso. Luego regresamos en helicóptero a Cali, donde abordamos el avión FAC-001 con destino a Medellín. Me senté en silencio y con los ojos cerrados. Quería ordenar las ideas. Intentaba comprender las consecuencias humanas, políticas y militares de esta tragedia. Entre tanto mis acompañantes discutían: ¿Debíamos realizar una investigación rápida o asignarla a especialistas "neutros"? ¿Cuánto debíamos decir a los familiares de las víctimas y cuándo? ¿Qué debíamos informar a los colombianos? ¿Qué significaba esto para el gobierno? ¿Y qué para nuestro plan de seguridad y los demás secuestrados?

Abrí los ojos y enumeré los tres principios que orientarían nuestra respuesta:

1) Ese mismo día, en un discurso televisado a la nación, diríamos la verdad con todos sus detalles.
2) Aceptaríamos todas las críticas como válidas y aprenderíamos de ellas.
3) No cederíamos en nuestra lucha contra los terroristas y yo asumiría toda la responsabilidad por la operación fallida.

Por supuesto, se haría una investigación completa de los hechos. Pero dadas las circunstancias, la nación necesitaba conocer la verdad de inmediato. Si la confusión, las recriminaciones y las insinuaciones eran nuestros enemigos, la transparencia era nuestra única aliada. La verdad podría ser dolorosa; tal vez revelaría que había actuado de manera apresurada o temeraria, o que nuestras instituciones no estaban a la altura de los desafíos que enfrentábamos. Eran riesgos que tenía que asumir. Ante una tragedia tan grande, la gente podría estar en desacuerdo con las acciones o métodos implementados, pero no podíamos perder su *credibilidad*. Sin ésta, toda la confianza en nuestro gobierno se desvanecería.

Ya habíamos perdido a los secuestrados y si no manejábamos esta tragedia con honestidad, dignidad y fortaleza, perderíamos también a nuestro país.

9

La geografía es la bendición más grande de Colombia y, a la vez, el mayor obstáculo para su formación como nación.

Bendición, porque el país está dotado de una belleza extraordinaria y de abundantes recursos naturales. Si bien su área solo corresponde al uno por ciento de la masa terrestre del mundo, posee el 10 por ciento de su biodiversidad. Las playas de arena blanca a lo largo de la costa del Caribe dan paso a llanuras feraces que, hacia el interior, se elevan por regiones frescas y exuberantes. Los departamentos montañosos como Santander y Antioquia, mi tierra natal, son como una sinfonía de terrazas, donde cada región —de un verde glorioso— tiene su propio ecosistema. Nuestro territorio guarda un verdadero tesoro de bienes preciosos: oro, petróleo, esmeraldas, agua dulce... A veces es difícil creer que Dios haya dotado a un país con tanta riqueza.

Pero las mismas características que hacen de este territorio un lugar privilegiado por su belleza y sus recursos, han marcado las dificultades que política, económica y militarmente ha tenido que afrontar el país a través de su historia. "El paraíso de la guerrilla", llamó a Colombia un reportero de la revista *Time* en 1956. De hecho, nuestra geografía es una de las principales razones por las que, en dos siglos de República, ningún gobierno haya logrado ejercer el control total sobre el territorio. Tres cadenas montañosas separadas por valles profundos atraviesan el país de sur a norte. Gran parte del sur y el oriente de la Amazonía, el Orinoco y sus sabanas, y extensas zonas de la costa del océano Pacífico tienen una muy escasa población. Esta mezcla peculiar hizo que Colombia fuera un lugar perfecto para la operación de grupos armados ilegales, y que pudieran mantener en su poder a los secuestrados durante varios años.

He viajado por toda Colombia; conozco los desiertos de la península de La Guajira, las altas cumbres del Páramo de las Papas donde nace el río Magdalena y la selva amazónica en Leticia —cerca de la frontera con Perú y Brasil—, y puedo afirmar que la zona donde ocurrió la masacre de Guillermo Gaviria y sus compañeros de cautiverio tiene enormes dificultades de penetración. A medida que nuestro helicóptero se acercaba, el suelo se oscurecía:

un dosel de árboles, cuya altura oscilaba entre cuarenta y cinco y cincuenta pies, se extendía hasta el horizonte en todas direcciones; unas pocas depresiones, difícilmente perceptibles, marcaban la existencia de arroyos o ríos pequeños. Todo el paisaje dominado por la monotonía de la espesura selvática.

Anochecía cuando el helicóptero en que viajábamos descendió con cautela en una pequeña playa de arena en la ribera de un río, muy cerca del lugar donde habían aterrizado nuestras Fuerzas Especiales. Iba acompañado por los generales Mora Rangel y Mario Montoya, la ministra de Defensa Ramírez, Ricardo Galán —asesor de confianza y periodista a quien le había pedido que registrara todos los detalles de nuestra investigación— y un pequeño escuadrón de soldados para protegernos. Al apagar el helicóptero los motores, algunos pasajeros escucharon disparos. Mientras esperábamos a que las tropas aseguraran el área, nos informaron por radio que, debido a sus heridas, otro de los secuestrados había muerto. Permanecimos en silencio; planeaba sobre nosotros una sensación sofocante de tristeza y vulnerabilidad.

Asegurada el área, bajamos del helicóptero. Inspeccionamos los alrededores y rápidamente supimos qué había salido mal: si bien el campamento donde habían sido asesinados los secuestrados estaba solo a unos pocos cientos de yardas, la pendiente que sube desde el lugar donde aterrizamos era sumamente pronunciada. Casi una pared. Cualquier persona que aterrizara en ese lugar quedaba básicamente atrapada y, si lograba escalar la pendiente, tardaría tanto tiempo en hacerlo que el elemento sorpresa desaparecía. Esto explicaba por qué las FARC tuvieron el tiempo para reaccionar y ejecutar a los secuestrados.

Había visto lo que necesitaba ver.

Bajamos de nuevo por la pendiente hacia el helicóptero en una carrera contra el tiempo para volver a Medellín. La noticia de la tragedia empezaba a filtrarse al público. Aterrizamos en horas de la noche y nos dirigimos al hospital donde se encontraban los rehenes sobrevivientes. Aunque uno de ellos estaba en condiciones muy delicadas, él y otro soldado confirmaron por separado los acontecimientos de ese día y nos explicaron por qué había salido mal la misión.

Desde hacía algunas semanas las condiciones en el campamento eran sombrías y la salud de varios secuestrados se había deteriorado. A pesar de la calma reciente en las inmediaciones del campamento, las FARC habían estado en máxima alerta debida, tal vez, a las operaciones militares que se adelantaban en otras partes del país. Ese día, los helicópteros que transportaban las tropas volaron a baja altura sobre el campamento, posiblemente después de haber calculado mal su localización exacta. Esto no fue un error fatal; según los sobrevivientes, en los días previos varios helicópteros habían pasado ocasionalmente por la zona, durante el transcurso de misiones médicas en las comunidades indígenas cercanas. El error fue que el sobrevuelo de los helicópteros permitió ver a los terroristas los pies de los soldados colgando de las puertas en una clara posición de ataque.

Ante la inminencia de la ofensiva, los terroristas se dispersaron y dejaron solos y amarrados a los secuestrados. Cerca de diez minutos después regresaron. Según los sobrevivientes, alias "El Paisa" corrió por el campamento gritando la orden:

—¡No dejen vivo a ninguno! ¡Ni uno solo!

Luego de hacerlos arrodillar, resonó el tiroteo. Uno a uno e indefensos, los cautivos cayeron sin vida en la selva.

Quienes sobrevivieron se fingieron muertos. Permanecieron inmóviles, con una bala alojada en su cabeza o en la pierna, hasta que los terroristas huyeron del campamento y, finalmente, nuestras tropas pudieron llegar.

Con respeto escuchábamos sus relatos. Por primera vez la magnitud y la intención de estos asesinatos —la forma como estos hombres habían sido asesinados a sangre fría— era evidente. Uno de mis colaboradores formuló la pregunta que todos nos hacíamos: ¿Por qué las FARC habían secuestrado y asesinado cruelmente a dos hombres que no habían hecho otra cosa que abogar por la reconciliación y la paz?

El soldado sobreviviente contó que en los últimos tiempos Gilberto Echeverri empezaba a mostrar señales de enfermedad, y que la idea de liberarlo había adquirido cierta aceptación entre los miembros de mayor rango de las FARC. Insistieron entonces en su liberación y cuando se les permitió hablar con "El Paisa", Echeverri le preguntó:

—¿Cómo puede tratarnos así si somos amigos de la paz y del diálogo con ustedes?

La respuesta de "El Paisa" resume cuatro décadas de sufrimiento en nuestro país:

—Ustedes no son nuestros amigos —replicó—. Son nuestros enemigos de clase. Nuestros idiotas útiles.

10

—¿Dónde está el mayordomo? —preguntaba desconsolado mi padre. Nadie entendía por qué—. ¿Alguien puede decirme por favor dónde está el mayordomo?

Había salido horas antes de Medellín con mi hermano Santiago y con María Isabel, mi hermana menor. Uno de sus mejores amigos había bajado del helicóptero en el último instante, disculpándose con otros compromisos. Mi padre se encogió de hombros: "La próxima vez", le dijo jovialmente. El helicóptero, al mando del capitán Bernardo Rivera, piloto de confianza de nuestra familia, despegó y se internó en las montañas verdes y exuberantes de Antioquia. Después de hacer un barrido rápido de la zona, aterrizó en Guacharacas hacia las cuatro de la tarde, poco antes de que el sol tropical comenzara a ocultarse detrás de las montañas.

Mientras las hélices del rotor se detenían, cerca de veinte trabajadores de la finca salieron a recibir a mi familia. Los establos, los corrales y un puente sobre el río Nus estaban cerca. Mi padre esbozó una sonrisa, miró a los trabajadores y frunció el ceño. Se dirigió a la casa sin decir una palabra. Tenía algo que buscar. Entre tanto, el capitán Rivera terminó de apagar el helicóptero.

Cuando mi padre se sentía asediado por una preocupación grave, acostumbraba tirarse al suelo y pasar las manos por su cabeza. Así lo encontró Santiago al llegar a la casa.

—Estoy seguro que el mayordomo está con los caballos —le dijo—. Volverá pronto.

Mi padre no contestó. Permaneció en el suelo agarrándose la cabeza.

Siguió una especie de paz. La posibilidad, demasiado fugaz, de lo que podía —y debería— ser una vida normal en el campo colombiano. El sol se había ocultado y los trabajadores reanudaron sus tareas. Los caballos relinchaban en el establo y el río murmuraba suavemente.

Entonces hombres armados salieron de detrás de los árboles.

Con la agilidad de una persona veinte años más joven, mi padre se levantó. Sacó la Walther de su cinturón y comenzó a disparar sin descanso.

—¡Don Alberto, no! —gritó el capitán Rivera—. ¡Son muchos! ¡Lo van a matar!

—Así será —contestó mi padre mientras se refugiaba en la cocina—. ¡Asegúrate de que toda mi familia y mis trabajadores escapen!

La respuesta de los delincuentes no se hizo esperar: una lluvia de balas silbó a través del aire. La metralla perforó la puerta y las paredes. Todos corrían aterrorizados. María Isabel buscó refugio en un cuarto del piso superior; el capitán Rivera en el granero; Santiago en un baño que había detrás de la casa. Pasados unos minutos, y como no veía a mi padre, se armó de valor y fue a buscar ayuda.

Corrió hasta el río y lo cruzó a nado hacia una carretera cercana. Oyó que el tiroteo continuaba y sopesó la situación: no había tiempo para un rescate. Decidió entonces regresar para tratar de salvar a nuestro padre.

—¡Ahí viene la policía! ¡Ahí viene la policía! —gritó desde el otro lado del puente.

Le respondieron con una ráfaga de disparos que lo obligaron a correr en zigzag hacia el camino. De pronto, una fuerte sensación de ardor le invadió la espalda y lo derribó: una bala le había perforado el pulmón.

Permaneció en el suelo jadeando y sin poder moverse. Después de un rato, Santiago pudo mirar hacia arriba. Ahí, cerca de él, se encontraba un hombre. Vestía uniforme camuflado y portaba un rifle de asalto.

—¿Por qué estaba gritando y corriendo? —le preguntó el hombre frunciendo el ceño.

—Del miedo —respondió Santiago sin aliento.

—¿Quién es usted?

Mi hermano hizo una pausa para pensar.

—Soy un comerciante de la feria —respondió—, y vine a ver un ganado.

El hombre lo miró con desconfianza y acarició su carabina.

Justo en ese momento llegó otro hombre.

—¿Qué pasa? —preguntó.

Se hizo un largo silencio.

—Vámonos —dijo finalmente el primero—. Aquí no ha pasado nada, ¿verdad?

Santiago esperó boca abajo. Sangraba y el tiempo pasaba lento. Unos segundos después de detenerse el tiroteo, oyó la explosión. Los bandidos habían
volado el helicóptero. Levantó la cabeza y no vio a nadie; ni rastros de mi
padre o de mi hermana. Supuso lo peor y decidió que lo único que podía
hacer era buscar ayuda. Tambaleándose llegó hasta la carretera donde un
camión de ganado lo recogió. En el trayecto suplicaba que fueran a salvar a
su familia.

11

Cuando sonó el teléfono de mi oficina en Medellín, me disponía a asistir a una reunión del Instituto de Estudios Liberales. Llamaban de un hospital del municipio de Yolombó. El médico dijo que mi hermano Santiago estaba herido de gravedad y que tal vez no sobreviviría. Que debía ir a la mayor brevedad.

Las secretarias de la oficina llamaron a la Cruz Roja en busca de un helicóptero de socorro para trasladar a Santiago a Medellín, donde la atención médica podía ser mejor. Era ya de noche y la respuesta no se hizo esperar: sin luz solar y con mal tiempo el helicóptero no podría aterrizar. Angustiado y sin imaginar lo que había sucedido, partí en mi carro. Hoy, el viaje a este municipio antioqueño se realiza en algo menos de dos horas por carretera pavimentada; pero entonces era una carretera destapada. Reboté media noche en silencio mientras oía la emisora local en espera de noticias de mi hermano. De repente escuché:

En la masacre de hoy, cerca de Puerto Berrío, fue asesinado don Alberto Uribe Sierra...

Mis ojos se llenaron de lágrimas y golpeé la cabrilla con desespero.

Ahora yo era parte de la mitad de los colombianos que habían perdido a un ser querido debido a la violencia que azotaba el país.

12

Mi padre fue asesinado en la tarde del 14 de junio de 1983 durante un intento de secuestro. Le dispararon dos veces; una en la garganta y otra en el pecho, el disparo que lo mató. Tenía cincuenta años. De acuerdo con los testimonios de nuestros vecinos y de los trabajadores de Guacharacas, el crimen fue cometido por cerca de doce hombres del llamado Frente 36 de las FARC. Esa noche creímos que los sicarios habían secuestrado a mi hermana, pero para nuestro alivio descubrimos que una profesora la protegió por varias horas; la lealtad hacia mi padre la llevó a arriesgar su propia vida. Santiago permaneció varios días en estado crítico en el hospital; fue un milagro que hubiera sobrevivido. Los criminales responsables del ataque nunca fueron capturados.

Quienes conocieron la amabilidad y la generosidad de mi padre lamentaron la tragedia y cerca de 10.000 personas de todo el país asistieron a su entierro. En mi familia su asesinato tuvo, a través del tiempo, consecuencias desgarradoras e impredecibles: Jaime —el único hermano a quien la gente solía describir como el heredero del sentido del humor y la alegría de vivir de mi padre—, incapaz de aceptar su muerte, no volvió a ser el mismo; murió de cáncer de garganta en 2001. Mi medio hermano Camilo creció sin su padre: solo tenía diez meses en el momento del asesinato. En el entierro, mi esposa Lina se sintió mal; días después nació nuestro segundo hijo, tres meses prematuro y con muy pocas probabilidades de sobrevivir.

Trece años después llegó la tragedia final a Guacharacas. El 25 de febrero de 1996 —yo ejercía entonces como gobernador de Antioquia— militantes del grupo armado ilegal autodenominado Ejército de Liberación Nacional (ELN) irrumpieron en la finca y quemaron la casa. Unos días después un trabajador que había crecido en la finca y amado a mi padre nos propuso quedarse en la propiedad y hacerse cargo de lo poco que quedaba. Le dijimos que sí. El ELN lo mató el 31 de mayo de ese mismo año.

Amaba a mi padre y lo extraño todos los días. La tragedia de Guacharacas marcó en mi vida personal y profesional un punto de quiebre cuya influencia tal vez sea inconmensurable. Pero no en la forma en que algunas personas afirman.

En ocasiones se me ha descrito como una especie de Bruce Wayne suramericano: un niño privilegiado que juró vengar la muerte de su padre asesinado por bandidos. Dispuesto a hacer pactos con el diablo y a tolerar todo tipo de abusos con el fin de llevar a cabo mi "misión" sin importar el precio, entré a la política y llegué a la presidencia —según quienes así piensan— para vengarme de las FARC y de todos los grupos de izquierda.

Debo admitir que esta interpretación, si bien es falsa, no es del todo irracional si se tiene en cuenta el pasado de Colombia. Muchos de los capítulos más tristes de su historia se han escrito con la sangre de aquellos que buscaban vengarse. Desde las guerras civiles del siglo XIX hasta La Violencia de la década de los cincuenta y, en los últimos tiempos, las muertes generadas por el narcotráfico, muchas milicias y grupos armados han engrosado sus filas con personas que tomaron las armas para vengar a un padre asesinado, una hermana violada, un familiar o amigo al que robaron sus tierras. También viví tan dolorosa tragedia y sentí la intensidad de las emociones que produce, en particular la rabia. Creo que quienes sufren una pérdida por causa de la violencia tienen que tomar una decisión y que la mayoría de los colombianos optaron por tomar el mismo camino que seguí yo.

Sí, sentí un dolor inmenso tras la muerte de mi padre y lloré con mi familia. Sufríamos por vivir en un país donde sucedían cosas horribles. Al mismo tiempo sabíamos que no éramos los únicos: muchos amigos y conocidos perdieron también a sus seres queridos en secuestros y tiroteos (por la misma época las FARC asesinaron al padre de Claudia Blum —amiga y sobresaliente funcionaria pública perteneciente a una conocida familia de Cali; ejerció como senadora y durante nuestro gobierno fue embajadora de Colombia ante las Naciones Unidas— y a Jaime Ortiz, un ganadero de Urabá). Así, pues, no estábamos solos, el nuestro era un dolor compartido por millones de personas.

Entonces dije a mis hermanos y hermanas:

—El dolor que sentimos también lo sufre la mitad de los colombianos. La nuestra es una tragedia personal y un problema nacional. Debemos hacerle frente de alguna manera.

Venimos de una familia que nos inculcó la necesidad de asumir los problemas del país guiados por una conciencia cívica. El objetivo en ese momento era hacer algo por el bienestar de nuestros conciudadanos. Nos enseñaron a poner a un lado nuestros sentimientos.

En 1983, cuando mi padre fue asesinado, yo tenía treinta años. Comenzaba a ascender en la vida pública: había desempeñado ya varios cargos, entre ellos el de la alcaldía de Medellín. Una vez quedó atrás el dolor inicial por el asesinato de mi padre, acepté el nombramiento del presidente Belisario Betancur para formar parte de una comisión de paz en Antioquia. Recorrimos el departamento, organizamos foros con las comunidades e hicimos un llamado para poner fin a la violencia y sostener conversaciones públicas con los representantes de los grupos armados ilegales, entre ellos las FARC. ¿Me resultó emocionalmente difícil estar con personas del grupo que había matado a mi padre, cuando todavía su tumba estaba fresca? Sí, sin ninguna duda. Pero sabía de corazón que debía hacerlo.

En los años siguientes hablé lo menos posible del asesinato de mi padre. Fui elegido concejal y senador, llegué a gobernador de Antioquia y luego a presidente de Colombia, y muy rara vez mencioné a mi padre en discursos o reuniones. Quería evitar que mi imagen pública fuera asociada con una idea de martirio o con la falsa impresión de haber incursionado en la política motivado por la tragedia familiar. En una entrevista concedida después de dejar la presidencia de los Estados Unidos, George W. Bush anotaba que en ninguna de nuestras múltiples reuniones se había mencionado el tema de mi padre. Creí suficiente decirle que soy uno más de los muchos colombianos que han sufrido por culpa de la violencia.

He conocido, en efecto, a muchísimas personas que han vivido esta situación: esposas de soldados muertos, padres que han sufrido el secuestro y asesinato de sus hijos, familiares de senadores y ministros que han dado sus vidas por la causa. Cuando llegué a la presidencia, al menos cuatro de los trece ministros de nuestro primer gabinete habían sufrido un secuestro o un asesinato a manos de los grupos violentos y el vicepresidente, Francisco Santos Calderón, estuvo secuestrado por varios meses en los años noventa. Sin embargo, no escogí a estos funcionarios por haber padecido esos flagelos; evoco sus casos solo por el hecho de ser representativos de la historia reciente de nuestro país.

En las últimas décadas he conversado con muchísimas personas que han vivido tragedias similares y he notado que todas sintieron las mismas emociones: rabia, culpa, recriminación y una gran tristeza... Pero, casi sin excepción, con el tiempo todos nos unimos en un solo deseo: que cesen los asesinatos y podamos vivir en paz.

La venganza no resuelve nada y la violencia en Colombia no puede ser interpretada en términos morales, como una confrontación entre el bien y el mal. Por el contrario, la violencia hunde sus raíces en problemas socio-políticos complejos: la pobreza, la falta de educación, las ideologías obsoletas, la desigualdad social, las falencias del Estado, el flagelo del narcotráfico, entre otros, han conllevado que en dos siglos de vida republicana, el país solo haya tenido cuarenta y siete años de paz. Como es obvio, ninguno de estos factores justifica la violencia, pero sí constituyen el telón de fondo de esta larga cadena de tragedias que ha golpeado a tantos colombianos. La violencia no desaparecerá por el hecho de expresar nuestra frustración y dolor. Debemos conocer las causas que generan cada uno de esos problemas, trabajar para construir un consenso en torno a su solución y tener la fortaleza y la sabiduría para actuar.

Nuestro compromiso con los temas de seguridad empezó mucho antes de la muerte de mi padre. Cuando me desempeñé como alcalde de Medellín comenzamos un programa llamado Metroseguridad, mediante el cual se implementaba y recolectaba un impuesto especial para financiar las fuerzas de seguridad. Luego, con el paso del tiempo mi dolor se transformó en un deseo inmenso de resolver nuestros múltiples problemas, a fin de garantizar una vida sin violencia a las futuras generaciones de colombianos. He dedicado mi vida a esta causa, incluso a costa de casi todo lo demás. Y he pagado un costo. He puesto a mis seres queridos y a mí mismo en constante peligro. He perdido a muchos amigos y aliados. He dejado de hacer muchas cosas que podría haber hecho en otras circunstancias: no sé bailar ni cantar; no sé contar chistes; la última película que vi en una sala de cine fue *El llanero solitario*, cuando apenas era un niño; me he perdido un sinnúmero de cumpleaños, de fiestas familiares, de momentos importantes en la vida. No me quejo, sin embargo. Estos sacrificios son necesarios para cumplir con un interés superior: honrar a tantos compatriotas caídos. Si Colombia alcanza la paz, sus muertes no habrán sido en vano.

A medida que crecía como persona y avanzaba en el ejercicio de la política, mi dolor siguió transformándose. Vivía esta transformación cuando visitaba a nuestros soldados en el campo de operaciones; cuando íbamos a los municipios y escuchábamos a los habitantes decir que las condiciones de vida habían mejorado, y que muchas familias permanecían unidas gracias a las políticas de nuestro gobierno; cuando hablábamos con los miles de hombres y mujeres que ayudamos a desertar de los grupos armados y comenzaron una nueva vida de paz y responsabilidad. En todos estos momentos mi corazón se expandía y desde entonces este sentimiento ha guiado mis actos —en particular cuando acechan la tragedia y la oscuridad como la masacre en la zona rural de Urrao—. La etapa final de mi dolor no fue el odio, sino el amor. De él brotaron —y aún brotan— mis emociones, convicciones y decisiones. El amor por mi país, por mis compatriotas, y sobre todo el amor por una Colombia futura donde los padres no les sean arrebatados a sus hijos.

13

—Es un momento sumamente triste para la nación —dije—. Hoy, el grupo terrorista de las FARC cometió otra masacre execrable, otro genocidio.

A continuación, di el nombre y el cargo o rango de todos los que habían sido asesinados: el gobernador Guillermo Gaviria Correa, el ex ministro de Defensa Gilberto Echeverri Mejía, el teniente Alejandro Ledesma Ortiz, el teniente Wagner Tapias, el sargento primero Héctor Duván Segura, el cabo primero Francisco Negrete Mendoza, el cabo primero Jairsinio Navarrete, el cabo primero Mario Alberto Marín Franco, el cabo segundo Jean Peña Guarnizo y el cabo primero Samuel Ernesto Cote, quien murió mientras era conducido a un hospital de Medellín. Hablé extensamente sobre el modo como habíamos llevado a cabo la inteligencia para localizar a los secuestrados. Describí la selva que había visto y la dificultad del terreno donde estaba situado el campamento. Expliqué en detalle el modo como se había planeado y ejecutado la operación y por qué las tropas no habían disparado. Señalé que los soldados llevaban altavoces para advertir a las FARC que sus vidas serían respetadas y que si entregaban y liberaban a los secuestrados no había necesidad de disparos. Di las razones de por qué decidimos dirigirnos a la nación con tanta rapidez e informar sobre los resultados de la investigación, y enfaticé que la necesidad de transparencia había prevalecido sobre todas las consideraciones políticas y de otro tipo.

Luego la cámara enfocó al general Carlos Ospina, comandante del Ejército. El general dio sus condolencias a los familiares de las víctimas y reafirmó el compromiso de todas nuestras fuerzas de seguir adelante con su misión de neutralizar a los violentos.

Acto seguido presentamos los videos de las conversaciones con dos de los sobrevivientes. Las cintas estaban sin editar: tanto porque no habíamos tenido tiempo para hacerlo, como porque queríamos mostrar la grabación original para así eliminar cualquier sospecha de manipulación o montaje.

La primera entrevista fue realizada por un periodista independiente de Telemedellín, un canal local. El soldado Agenor Enrique Vieyar Hernández contó que los guerrilleros habían recibido órdenes de matar a los secuestrados y que él estaba al lado de Gilberto Echeverri cuando éste recibió tres disparos. Que el cuerpo de Echeverri cayó sobre él y la guerrilla pensó que ambos estaban muertos, y que este golpe de suerte —o acto de Dios— le había salvado la vida.

El otro "entrevistador" era yo. Por necesidad: al sargento Humberto Aranguren González tenían que llevarlo con urgencia al quirófano. Nos dio su consentimiento, pero solo podíamos grabar una breve conversación.

A pesar de la tristeza que nos producía la imagen de este militar herido por el ataque y devastado por los varios años de cautiverio en la selva, intenté que nuestra conversación fuera optimista y espontánea.

—¿Cómo se siente mi sargento? —le pregunté.

—Bien, mi Presidente —respondió.

—¿Cuánto tiempo llevaba allá?

—Cuatro años.

Y entonces contó una vez más que los guerrilleros habían recibido órdenes de matar a los rehenes y que nuestras tropas no habían disparado un solo tiro.

—¿Y su familia de dónde es? ¿Ya habló con ellos? —le pregunté.

El soldado intentaba responder, pero ya empezaba a perder el conocimiento. Decidí suspender la conversación.

—Lo vamos a dejar tranquilo porque lo van intervenir quirúrgicamente —le dije en voz baja—. Que le vaya muy bien. Le pedimos a Dios que se recupere prontamente y vamos a quitarle al país la plaga de estos bandidos.

Se reanimó un poco y dijo con voz temblorosa:

—Gracias a Dios salimos vivos para contar esta historia y contarle al país la clase de gente que son ellos.

—¿Hay algún mensaje que quiera dar a sus compañeros? —le pregunté.

—Sí —respondió—. Que adelante, que vamos a ganar la guerra. Esta guerra la ganamos.

Poco quedaba por decir. Hablando con el corazón y sin notas, terminé mi alocución explicándole una vez más al país que nuestra oferta de conversaciones de paz con las FARC y con todos los otros grupos armados ilegales seguía sobre la mesa, pero que primero debían cesar toda acción armada y liberar a los secuestrados. En ausencia de tal acuerdo, teníamos que derrotar a los "asesinos profesionales", a los cabecillas de los grupos armados ilegales, a hombres como Pedro Antonio Marín Marín, conocido como Manuel Marulanda, y Víctor Julio Suárez Rojas, alias "Mono Jojoy". Hablé de la necesidad de acabar no solo con el terrorismo en todas sus formas, sino también con la corrupción. Teníamos que defender nuestra democracia, y para ello hice un llamado —no era la primera vez que lo hacía— a los integrantes rasos de los grupos terroristas, instándolos a desertar de sus organizaciones. Si así lo hacían, "todos aquellos que habían tomado el camino equivocado, y decidieran regresar a sus hogares y vivir con nosotros serían recibidos con generosidad".

"Compatriotas —concluí—, en medio del dolor, quiero pedirles que no desfallezcan en la tarea de derrotar a los terroristas. Reincorporaremos a quien salió ileso. Curaremos a quienes están heridos. Pediremos a quienes han sido asesinados que desde el cielo nos ayuden a cumplir bien esta tarea.

"En este momento de dolor Colombia no puede rendirse. Ahora es cuando tenemos que fortalecer nuestra decisión de derrotar el terrorismo. Este terrorismo que todos los días nos roba inversión, nos quita posibilidades de empleo, condena a la gente pobre a ser más pobre y a Colombia a vivir en más atraso. Sé que podemos vencer.

"Un pensador decía que el valor superior es el coraje, porque de él se derivan los otros valores. En esta hora de dolor, en esta hora desgarradora, necesitamos del coraje para derrotar la violencia.

"Mis condolencias sinceras a las familias de quienes han muerto. Nuestra fuerza pública planeó esta operación con toda responsabilidad y con toda prudencia. Al conocer su resultado, el señor general Mora Rangel llamó a la señora ministra de Defensa, y ella me lo comunicó. Asumo, como siempre lo he hecho, la responsabilidad".

14

Colombia estuvo de luto en los días que siguieron a la masacre ocurrida en la zona rural de Urrao. Hubo un examen de conciencia, una especie de diálogo nacional sobre el modo como el gobierno debía actuar en el caso de los demás secuestrados. Algunos se preguntaron si debíamos seguir un camino con la menor confrontación posible y, en el extremo opuesto, otros pedían venganza, que emprendiéramos una fuerte campaña militar contra las FARC y otros grupos armados ilegales.

Las críticas más fuertes provinieron de las familias de los rehenes que permanecían en cautiverio. "Luego de estos trágicos resultados, vamos a insistir en que el gobierno se abstenga de realizar cualquier operación militar para rescatar a Ingrid Betancourt", dijo su esposo a los medios de comunicación. Un portavoz de otro grupo de rehenes señaló: "En lugar de rescatar a los secuestrados políticos, lo único que hacen estas misiones es sellar sus tumbas". Y hubo quienes condenaron a las FARC y a mi gobierno por igual, acusando a ambas partes de una actitud "guerrerista" que empeoraba la violencia en Colombia.

Escuchamos con respeto estas opiniones. Sabíamos, sin embargo, que no era posible dar marcha atrás. A lo largo de nuestra historia, el país había transitado por el camino del apaciguamiento en numerosas ocasiones, y las cosas no habían funcionado. Por otra parte, en los días posteriores a la tragedia de Urrao vimos que la mayoría de los colombianos estaban de acuerdo en que siguiéramos adelante con nuestra ofensiva: las encuestas de opinión pública mostraron que las FARC tenían un poco menos del dos por ciento de apoyo popular —porcentaje insignificante en términos estadísticos— y que el apoyo a nuestro gobierno aumentó casi al 70 por ciento. No nos envaneció este porcentaje, pero sí nos alentó saber que la fe de los colombianos en sus instituciones y en la dirección que habíamos tomado permanecía firme.

Las condenas a las FARC llegaron de todo el mundo. En un telegrama, el Papa Juan Pablo II expresó su "profunda tristeza" por los asesinatos, y "una vez más, la reprobación enérgica de los ataques terroristas que amenazan la convivencia pacífica y ofenden los sentimientos más profundos de los seres humanos". La reacción de Ingrid Betancourt fue muy significativa: al enterarse de la noticia —a través de la radio—, exigió a sus captores de las FARC que le permitieran grabar un mensaje. En él afirmó que el fracaso de la operación de Urrao no podía convertirse en un obstáculo que, en el futuro, impidiera los rescates militares por parte del Ejército colombiano. "Comprendí que solo podía hablar por mí misma", escribió más tarde en sus memorias, "pero quería hacer hincapié en el hecho de que la libertad era un derecho, y que cualquier esfuerzo por recuperar esta libertad era un deber... El presidente de la República debe asumir la responsabilidad total".

De hecho, estábamos decididos a asimilar todas las lecciones derivadas de este fracaso. Era evidente que en la operación de Urrao hubo deficiencias en la capacidad operativa de las Fuerzas Armadas y de la inteligencia, y era necesario solucionarlas a la mayor brevedad posible. Esta fue nuestra prioridad en los años siguientes.

Comenzábamos a sanar. Toda Colombia sabía ahora que nuestro gobierno no cedería ante la intimidación y la tragedia. Los ataques de las FARC u otros violentos solo nos harían más fuertes. En particular, los líderes de nuestras Fuerzas Militares sabían que su presidente y su Nación se mantendrían firmes detrás de ellos, incluso en las horas más oscuras. Más tarde, los generales dirían que la confianza y la solidaridad que sintieron en aquel trágico día de 2003 fueron fundamentales para muchas de las victorias alcanzadas.

El ejemplo de los secuestrados asesinados inspiró no solo a los colombianos, sino también a muchas personas en todo el mundo. Un grupo de pacifistas de Estados Unidos nominó a Guillermo Gaviria Correa —a título póstumo— al Premio Nobel de la Paz, y un libro con las cartas que escribió durante su cautiverio fue publicado en español y en inglés.

En los años siguientes nos propusimos honrar su memoria, y la de quienes habían sido asesinados con él, del modo como mejor sabíamos hacerlo.

15

Durante cinco años perseguimos sin descanso a Aicardo de Jesús Agudelo Rodríguez, alias "El Paisa". En varias ocasiones estuvimos muy cerca de dar con él, pero "El Paisa", un bandido astuto, escapaba en el último instante. Estos fracasos desmoralizaban a cientos de miembros de la inteligencia y de los militares que lo perseguían. Sin embargo, la justicia no nos fue negada —por lo menos no en este caso—. Como dice el dicho popular, que mi madre citaba con frecuencia: "La constancia vence lo que la dicha no alcanza".

Perseveramos. Y la afición de "El Paisa" por las prostitutas resultó ser su perdición. Tras hablar con antiguos militantes de las FARC —que aceptaron nuestra oferta de reinserción a la sociedad con la condición de cooperar de lleno con nuestras fuerzas de seguridad—, los servicios de inteligencia se concentraron en aquella debilidad. La información nos permitió armar un retrato psicológico de "El Paisa": su rutina diaria, sus debilidades, enfermedades y colaboradores, y las prostitutas que, al final de cada mes, llevaba desde Medellín a su campamento.

En marzo de 2008, la Agencia de Inteligencia de la Policía Nacional de Colombia (DIPOL) logró infiltrar a un agente en la red que suministraba bienes —y mujeres— al campamento secreto de "El Paisa", localizado en las cercanías del río Murrí. Con el tiempo, el agente se ganó la confianza de la prostituta favorita del criminal, quien le contó todos los detalles del campamento. La DIPOL pudo entonces establecer —mediante tecnología de punta GPS, con la que no contábamos en 2003— sus coordenadas y las áreas circundantes.

En agosto, el agente de la DIPOL convenció a la prostituta para que lo llevara a su punto de encuentro habitual con "El Paisa": una casa separada del campamento. En varias visitas consecutivas, nuestro agente se escondió en los árboles de detrás de la casa, a veces a solo cien yardas de distancia, e inspeccionó el área mientras esperaba que la joven saliera, lo que hacía generalmente en las primeras horas de la mañana.

El 21 de septiembre de 2008 supimos que "El Paisa" estaba en la casa con la prostituta. La DIPOL, en asocio con el Comando de Operaciones Especiales y la Fuerza Aérea Colombiana, decidió actuar esa noche. Una bomba de precisión cayó sobre la casa poco después de salir la mujer. "El Paisa" ya no le causaría más sufrimientos a Colombia.

Teníamos una política en el gobierno: si las noticias eran malas, yo mismo las daba por televisión; si eran buenas, casi siempre pedía a los ministros, generales u otros colaboradores que las dieran. Ese día, el encargado fue el ministro de Defensa, Juan Manuel Santos. Con alivio el país supo que "El Paisa" había sido dado de baja.

La muerte de este criminal coronó un año de desastres sucesivos y demoledores para las FARC y otros grupos armados ilegales: en el 2008 más de un millón de colombianos salieron a las calles para exigir el fin de las actividades terroristas de las FARC, varios de los principales cabecillas de este grupo comparecieron ante la justicia y una exitosa operación militar nos permitió rescatar, sin derramar una sola gota de sangre, a varios rehenes que llevaban muchos años secuestrados en la selva.

Cuando nuestro mandato llegó a su fin, los secuestros en Colombia se habían reducido de más de 3.000 al año, a 282. Todavía eran muchos, pero se trataba de una disminución del 90 por ciento. La tasa de asesinatos se redujo a la mitad y los homicidios de civiles inocentes —entre ellos dirigentes sindicales y periodistas— bajaron drásticamente.

En el frente económico, los inversores se apresuraron a regresar a una Colombia más segura, duplicamos nuestra tasa promedio de aumento del PIB y alcanzamos tasas de crecimiento de casi el siete por ciento. La inversión extranjera se duplicó y las exportaciones se triplicaron. Negociamos nuevos tratados comerciales con Estados Unidos, Centroamérica, Canadá, la Unión Europea, Mercosur, China, India y otros países. El turismo se dinamizó, y nuestro hermoso país atrajo, finalmente, la atención positiva que ha merecido siempre, apoyados en una nueva campaña publicitaria para los visitantes internacionales: "Colombia: El único riesgo es que te quieras quedar".

La historia de cómo logramos todo esto es larga y compleja, e incluye el sacrificio de mucha gente de bien.

Comienza en una plaza de toros.

SEGUNDA PARTE

Coraje

"El coraje es estimado con razón como el primero de los valores humanos... porque es el valor que garantiza todos los demás".

WINSTON CHURCHILL

1

—¡Álvaro!

Miré a la multitud y vi a mi padre.

—¡Firme, Álvaro!

Yo estaba de rodillas en la arena. Esperaba la salida del toro. Se trataba de un poco de tremendismo y de espectáculo con el fin de impresionar a la multitud y tal vez de intimidar un poco al animal. En el toreo, esta postura —considerada una maniobra particularmente bella y peligrosa— se conoce como *farol de rodillas*: mientras los cuernos del animal pasan muy cerca de la cara y el cuello del matador, éste agita el capote frente a la cabeza del toro.

La puerta se abrió y el toro salió veloz. Pero en lugar de venir hacia mí, se desvió hacia un lado del ruedo.

—¡Quédate arrodillado, Álvaro! —me gritó mi padre por encima del rugido de la multitud—. ¡Quédate ahí!

En el transcurso de los años he pensado con cierta frecuencia en ese día, en ese momento entre mi padre y yo, y en el significado que pudo tener. Tal vez fue solo fanfarronería. Tal vez se trataba de un caso de superioridad paternal descontrolada. Pero siempre he pensado que detrás de esto había algo mucho más grande e importante.

Mi padre siempre intentó prepararme para la vida que me esperaba. Al igual que muchas personas de su generación, sabía que el peligro era parte de la vida cotidiana en Colombia; que era una constante, un elemento que había que tener en cuenta como la lluvia, el calor o el hambre. Creía que se trataba de algo que se podía superar: o bien haciendo ajustes según la necesidad, o bien retirándose para intentarlo otro día. Pero nunca permitir que el peligro te acobardara.

Fácil de decir, pero muy difícil de hacer. En situaciones peligrosas las emociones parecen incontrolables. Y tal vez este estado sea lo natural. Es probable que algunas personas tengan una habilidad innata para ignorar o reprimir sus sentimientos, para mirar la muerte de cerca y no temer, pero mi experiencia sugiere lo contrario. Durante la infancia tuve que hacer acopio de valor ante las noticias sobre la violencia que azotaba a los vecinos y amenazaba nuestro hogar; cuando los terroristas detonaron una bomba que destruyó mi habitación, entré en estado de shock y momentáneamente fui incapaz de moverme. Como gobernador, y con un poco más de valor, usé un arma para ayudar a escapar a unos amigos que habían sido emboscados. Fueron muchas las experiencias que debí acumular hasta aprender a controlar mis emociones y canalizarlas con fines constructivos.

No he hablado en público sobre muchos de los episodios que voy a narrar y algunos no los conoce ni siquiera mi familia. Nunca he sentido la necesidad de dramatizar o exaltar los acontecimientos de mi vida y algunos son demasiado dolorosos para contarlos más de una vez. Si lo hago ahora es porque pueden ayudar a explicar quién soy y por qué goberné a Colombia como lo hice. Tal vez puedan mostrar un camino, imperfecto, a quienes tienen retos similares.

Sospecho que ese día, en la plaza de toros, mi padre me enseñaba el modo de enfrentar una amenaza: burlarme, mirarla directamente a los ojos y guiñarle un ojo, aunque mi corazón palpitara con fuerza. Permanecí de rodillas, giré hacia el toro que dio una vuelta y, finalmente, me miró. Pisoteó con fuerza, se dispuso a embestirme y el farol salió bien. Porque —tal como había dicho mi padre— solo hay dos formas dignas de salir de la plaza de toros: en un ataúd hacia el cementerio o sobre los hombros de la multitud. En este tipo de vida no existe el camino del medio.

2

Hasta donde alcanza mi recuerdo, siempre he pensado que en el núcleo de Colombia habita una paradoja: por una parte sufre de los males y aflicciones que hemos venido mencionando; por la otra, es un país con una capacidad de bondad casi inconcebible, donde la risa parece más contundente, la comida sabe mejor y el sol tiene un brillo especial. Aprender a conciliar los dos mundos ha sido, durante la mayor parte de nuestra historia, la esencia misma de ser colombianos.

La encarnación más indeleble de la Colombia maravillosa ha sido siempre, para mí, la finca idílica de mis padres en Antioquia, el lugar donde pasé mis primeros años. Todos los días me levantaba temprano para ayudar con las tareas de la finca. Me quitaba el frío de encima, desayunaba arepa con café o chocolate caliente y corría al establo. Ordeñábamos las vacas y luego ensillábamos los caballos. Cabalgábamos por la finca, pescábamos y nadábamos en los ríos, mientras respirábamos el esplendor verde de la Antioquia rural.

En ocasiones ayudábamos a recolectar y a procesar el café, un trabajo difícil, sobre todo cuando se es aún un niño. Mi padre era *mucho* más duro con nosotros que con los trabajadores que vivían en la finca. Siempre teníamos que hacer bien y a tiempo nuestro trabajo.

—¿Qué le pasa a esa yegua? —nos preguntaba.

—Tiene un problema en la rodilla.

—¿Le has aplicado crema medicinal?

—Sí, señor.

—¿Lo has hecho hoy?

Y, a más tardar, al cabo de una hora regresaba para comprobar que lo hubiéramos hecho.

Ese acompañamiento constante, ese celo por el cumplimiento de las tareas y el seguimiento para garantizar los resultados, era imperativo para dirigir con éxito una hacienda de tal complejidad y tamaño. Con varios cientos de trabajadores ocupados en los cultivos de caña de azúcar y café o del ganado, era necesario —decía mi padre— "supervisar constantemente cada detalle, trabajar hombro a hombro con los empleados y conocer el oficio mejor que ellos". Y nosotros debíamos dar ejemplo constituyéndonos en buenos miembros del equipo y permaneciendo alerta las veinticuatro horas del día y los siete días de la semana. En cualquier momento podía nacer una yegua o una vaca salirse de la finca; un error y los cultivos podían echarse a perder, o un animal quedar cojo para siempre. Todo podía perderse con enorme facilidad.

No todas las personas están hechas para este tipo de trabajo, pero a mí me encantaba. Me sentía en un paraíso. Trabajaba con mi familia y me dedicaba con entusiasmo a todas las tareas; conformaba equipo con gentes que venían de muchas regiones y, al final del día, veía los frutos de mi trabajo (a veces literalmente). Me alegraba poder ayudar en la administración de un sistema productivo grande y complejo, y saber que lo hacía bien. Esta etapa de mi vida fue decisiva en la formación de lo que soy.

La finca estaba situada cerca del municipio de Salgar, distante noventa y siete kilómetros de Medellín. Para los años cincuenta del siglo pasado, las malas carreteras y un transporte deficiente hacían del municipio y sus alrededores un rincón aislado del suroeste antioqueño, con un estilo de vida rural centenario. Tres días de la semana, cuando terminaba los deberes en la finca —para entonces ya el sol estaba en el cenit— iba a caballo con mi hermano a la Escuela Rural Integrada de La Liborina donde los niños y las niñas asistían en días alternados. Mi primera maestra, Lilian Álvarez, era apenas una adolescente cuando ingresé al jardín infantil (con orgullo recibí, cuatro décadas después, la ayuda que me brindó durante mi primera campaña presidencial).

María Izquierdo cuenta, en la biografía que escribió sobre mí, que a caballo acompañaba a Lilian hasta Salgar, donde ella iba a recibir su salario. No hay que imaginar, sin embargo, que siempre me he comportado como un perfecto caballero rural, ¡por supuesto que no! Tenía entonces —y todavía tengo— una tendencia lamentable a explosiones de mal genio. Gritaba y en muchas ocasiones me volvía irrazonable. Para intentar canalizar esta energía de manera constructiva y por sugerencia de mis padres, todos los días nadaba 1.500 metros en la piscina. Con los años he practicado, entre otras técnicas, el yoga nidra, he montado en bicicleta y tomado gotas homeopáticas, con resultados mixtos.

Otro motivo de inquietud era mi poca estatura: "Ese muchacho nunca crecerá", dijo una de mis tías, "porque no come cosas saludables, como sopa de fríjoles. Lo único que le gusta son los dulces" (anécdota que también trae en su libro María Izquierdo). Y en efecto, nunca he sido tan grande y fuerte como algunos de mis familiares y amigos. Hasta el día de hoy con frecuencia muchos se sorprenden, al conocerme, por mi estatura, y conservo un escondite secreto de chocolates.

A esta época debo también mi afición a la lectura, inculcada por mi madre, Laura Vélez. En 1950, y elegida como la mejor estudiante, se graduó como bachiller en el colegio de las Madres de la Presentación. Decidió no estudiar en la universidad para casarse con mi padre y empezar a criar a sus hijos (tenían solo veinte años cuando nací). Esta decisión, típica de la época, podría haber impedido su desarrollo intelectual, pero Laura Vélez no era una mujer fácil de disuadir y encontró otras maneras de continuar con su educación. Con los años adquirió una biblioteca excepcionalmente rica y variada de historia, filosofía y literatura, reflejo de su visión moderna e igualitaria del mundo.

Laura Vélez era una mujer de convicciones arraigadas: afirmaba que todas las personas tenían derecho a elegir su destino, sin importar su clase, raza o sexo, y que la democracia era la única forma virtuosa de gobierno. Estaba dispuesta a luchar por sus convicciones: participó activamente en el plebiscito nacional de 1957 que, entre otras reformas, dio a las mujeres igualdad de derechos políticos, incluyendo el derecho al voto. Recuerdo que con solo cinco años, yo caminaba cogido de su mano mientras ella recorría el pueblo para convencer a la gente de la necesidad de votar "sí". Cuando su postura prevaleció, exclamó: "Ya era hora". Tenía razón: en América Latina solo Paraguay tardó más que Colombia en aprobar el sufragio femenino. Ganada la batalla, mi madre hizo parte del primer grupo de mujeres colombianas en ocupar cargos de elección popular: llegó al Concejo Municipal de Salgar como miembro del Partido Liberal y poco después fue su presidenta. También su hermana mayor, Cecilia Vélez, fue elegida legisladora del Partido Conservador. Este espíritu democrático fue trasmitido a la siguiente generación como una religión: nos enseñaron a tratar del mismo modo a todas las personas y pocas ofensas eran castigadas con tanta dureza como el esnobismo o el elitismo.

Por el contrario, la curiosidad intelectual era tenida como una de las mayores virtudes. Nuestra abuela paterna, a quien llamábamos Yeya, nos animó siempre a preguntar todo lo que quisiéramos y con cariño regañaba a quienes parecían agotarse ante mis constantes preguntas.

Con el paso de los años, mi madre identificó y fomentó la llama de la tenacidad en su hijo mayor. Observándome como un general, estimuló en mí el deseo de mejorar día tras día y la lectura de las obras de grandes líderes: Rafael Uribe Uribe, Simón Bolívar, Abraham Lincoln, Winston Churchill, Alfonso López Pumarejo y Alberto Lleras Camargo, entre otros. Llegué a aprender de memoria varios de sus discursos y los recitaba durante horas. No tengo pues, como algunos piensan, una memoria fotográfica, pero sí un largo entrenamiento que me ha permitido memorizar largos discursos y los poemas preferidos de mi madre.

A mediados del siglo pasado, en las zonas rurales de Colombia, los libros eran una de las pocas y valiosas ventanas hacia el mundo exterior. Otra ventana era la radio. La nuestra permanecía en la sala. Era de marca Phillips y enorme. Todavía recuerdo a mi madre subida a un árbol para colgar la antena desde el punto más alto posible, en un intento vano por mejorar la calidad de la señal. Solo se sintonizaban unas pocas emisoras colombianas y dos internacionales: la Voz de América y Radio Habana, la emisora castrista. Dos visiones opuestas que muy pronto causarían estragos en Colombia. Entonces no podía imaginar que décadas más tarde entablaría con Fidel Castro una relación en gran medida secreta y algo sorprendente.

3

Las noticias empezaron a correr de boca en boca, y eran aterrorizantes: casas incendiadas, asaltos en las carreteras, tierras confiscadas por ejércitos guerrilleros errantes. Nadie estaba a salvo. Y la violencia llegó a mi familia. Mi abuelo materno, Martín Vélez, y varios de sus hermanos fueron obligados a abandonar su casa. Si bien no tenía plena conciencia de estos acontecimientos, de algún modo los percibía: la primera imagen que puedo recordar de mi juventud es la de mi madre mirando fijamente desde la puerta de la casa, atenta a los peligros que acechaban afuera.

Tal vez resulte imposible decir exactamente cuándo empezaron las matanzas. A lo largo de la historia de Colombia cada episodio de derramamiento de sangre parece la continuación del anterior. La Violencia —guerra civil acaecida en los años cuarenta y cincuenta del siglo pasado— fue, en muchos sentidos, producto de las tensiones políticas derivadas de la Guerra de los Mil Días, que segó la vida de 100.000 colombianos entre 1899 y 1902; y ésta, a su vez, eco de las numerosas guerras civiles que desolaron el país en el transcurso del siglo XIX.

Este círculo vicioso de conflictos ha tenido para Colombia consecuencias sociales y económicas terribles, y es uno de los rasgos determinantes que la definen desde el mismo momento de su independencia. En 1890, el viajero americano Frank Vincent, luego de recorrer el país, escribió: "El genio de toda la nación parece dirigido a la discordia civil y a la guerra de guerrillas. Por lo tanto, mientras las personas se quejan de la pobreza, ofrecen tan poca garantía y seguridad a la vida y al capital extranjero que son incapaces de asegurar la presencia y la ayuda de alguna de las dos". Un siglo más tarde, sus palabras seguían siendo verdaderas.

Al principio, los problemas no eran solo de Colombia: en el siglo XIX muchas otras naciones de América Latina también se sumieron en la anarquía y en la guerra civil una vez alcanzada su independencia de España y Portugal. Pero en el transcurso del siglo XX, la mayoría de nuestros vecinos —entre ellos Argentina, Brasil y México— lograron restablecer, en grado significativo, el imperio de la ley. Colombia no lo logró. ¿Por qué? En los doscientos años de vida republicana, Colombia ha debido hacer frente a dos desafíos que, íntimamente relacionados, en varias ocasiones han sido la causa de nuestra perdición: 1) Su difícil geografía; 2) La incapacidad histórica o la falta de voluntad de los gobiernos para proyectar la suficiente autoridad en todas las regiones del país.

Colombia es un país grande. Con una extensión de 1,15 millones de kilómetros cuadrados, cerca del doble del tamaño de Texas, y casi el mismo de Francia, España y Portugal juntas, históricamente su población ha sido una de las más dispersas de América Latina. Contrario a lo que sucede en muchos países de la región, cuyas poblaciones se concentran en una gran ciudad, en Colombia sus habitantes están distribuidos, más o menos uniformemente, en un gran número de pueblos y ciudades como Bogotá, Medellín, Cali, Cartagena y Barranquilla. Bogotá, la capital, situada a 2.600 metros sobre el nivel del mar en una bellísima meseta de los Andes, está separada de otras ciudades por ondulaciones de las cordilleras y distancias que el terreno hace enormes. Lo mismo sucede con las demás ciudades, separadas entre sí por grandes montañas, cuerpos de agua y otros obstáculos. En la época de Frank Vincent, viajar de Bogotá a otro lugar de Colombia implicaba un arduo viaje de varios días a lomo de mula, por montañas, en medio de un calor extremo, insectos voraces y violencia. Y, valga el ejemplo, todavía hoy, con carreteras modernas, el viaje de Bogotá a Medellín puede tardar hasta ocho horas. Esta configuración geográfica incidió, hasta bien entrado el siglo XX, en la poca influencia del gobierno central sobre las regiones.

A lo anterior se le debe sumar el hecho que durante muchos años las clases dominantes de Colombia albergaron un profundo desagrado hacia la centralización del poder; desagrado cuyo origen se remonta a los días de la corona española, para la que era casi imposible vigilar el acatamiento que a sus órdenes daban los virreyes en las colonias de ultramar. Luego de la independencia, quienes detentaban el poder local se sintieron cómodos con el *status quo*, e hicieron todo lo que estaba a su alcance para garantizar su permanencia y para que su autoridad no sufriera mengua. Nuestras primeras constituciones dieron al país un sistema de gobierno federal en el que al poder central muy poco se le concedía y, si bien con el transcurrir del tiempo el país centralizó su forma de gobierno, el Estado nunca se dotó con los recursos que necesitaba para ejercer su poder sobre todo el territorio. Así, cuando en los años cincuenta La Violencia causaba estragos en Colombia, el Ejército carecía del presupuesto suficiente para dotar a todas sus tropas de uniformes, y contaba con municiones para solo dos días de combate. Por su parte, la Fuerza Aérea tenía solo cinco aviones en funcionamiento y sus municiones más recientes eran de 1932.

Este vacío de poder ha propiciado, a lo largo de nuestra historia, el surgimiento de milicias y facciones armadas —ejércitos reunidos por personas acaudaladas, o milicias errantes que reclamaban tierras y libertades políticas— que lejos del alcance del gobierno central y sin importar su composición, cometieron todo tipo de abusos criminales y económicos.

A finales de los años cuarenta, y tal como había sucedido en la Guerra de los Mil Días, el país se encontraba profundamente dividido por los partidos Liberal y Conservador. Según algunos historiadores de la época, la ideología del primero se caracterizaba por su tendencia a un gobierno federal fuerte, y la del segundo por su apoyo a los principios del orden. Pero no era la ideología la que llevaba a los colombianos a unirse a un partido u otro, era el deseo de protección de los enemigos, o la venganza. Como sucede a menudo en estos casos, la afiliación a un partido se convirtió en un derecho de nacimiento, en un asunto de religión; y la violencia fue transmitida de una generación a otra, agravada por los bajos niveles educativos y de desarrollo económico.

En 1948 fue asesinado Jorge Eliécer Gaitán, candidato presidencial por el Partido Liberal. Su muerte desató un levantamiento popular que incendió ministerios, comercios y periódicos de la capital. Este acontecimiento —que se conoce en la historia colombiana como "El Bogotazo"— intensificó y extendió la violencia a todo el país. No fueron perdonadas ni las zonas rurales aisladas, en particular aquellas donde había buenas tierras de cultivo y otros recursos por los cuales combatir. Se estima que solo en Antioquia —departamento donde nací, en 1952— fueron asesinadas durante la década 26.000 personas. Un editorial del periódico *El Colombiano* de Medellín, publicado dos meses después de mi nacimiento, afirmó: "Estamos en una rueda que gira violentamente, donde las víctimas de hoy se convierten en los verdugos de mañana. [...] Cada víctima se alimenta de la idea de la represalia, por lo que habrá suficiente odio en Colombia durante los próximos 150 años".

Nuestros padres hicieron todo lo que estaba a su alcance para protegernos. Pero la violencia avanzaba y, fuera que la buscaras o no, terminaba por encontrarte. Una tarde —yo tenía entonces cinco o seis años— más de 300 guerrilleros liberales llegaron a la finca exigiendo alimentos y refugio. Los recuerdo muy bien: hombres sucios y acosados, con sombreros y zamarros de cuero que reían a carcajadas desde la altura de sus caballos criollos. Los dirigía el famoso capitán Franco, un hombre carismático que poco después del asesinato de Gaitán había incursionado en la política; pasó algún tiempo en la cárcel y al salir fundó un grupo de resistencia armada. Su base de operaciones estaba en las afueras de Urrao, la misma zona conflictiva donde medio siglo más tarde el gobernador Gaviria Correa y el ex ministro Gilberto Echeverri encontrarían la muerte a manos de las FARC.

Vi cómo mi madre —mujer comprometida y con una incipiente carrera política gracias a sus propios méritos— cocinaba para esos hombres, y cómo mi padre —hombre orgulloso y democrático— hablaba con esos bandidos armados. Y aunque las intenciones de los hombres del capitán Franco eran relativamente pacíficas (el Frente Nacional, el acuerdo político que pondría un fin temporal a este capítulo de la violencia colombiana, estaba muy cerca), recuerdo haber anhelado, en el nivel más puro y primario, vivir en una Colombia donde los hombres armados no invadieran nunca nuestra finca, donde mi familia estuviera segura y donde nadie tuviera que encerrarse dentro de su casa, mirando aterrorizado por la rendija de la puerta.

4

Algunos se sorprendieron cuando, en 2005, al recibir el doctorado Honoris Causa de la Universidad de Beijing, pronuncié un discurso detallado y sincero sobre el padre de la China comunista.

Me repugna el historial de asesinatos provocados por el gobierno de Mao, y estoy en desacuerdo con su gestión económica. Pero ese día en Beijing hablé sobre su filosofía marxista permeable, hasta un cierto punto, a la evolución; lo que contrasta con las doctrinas de hierro y sin futuro de Lenin y Stalin. Me referí a Mao el escritor para destacar la claridad y el pragmatismo de sus tesis —independiente del juicio que hagamos sobre ellas—, y su distancia tanto del ideal leninista de la desaparición del Estado, como de su contrario estalinista de la negación del individuo a favor de un Estado todopoderoso. Reiteré mi interpretación sobre las particularidades del modelo chino de Mao que dio a sus sucesores amplitud para adaptarse a los acontecimientos mundiales y llevó a Deng Xiaoping a declarar que "ser rico es glorioso" y a emprender las reformas pro-capitalistas que transformaron a China en el gigante económico que hoy conocemos.

Entiendo la sorpresa que causé: yo, el hombre que para muchos representa la "línea dura", "ultra conservadora", el "bulldog yanqui", hablaba sobre el presidente Mao y recibía una fuerte ovación de un grupo de estudiantes comunistas en el corazón de la China roja. No resulta tan extraño, sin embargo, si se considera que fui estudiante universitario en los años setenta del siglo pasado, cuando la izquierda radical marxista-leninista ostentaba el monopolio de la razón en las universidades públicas de Colombia. Se estudiaba a Marx, Lenin y Mao; a luminarias de la izquierda internacional como Marta Harnecker, Louis Althusser y Nicos Poulantzas. Y a todos los leí con minuciosidad mientras estudiaba Derecho en la Universidad de Antioquia.

Fue, sin duda, un terreno fértil: muchos de mis compañeros creían —seducidos en gran medida por los nuevos grupos armados de izquierda, entre ellos las FARC— que la universidad era el lugar desde el cual surgiría la inevitable insurrección comunista. En los primeros años de la década de los setenta, muchos salones de clase eran un foro de discursos que incitaban a la violencia y al odio de clases. Las huelgas y ocupaciones estudiantiles para proclamar la revolución inminente eran cosa de casi todos los días y la universidad permanecía más cerrada que abierta. Numerosos estudiantes estaban convencidos que el mundo iba inexorablemente hacia el comunismo y el único debate posible era cuál de todos los modelos era el mejor: el soviético o el chino, el colectivismo de Ho Chi Minh o la revolución permanente de Fidel Castro.

Mis ideas eran radicalmente distintas. Siempre he creído con fervor en la democracia y el imperio de la ley. También en el derecho a recibir una educación libre de interrupciones o de la amenaza de la violencia. Me gustaba estudiar las obras "subversivas" de "revolucionarios" como Platón y Aristóteles, lo cual era el equivalente colombiano de caminar por el campus de Berkeley de la Universidad de California con un botón de la campaña NIXON '72. Sí, mis puntos de vista eran impopulares y poco atractivos, para no decir que eran algo peligrosos. Y por un tiempo pareció que estaba en el lado equivocado de la historia.

En efecto, Colombia pasó de La Violencia al ascenso de la izquierda armada. No hubo un interludio real de paz. De hecho, muchos de los participantes de la primera fueron los mismos de la segunda: en los años cincuenta, Pedro Antonio Marín Marín —conocido como Manuel Marulanda, alias "Tirofijo"— comenzó su vida en la lucha armada como miembro de una milicia liberal que operaba en áreas rurales; más tarde cayó bajo la influencia del Partido Comunista y llegó a ser el comandante supremo de las FARC, grupo que tuvo su origen, también, en fuerzas rurales de autodefensa creadas durante La Violencia. Esta transición no se dio por casualidad: la revolución cubana de 1959 tuvo una resonancia importante en la izquierda radical internacional y llevó a muchas personas a creer que el ejemplo de Castro podía exportarse a toda la región: Bolivia y Colombia fueron el teatro de operaciones elegido para llevar a cabo la revolución en América del Sur.

Nuestro país era "atractivo" por tres razones principales: 1) Las milicias preexistentes podían ser cooptadas o asimiladas con facilidad a la causa marxista (así lo confirmó el ejemplo de Marulanda); 2) Teníamos una de las tradiciones más perdurables de un gobierno democrático en la región, lo que permitiría a la izquierda operar sin temer la represión del Estado y, 3) La gran brecha entre ricos y pobres existente en Colombia era un terreno abonado para la noción de "lucha de clases", con la que se lograría ganar la simpatía de los sindicalistas, grupos estudiantiles, movimientos de agricultores y otros.

Poco o ningún corazón tiene quien no sufre al presenciar las condiciones de vida producidas por una injusta desigualdad económica. Fui consciente desde mi infancia, en la finca de Antioquia, que la mayoría de colombianos no gozaban de las mismas ventajas que tenía mi familia (en educación, capital y propiedades). Luego empecé a viajar al departamento de Córdoba, en la costa del Caribe, y vi personas que vivían en condiciones dolorosamente primitivas y dormían en zanjas o charcos de barro protegidos con cartones o láminas metálicas; vi también barrios enteros de tugurios en las montañas de las afueras de Medellín y Bogotá, levantados por agricultores de subsistencia que habían sido forzados a abandonar sus tierras durante los disturbios de los años cincuenta. Supe más tarde que aquella pobreza que había visto en mis primeros años constituía una tendencia regional: de acuerdo con el Banco Mundial, en 1950 América Latina tenía el más alto nivel de desigualdad del mundo. En el caso específico de Colombia, esa desigualdad fue en aumento hasta los años noventa. Cuando inicié mis estudios universitarios, en 1970, cerca del 75 por ciento de los colombianos que habitaban en zonas rurales vivían en la "pobreza absoluta" (sin posibilidades, según su definición, de alimentarse y vestirse de manera adecuada).

La injusticia de tal situación era evidente para mí. Como también que este legado de atraso económico no era el resultado de una cierta ideología, sino consecuencia, en gran parte, del caos y del implacable derramamiento de sangre que Colombia había padecido a lo largo de su historia. En efecto, no cabe duda que la anarquía y la violencia desestimulan la inversión pública y privada, lo que a su vez repercute en la imposibilidad de los gobiernos para ampliar la cobertura de los servicios básicos (entre ellos, infraestructura y educación) y así mejorar el nivel de vida de la población. La conclusión me pareció, entonces, obvia: si la violencia era la causa principal de la pobreza y la desigualdad, ¿cómo podía ser ella la solución?

Otro aspecto me resultaba relevante: en Cuba, los Castro habían empuñado las armas contra una dictadura militar (luego establecerían la suya), y los movimientos armados en Argentina, Perú, Bolivia y otros países de América Latina también combatieron con frecuencia a regímenes no democráticos. Este no era el caso de nuestro país: Colombia era una democracia.

Con excepción de cuatro años de gobierno militar durante La Violencia, la democracia colombiana se mantuvo a lo largo del siglo XX. Nunca olvidaré cómo, mientras yo crecía, mi madre y mi padre acogieron con euforia el regreso de las elecciones democráticas en 1958, señal de que lo peor de La Violencia llegaba a su fin.

Esta tradición democrática hacía que Colombia fuera una excepción en América Latina. También explica por qué me he negado, entonces como ahora, a considerar a las FARC, al ELN y a otros grupos ilegales como "insurgentes" o "guerrilleros". Lo que en el contexto de América Latina sugería una lucha virtuosa en contra de un régimen militar represivo, no se aplicaba para Colombia, donde estos grupos intentaban destruir la democracia.

Es cierto, como algunos argumentaban entonces, que la democracia colombiana tenía defectos. El acuerdo político que puso fin a La Violencia garantizó un periodo de dieciséis años en el que Liberales y Conservadores compartirían el poder y se alternarían la presidencia, lo que dejaba por fuera toda posibilidad electoral diferente y justificaba —según quienes así pensaban— la aparición de las FARC y de otros grupos que propendieran por una reforma socialista. Pero ningún movimiento o partido político fue efectivamente prohibido durante ese período, y las alianzas con grupos mayoritarios se respetaron. Ejemplo de ello fue la alianza que hizo el Partido Comunista de Colombia con el Movimiento Revolucionario Liberal, un ala del Partido Liberal encabezada por Alfonso López Michelsen, quien más tarde fue presidente de Colombia.

Todas estas razones me impedían entender por qué mis compañeros universitarios no trataban de luchar por las reformas que deseaban dentro del sistema existente. Todavía hoy estoy convencido que, de haberla buscado, habrían podido alcanzar una influencia política: lo admitieran o no, pertenecían a la élite de la nación. En los años setenta, solo cerca del cinco por ciento de los colombianos cursaba estudios superiores. Por otra parte, el cambio por medios democráticos era, sin duda, un camino mejor que el de exacerbar la lucha armada. Camino cuyos resultados ya conocíamos.

Una mañana de septiembre tomé la bicicleta y me dirigí a la universidad. Al llegar encontré a mis compañeros reunidos alrededor de un radio: Salvador Allende, el presidente socialista de Chile democráticamente electo, estaba hablando.

"Seguramente ésta será la última oportunidad para dirigirme a ustedes", escuchamos que decía Allende. Luego suministró detalles de la conspiración militar que se avecinaba, y dijo para terminar: "Pagaré con mi vida por la lealtad del pueblo... ¡Viva Chile! ¡Vivan los trabajadores!".

Siguieron unos segundos de silencio y de pronto pudimos escuchar como los aviones de la Fuerza Aérea de Chile bombardeaban el palacio de La Moneda. La noticia no se hizo esperar: Allende estaba muerto y las fuerzas lideradas por el general Augusto Pinochet habían tomado el control del gobierno.

Un llanto incontenible brotó entre los estudiantes. Allende había sido un héroe para la izquierda de toda América Latina. Compartí su dolor. No respaldaba la política de Allende, pero me oponía a cualquier forma de interrupción de la democracia y de la voluntad popular a manos de una minoría armada.

—Derrocar a un gobierno democrático por la fuerza es siempre una tragedia —dije en voz baja—. Las dictaduras nunca perduran.

Algunos compañeros aceptaron mis condolencias y me abrazaron. Otros me miraron furiosos. Fue una señal de los problemas que se acercaban.

5

Si crecer en el apogeo de La Violencia me dio una perspectiva del país diferente de la que tenían muchos de mis compañeros de clase, las experiencias de mis años universitarios me alejarían aún más de los caminos recorridos.

En aquel período tuve una de mis primeras experiencias del capitalismo empresarial (por así decirlo). Eduardo Navarro, José Roberto Arango —quien durante nuestra presidencia fue asesor de confianza— y yo abrimos, en la carrera 70 de Medellín, el restaurante El Gran Banano. Todavía estudiaba en la Universidad de Antioquia, pero con frecuencia sacaba tiempo para atender a los clientes. Nuestro plato insignia era un banano congelado cubierto con chocolate y maní, de ahí el nombre del establecimiento. Teníamos helados de una calidad excelente y un queso crema que comprábamos al por mayor en el Departamento de Agricultura de la Universidad Nacional y al que debemos buena parte de nuestro éxito. A menudo me quedaba en el restaurante hasta la una de la mañana, hora de cierre; me iba entonces a casa y a las cuatro me levantaba para ir a comprar leche, arepas y bananos frescos. Dejaba los suministros del día en El Gran Banano y a las siete —hora en que comenzaban las clases— ya estaba en la universidad.

Quizá para algunos colombianos la imagen que tienen de mí no se compadezca con la del muchacho que dedica buena parte de su tiempo a untar queso crema a unos bananos y a servir como mesero hasta después de la medianoche. Así fue, y de esta experiencia conservo un recuerdo muy grato: no solo porque fue una empresa exitosa, sino también porque fue una pequeña ventana a una verdad más amplia que, en ese momento, muchos consideraban una herejía: el capitalismo funcionaba. Durante los siete años en que participé de este negocio, El Gran Banano generó empleo y dio buenas ganancias.

Sin embargo, la agitación marxista-leninista de los años finales de la década de los setenta arruinaba empresas rentables y generadoras de empleo. Fui testigo de ello: con mi padre había adquirido una finca en el nororiente de Antioquia para producir panela, un tipo de azúcar sólida de color café. No escatimamos ningún esfuerzo para ofrecer a los trabajadores excelentes condiciones laborales: salarios justos, casas, escuela y otras comodidades. Todo iba bien, pero a finales de los setenta la productividad disminuyó, empezamos a perder dinero y los trabajadores exigieron alzas salariales poco racionales y sin proporción con los salarios existentes en cualquier parte del país. Supimos que las FARC estaban activas en la zona y se habían infiltrado en el sindicato.

Agotados por el trabajo constante y los fuertes perjuicios financieros, en junio de 1979 tomamos la decisión de entregar la empresa a los trabajadores. Enviamos a algunos de ellos al Ministerio de Trabajo para averiguar a cuánto ascendía nuestra deuda en pensiones y salarios futuros. La respuesta fue: seis millones de pesos. La empresa valía veinte. Firmamos el traspaso de la propiedad de forma transparente y con toda la documentación necesaria. En manos de lo trabajadores quedaba un regalo de catorce millones de pesos. Pero, muy a nuestro pesar, el asunto no terminaría allí.

No oculto mis puntos de vista. Es un rasgo de mi carácter que con el paso de los años y la experiencia acumulada se hace más expresivo. En mis años de estudiante en la Universidad de Antioquia luché para que las clases se impartieran fuera del campus sin la interrupción de huelgas constantes, de modo que quienes queríamos continuar con nuestra educación pudiéramos hacerlo en una paz relativa. Al hacerlo, expresaba mi convicción sobre la universidad como un lugar donde los diferentes puntos de vista son tolerados —y no solo el dogma leninista de la época—; mi convicción en la democracia, en las libertades individuales y en el imperio de la ley. Y estaba dispuesto a defender estas creencias: en discursos y reuniones.

Al principio recibí chiflidos en un intento por hacerme callar. Pero cuando los chiflidos fracasaron, comenzaron las amenazas. Verbales y por escrito. En la cafetería de la universidad, en mi casa o en lugares que frecuentaba recibía, escritas en papeles arrugados, notas del siguiente tenor:

¡Vas a morir, traidor!

¡Te hemos juzgado!

¡La ejecución está cerca!

La situación se volvía inquietante. Pero las experiencias vividas daban valor a mis convicciones, y estaba dispuesto a defenderlas. Así que cuando comencé a recibir amenazas de muerte me negué a hacer concesiones. Y desde entonces he vivido con ellas.

6

Una mañana vi salir de la universidad, acompañada por un amigo, a una joven muy atractiva. Deslumbrado, la seguí algunas cuadras, pero me ganó el deseo de acercarme. Me presenté y ella, sorprendida, se mostró reservada. Hice acopio de valor y le pregunté su nombre.

—María Teresa —respondió.

—María Teresa, tienes un nombre hermoso. ¿Dónde vives?

—En Sonsón.

Sentí extrañeza: Sonsón es un municipio de Antioquia y, para la época, quedaba a más de cinco horas de distancia de Medellín. Entonces le pregunté:

—¿Cómo es posible que puedas asistir a clases en Medellín si vives tan lejos?

Vaciló un momento.

—Viajo todos los días —contestó.

Me pregunté si trataba de evitarme, pero no estaba dispuesto a darme por vencido. Con uno de sus amigos conseguí el nombre de su padre y busqué en la guía telefónica: quería conversar con ella. Supe que su padre no vivía en Sonsón sino en la ciudad, y que "María Teresa de Sonsón" era Lina Moreno de Medellín, estudiante de filosofía e hija de una familia muy respetada y tradicional. Ocho meses después de conocernos nos casamos.

El día después de nuestra boda fuimos a la feria de ganado en La Ceja. Como tenía —y aún tengo— por costumbre, me introduje entre la multitud para estrechar las manos de la gente y preguntar por sus familias y empresas; a todos los llamaba por su nombre. Lina permanecía atrás: miraba la escena con sorpresa creciente y no poca consternación.

—Estaba horrorizada —comentó después con una sonrisa irónica—. Pensé que iba a casarme con un ganadero y ese día me di cuenta de que me había casado con un político.

Exageraba un poco pues, a fin de cuentas, ¡ese día compré una yegua! En chiste le dije a Lina que era la "ñapa" para celebrar nuestra boda. Tenía, sin embargo, razón: al crecer inmerso en la filosofía democrática de mis padres y en el activismo de mi madre, el ejercicio político ha sido en mí como una segunda naturaleza. La escena de aquel día en la feria fue simplemente otra ocasión en la que hice lo que he hecho siempre: conseguir amigos, establecer alianzas, interesarme en los asuntos y el bienestar de demás.

Tal vez sea apócrifa la anécdota según la cual alguien —cuando aún éramos muy jóvenes— nos preguntó a Jaime y a mí qué queríamos ser cuando fuéramos grandes: yo habría contestado que "presidente", y Jaime "hermano del presidente". Haya sucedido o no, la esencia de esta anécdota es cierta: mi sueño de infancia era hacer una carrera en la política, con el fin de solucionar los problemas del país. Y a ello me dediqué cuando alcancé la edad adulta.

He desarrollado una intensa carrera política: de niño y adolescente participé en campañas electorales; fui elegido concejal municipal de Salgar en 1974; después de trabajar en Empresas Públicas de Medellín fui nombrado para un cargo importante en el Ministerio de Trabajo, después en la Aeronáutica Civil y, luego, alcalde de Medellín; salí electo como concejal de esta misma ciudad en 1984 y luego como senador de la República cuando contaba con treinta y tres años; asumí la gobernación de Antioquia en 1995. Antes de cumplir cincuenta años mis compatriotas me eligieron presidente de Colombia. Creo haber ganado todas las elecciones en las cuales he sido candidato.

Con talento, decoro, sencillez y su estilo único, Lina ha contribuido a mi carrera pública. Insistió en llevar una vida tan normal y privada como fuera posible, y dedicarse a la crianza de nuestros dos hijos: Tomás y Jerónimo. Aunque en los años noventa la seguridad se hizo necesaria para toda nuestra familia, ella encontraba la forma de ir sola de compras. Me preocupaba muchísimo, pero entendía por qué lo hacía: era Lina arrodillada frente al toro. Bromea siempre, sabe cómo levantar el estado de ánimo cuando es necesario y, con respeto, no le importa provocar la sensibilidad de las personas. Siendo presidente, unos amigos nos regalaron un perro: Lina decidió llamarlo Mao Referendo (entonces se discutía la realización de un referendo para una probable reelección presidencial, a la que Lina se oponía). La prensa le preguntó el porqué de este nombre y ella se limitó a sonreír. Sabe también, por fortuna, reírse de mí.

En 1991 vivimos un año en Cambridge, Massachusetts. Era senador en esa época, y en el país se llevaba a cabo una Asamblea Constituyente. Mientras transcurrían sus sesiones, aproveché el receso del Congreso para realizar un postgrado en Administración y Gerencia en la Universidad de

Harvard. Yo debí haber asistido a Harvard muchos años atrás, pero pospuse esa oportunidad cuando mi padre fue asesinado, para así asumir apropiadamente las cuestiones familiares. Al final, la Constituyente revocó a los congresistas y llamó a una nueva elección. Tuve, entonces, que hacer campaña desde Estados Unidos. Esto suponía un reto: en lo esencial, las campañas en Colombia se realizan a través de discursos y, sobre todo, mediante una interacción sostenida con la gente. Para entonces no existían teléfonos celulares ni Internet —para no mencionar Skype y las videoconferencias—, sin embargo me las arreglé con la única solución posible: mis colegas en Antioquia instalaron altavoces en las plazas públicas y los conectaron a un teléfono. A una hora concertada con antelación, iba en bicicleta, con una bolsa de supermercado llena de monedas, a una cabina telefónica de Harvard Square y marcaba un número en Colombia. De esa manera pude dar mis discursos en vivo y contestar todas las preguntas de la audiencia.

Sin importarme si son veinte o veinte mil personas quienes escuchan, me dirijo a ellos con respeto y entusiasmo. En aquellos discursos desde Cambridge, imaginaba que me dirigía a un estadio lleno de gente. No soy particularmente tímido y hoy puedo imaginar aquella escena como todo un espectáculo: un hombre con una bolsa llena de monedas y gritando con entusiasmo en español por un teléfono público en el campus de la prestigiosa institución de la Ivy League. Un día, un policía me siguió hasta nuestro pequeño apartamento: al parecer solo quería asegurarse que no estaba loco. Lina se rió mucho, y todavía hace bromas al respecto.

Con el paso de los años, las amenazas explícitas e implícitas en contra de la familia aumentaron. También las responsabilidades y exigencias propias de los cargos que ocupaba. Y la vida se hizo más difícil para todos. Todavía hoy, Lina insiste que cuando nos casamos no tenía ni idea de que buscaría una carrera en la política y mucho menos la presidencia, pero ha sabido conservar hacia mí su amor, su paciencia, su fortaleza y el apoyo intelectual y político. Siempre le estaré agradecido: sin ella el camino transitado habría sido imposible.

Un día poco después de nuestro matrimonio, mi padre llevó a Lina aparte y le preguntó si se sentía cómoda con el ritmo y las exigencias de una vida a mi lado. Echó la cabeza hacia atrás y se rió.

—¿Esto? —exclamó—. ¡Es como una nueva aventura cada día!

7

Poco después de casarnos compramos una finca ganadera en las exuberantes llanuras tropicales cerca de la costa caribeña, en el departamento de Córdoba. La llamamos El Ubérrimo. Era la oportunidad de afianzar mis raíces, disfrutar del amor por las actividades del campo, llevar una vida más lenta y escapar, cada tanto, de la agitada vida política que llevaba en Bogotá y Medellín.

Por veinticinco años la casa fue muy sencilla: con solo las comodidades básicas, era igual a las de los trabajadores, lo que siempre fue para mí motivo de orgullo. Los hijos y yo trabajábamos todo el día y nuestros descansos eran cortas siestas debajo de un árbol o sobre un piso de cemento para refrescarnos de temperaturas cercanas a los 40 grados centígrados. En las noches dormía en una hamaca. Los visitantes se quejaban de zancudos y mosquitos; Lina los soportaba sin murmurar palabra; los hijos y yo no los sentíamos. Pero todos disfrutábamos la sinfonía de luciérnagas y ranas que anuncian las tormentas tropicales, tan bellas como peligrosas.

Amaba la austeridad del lugar y el ejercicio de la faena agropecuaria. Me levantaba en la madrugada para asistir al ordeño y en el día adiestrábamos potros y atendíamos las necesidades del ganado. Por las noches nadábamos largamente, tal como lo hacía de niño por exigencia de mi madre. Hemos procurado tener una ganadería con creciente productividad y sostenibilidad ambiental. Solo al final de mi primer mandato como presidente cumplí la promesa de hacer una casa más grande y cómoda, con altura y un segundo piso para sortear las temperaturas. Levantada con materiales de la región, la casa es abierta, integrada a los árboles y a los pastos, casi se puede conversar con las vacas, yeguas y potros que se asoman a su corredor. Tiene ventiladores en lugar de aire acondicionado y el agua conserva la temperatura ambiente. Duermo todavía en hamaca en el balcón; y Tomás y Jerónimo hacen lo mismo.

Cuando compramos El Ubérrimo sabíamos que estar en Córdoba suponía un cierto riesgo. A fin de cuentas estaba situado en la zona donde el grupo armado ilegal EPL había invadido la finca de mi padre y quemado la casa cuando yo era adolescente (luego de su muerte, mis hermanos decidieron irse para siempre de Córdoba). Durante varios años dormí con una escopeta y un revólver a mi lado (en el suelo, debajo de la hamaca). Sin embargo, nunca tuvimos un problema serio. Hasta un día de agosto de 1988.

Serían las ocho o nueve de la mañana. Iba en mi carro con algunos colegas del Senado. Lina estaba en Medellín. De repente vimos al mayordomo que, en su tractor, nos esperaba a un lado de la carretera. Al acercarnos empezó a mover frenéticamente los brazos para que nos detuviéramos. Así lo hicimos y entonces nos informó que un grupo del EPL estaba cerca de la finca con la intención de secuestrarme. Por un momento no supe cómo reaccionar pero, después de hablar con mis colegas, decidimos alejarnos de El Ubérrimo y partir hacia la región costera de Antioquia, donde ese mismo día teníamos algunos actos políticos.

Después de un largo día de discursos y de conducir por carreteras sin pavimentar regresé a El Ubérrimo. Era la una de la mañana. Caminé agotado hasta la casa donde encontré que dos de mis trabajadores más confiables —Silvia y Robin— me esperaban.

—Estuvieron aquí hasta las once —dijo Robin. Era un hombre fuerte y excelente trabajador, pero esa noche lloraba.

—Dijeron que van a volver —continuó Silvia—. Nos dijeron: "Uribe llega cansado, y sabemos que duerme en una hamaca, así que volveremos a las cinco de la mañana y Uribe no tendrá tiempo de reaccionar". ¡Nos lo van a secuestrar!

Los militantes del EPL habían amenazado con matar a Silvia y a Robin si me ponían en alerta. Pero su lealtad era más grande que su miedo. Siempre les estaré agradecido. Todavía hoy ambos trabajan en El Ubérrimo.

Salí de la finca y me fui a dormir a un hotel de Montería. Me sentía humillado. A la mañana siguiente fui a la Policía y al Departamento Administrativo de Seguridad (DAS), la agencia de inteligencia oficial, en busca de ayuda. Con algunos oficiales regresé a El Ubérrimo poco antes del mediodía. Robin nos dijo que el EPL había regresado, que estaban armados y que amenazaron con matarme si oponía resistencia. Me habían dejado un mensaje: debía encontrarme con ellos ese día a orillas del río Sinú y llevar una gran cantidad de dinero en efectivo; si pagaba me dejarían en paz, al menos por un tiempo.

Fue al oficial del DAS a quien se le ocurrió una idea: uno de sus agentes me suplantaría y a la hora acordada iría al lugar de la reunión. Engañados los secuestradores del EPL por la falsa creencia de que había aceptado su chantaje, al momento de salir a mi encuentro un gran número de agentes de la Policía los sorprendería y los arrestaría a todos.

—Lo único que necesitamos es uno de sus sombreros —dijo el agente—, y estoy seguro de que podremos detenerlos a todos.

La idea era razonable. Pero siempre me ha parecido irresponsable pedir a otros que, en mi nombre, corran riesgos físicos. Ninguna vida vale menos ni más que la mía.

—Estoy de acuerdo con su plan —contesté—. Pero tendré que ir yo.

Después de discutirlo un poco, los agentes aceptaron mi decisión. Fueron al lugar y lo estudiaron para elaborar las tácticas de la operación. En la tarde, tal y como estaba previsto, fui en mi carro hasta el sitio designado cerca del río.

En un pequeño restaurante a un lado de la carretera, ocho secuestradores del EPL me esperaban. Se veían muy tranquilos.

Apagué el carro, abrí la puerta y bajé despacio. Había guardado una pistola dentro del maletín por si las cosas salían mal. Tenía en el rostro una expresión severa y mis sentidos estaban en alerta total. Mi corazón latía con fuerza. Solo habían pasado cinco años tras el asesinato de mi padre.

—Oiga, usted —me dijo uno de ellos—. ¿Trajo el dinero?

—Sí, aquí lo tengo —contesté.

—¿Cuánto trajo?

Di la cifra y entonces, como suele suceder en estas situaciones, los bandidos inmediatamente pidieron más.

Renegué enojado. Aunque se trataba de una artimaña, la emoción era auténtica.

—No tengo todo eso —dije.

—Entonces tendrá que traerlo más tarde —repuso el cabecilla—, ¡o de lo contrario, seguramente sabe qué le pasará!

Me limité a asentir. Los criminales intentaron alejarse, pero en ese momento un grupo de agentes fuertemente armados descendió de la embarcación en que esperaban.

—¡Están rodeados! ¡Bajen las armas!

Los secuestradores no tuvieron tiempo de sacar sus armas y fueron sometidos con facilidad. El profesionalismo de las fuerzas de seguridad fue notable;

actuaron con sigilo y capturaron a los miembros del EPL con eficiencia y rapidez.

Los acompañé donde un juez, a quien pedí que verificara y dejara una constancia escrita de que los secuestradores habían sido remitidos a la custodia del Estado en perfectas condiciones físicas. No estaba dispuesto a tolerar posibles acusaciones de maltrato o de abuso de sus derechos.

Desde ese día de 1988, las fuerzas de seguridad colombianas saben dónde paso las noches. Me han proporcionado más de un escolta y llevan un registro de cada reunión, de cada comida y de los visitantes que recibo. A partir de mi segundo año como gobernador, toda mi familia recibió una protección similar.

Con el paso de los años, las amenazas fueron en aumento y Córdoba se convirtió en una de las zonas más inseguras de Colombia. Los grupos armados ilegales que operaban allí eran cada vez más ricos y poderosos, y más dispuestos a recurrir a la violencia para lograr sus objetivos. Recuerdo que aquella noche, al regresar a El Ubérrimo, pensé que a pesar de lo fuerte y prolongada que había sido la violencia en Colombia, aún podía seguir empeorando.

Esto parecía inverosímil: los grupos armados de izquierda similares al EPL, al ELN y a las FARC estaban desapareciendo con rapidez en otras partes del mundo; todas las guerras en Centroamérica habían terminado o estaban llegando a su fin; el muro de Berlín caería solo un año después; el colapso de la Unión Soviética se aproximaba; la democracia estaba en marcha en toda América Latina y las guerrillas pasaban a ser un asunto del pasado. Solo en Colombia estos grupos se hacían cada día más poderosos, más numerosos y mejor armados, y por primera vez eran una amenaza para la existencia del Estado.

Íbamos en contravía de la historia y era necesario encontrar una explicación.

8

Con frecuencia, durante la infancia asistí con mi padre y mis hermanos a los espectáculos de caballos que se realizaban los fines de semana. Eran oportunidades para satisfacer nuestra pasión por los caballos y socializar con los participantes en un entorno único. Establecimos contactos con muchas personas de todo el departamento, entre ellas con una familia que compartía nuestro amor por los caballos y cuyos lazos con la nuestra se remontaban a varias generaciones. Sus apellidos eran Ochoa Vásquez y tres de los hermanos alcanzarían fama mundial: a comienzo de los años ochenta figuraron entre los cabecillas del cartel de las drogas de Medellín.

Ver a mi ciudad natal convertida en el epicentro mundial del tráfico de cocaína fue una experiencia desgarradora. Al principio no logré percibir la magnitud de lo que ocurría, pero de un momento a otro vi cómo algunos conocidos que tenían más o menos mi edad —poco más de veinte o treinta años— compraban carros lujosos, mansiones, caballos de exposición, entre otras cosas; demostraciones de una riqueza repentina y extrema. A este derroche inicial le siguió la aparición de guardaespaldas, de nuevos amigos e, inevitablemente, de oscuros socios provenientes del bajo mundo criminal. Muchos de estos jóvenes pertenecían a familias respetadas y sus actividades causaron grandes sufrimientos. Recuerdo que pensé: ¿acaso los males que atacan en Colombia no tienen fin?

La respuesta era "no". Una vez más el país estaba expuesto a sus dos debilidades crónicas: la geografía y la ausencia del Estado.

En los primeros años, casi toda la cocaína del mundo se producía en otros países latinoamericanos y, en particular, en Perú y Bolivia. Pero a finales de los años setenta los traficantes internacionales se vieron en la necesidad de encontrar un lugar que, situado estratégicamente y de bajo riesgo, les permitiera tomar la hoja de coca o su forma semi-procesada —conocida como pasta de coca— para transformarla en cocaína y participar de su distribución; la parte más riesgosa y rentable de la cadena de producción. Las condiciones de Colombia parecían excepcionales: situada en el extremo norte de Suramérica (entre las áreas de cultivo de coca y los dos grandes mercados de consumo,

Europa y Estados Unidos), contaba con dos océanos (un punto de partida perfecto para lanchas y submarinos) y tenía grandes extensiones de territorio geográficamente impenetrables y con escasa población (perfecto para ocultar laboratorios de drogas). Más relevante aún: Colombia tenía un gobierno débil que no controlaba su territorio y destinaba sus escasos recursos a la lucha contra grupos armados ilegales. En otras palabras, era un paraíso para los gángsters.

A principios de la década de los ochenta, más del 80 por ciento de la cocaína del mundo pasaba a través del territorio colombiano. Y de este porcentaje, Medellín y Cali acumulaban la mayor parte. Este crecimiento extraordinario del tráfico de drogas fue posible por una serie de factores que escapaban al control de Colombia: los "precursores" químicos abarataron la producción de cocaína; tendencias socioeconómicas en los países desarrollados —ejemplo de ello son los *baby boomers* que para entonces llegaban a la edad adulta—; la creciente concentración de la riqueza en Estados Unidos, entre otros. De la noche a la mañana, la cocaína se convirtió en un símbolo de estatus en el jet-set de Los Ángeles, Nueva York, Londres, Madrid y muchos otros lugares. Símbolo de riqueza durante una época en la cual ella lo era todo.

"El producto más vendido en Hollywood el año pasado fue Colombia", bromeó el cómico estadounidense Johnny Carson durante la ceremonia de los premios Óscar de 1981. No se refería al estudio cinematográfico, sino a nuestro país. Carson tenía razón: las cifras eran enormes. Durante su apogeo, los ingresos generados por el tráfico de cocaína fueron equivalentes al 6,4 por ciento del producto interno bruto de Colombia y durante varios años superaron la principal fuente de ingresos de nuestro país por concepto de exportaciones, el café. El aumento colosal de divisas extranjeras —derivado del comercio de narcóticos— revaluó significativamente el peso colombiano con respecto a las monedas de otros países latinoamericanos. Los márgenes de ganancias eran inimaginables: un estudio de la época mostró que el precio de un kilo de cocaína se multiplicaba por doscientos cuando era vendido en Estados Unidos. Cualquier persona que tuviera un barco, un avión o una gran cantidad de armas de fuego, quería llevarse un pedazo de la torta.

Tanto dinero ilícito hace tambalear incluso al país más fuerte. Desde el Panamá gobernado por Manuel Noriega hasta Perú y Bolivia, pasando por la costa del sur de la Florida, la cocaína desgarró el tejido mismo de la civilización. Y en Colombia produjo un desastre de proporciones épicas. El narcotráfico penetró con su dinero nuestra economía y nuestra comunidad. En sus inicios, la sociedad colombiana se hizo la de la vista gorda, o no supo ver en esta amenaza más de lo que vio Johnny Carson: la cocaína era un problema de "países ricos". Y hubo quienes con su "generosidad" trataron de disimular sus crímenes. Pablo Escobar construyó viviendas, incursionó en la política, buscó con sus donaciones el apoyo de los pobres y también movió su dinero entre sectores ricos.

En 1983, cuando mi hermano resultó herido tras el asalto perpetrado por las FARC a Guacharacas y recurrimos a la Cruz Roja para llevarlo a Medellín, solo se pudo encontrar un helicóptero equipado con la tecnología necesaria para volar de noche y con mal tiempo. Aunque el helicóptero había sido registrado por una entidad seria, según informes de prensa de la época el verdadero dueño era Pablo Escobar. A pesar de sus sofisticados instrumentos, el helicóptero no pudo aterrizar en Yolombó y tuvo que regresar vacío. Años más tarde, este incidente fue citado por algunos de mis críticos como "prueba" de mi amistad con Escobar. No era su amigo y nunca lo fui, ni siquiera cuando este personaje no era mal visto en algunos círculos económicos y políticos de la sociedad colombiana.

La lección que entonces aprendí fue contundente. Con todo el dinero de la droga que circulaba en todas partes, solo había una manera de abstraerse de los rumores: adoptar una política de pureza absoluta e inflexible en materia de conducta. Así, tanto durante mis campañas como cuando asumí cargos públicos, exigí de todos los que me rodeaban seguir el ejemplo de Santa Teresa: "En caso de duda, abstenerse". Implementamos una serie de reglas estrictas y las seguimos al pie de la letra sin importar que algunas personas pudieran sentirse enojadas u ofendidas. Me negué a recibir dinero directamente para mis campañas políticas, labor que delegué en los jefes de campaña cuya integridad estaba fuera de toda duda. Habíamos convenido que si alguna donación levantaba sospechas, era obligatorio realizar una investigación exhaustiva sobre su origen; y si el resultado de esta sugería, así fuera la posibilidad más remota, un vínculo con ingresos provenientes de narcóticos o de cualquier otro tipo de negocios ilícitos, devolveríamos el cheque. No hicimos ninguna excepción.

En una ocasión —estábamos en los momentos finales de una campaña muy disputada para gobernador— recibimos un cuantioso cheque de un donante. Cerca de treinta millones de pesos, suficientes para marcar una diferencia sustancial en la campaña. Sin embargo, devolvimos el cheque pues, aunque no estaban seguros, mis asesores temían que pudiera tratarse de dinero del narcotráfico. Sabían que prefería perder una elección que ganarla con fondos ilícitos. Ganamos la elección por menos de 5.000 votos.

Hacer política sin pedir permiso al narcotráfico, a la guerrilla o a los paramilitares, resultaba riesgoso en varios sitios del país. En esos días se rumoraba que Escobar había dicho que los colombianos teníamos que escoger entre "plata o plomo". Por su parte, el gobierno colombiano preparaba una gran ofensiva. Años de verdadera locura estaban a punto de comenzar.

9

Era una especie de juego infernal: tras la creciente ofensiva por parte del gobierno, los carteles, que buscaban proteger sus imperios, necesitaban fortalecerse. Por su parte, las "guerrillas" necesitaban dinero para asegurar su existencia; la Guerra Fría llegaba a su fin y con él una fuente de financiación. Los líderes de los carteles supervisaron los contactos iniciales y a medida que estos contactos avanzaban fueron sembrando coca en territorios controlados por los grupos armados. Se necesitó muy poco tiempo para conseguir que casi todas las facciones armadas de Colombia participaran en el tráfico de drogas. De acuerdo con *Guerras inútiles* —un libro sobre las FARC escrito y publicado por la Corporación Observatorio para la Paz, una organización colombiana sin ánimo de lucro—, muchos miembros de la izquierda armada pensaban que el tráfico y contrabando de cocaína era el "factor fundamental" que les proporcionaría los recursos necesarios para derrocar al gobierno nacional.

Todo esto sucedía por el tiempo de mi "secuestro" en El Ubérrimo. El momento histórico debía conducir a una pérdida de relevancia importante para las "guerrillas" de Colombia; sucedió, sin embargo, lo contrario: recibieron una inyección de miles de millones de dólares provenientes de la cocaína. Aumentaron entonces sus fuerzas, adquirieron armas nuevas, incrementaron los secuestros y atentados, y se reactivaron convencidas que todavía estábamos en el año de 1968.

Con un Ejército deficiente y recursos insuficientes, el Estado colombiano no estaba en condiciones de competir contra esta alianza nefasta. Cada vez que las autoridades gubernamentales trataban de reprimir a los delincuentes, estos respondían con un ataque brutal. Cuando en 1984 la Policía colombiana realizó la primera incursión significativa en un laboratorio de cocaína —cuyo valor, a precios de hoy, era de 2,6 mil millones de dólares— y la arrojó a un río, los narcos se vengaron asesinando al ministro de Justicia. Y cuando las autoridades amenazaron con extraditar a capos de la droga a los Estados Unidos, los líderes de los carteles (entre los que estaba Escobar) pagaron varios millones de dólares al M-19 para que se tomara el Palacio de

Justicia —según pudo establecer una comisión de la verdad en 2006—; toma que dejó más de cien muertos, entre los que se contaban varios magistrados.

Entre los años 1980 y 1988 fueron asesinados más de 178 jueces colombianos, un fiscal general, el jefe de la Policía de Medellín, y muchos otros. En 1989 fue bombardeado un avión de Avianca que transportaba —al decir de los capos— cinco informantes de la Policía: murieron 108 personas que iban a bordo. En el período previo a las elecciones presidenciales de 1990, cuatro candidatos presidenciales fueron asesinados, entre ellos Luis Carlos Galán, un líder histórico con quien coincidí en el Senado y que sobresalía por su postura valiente y sin claudicaciones ante la corrupción y el narcotráfico. Unos días antes Galán me había pedido que fuera su jefe de campaña en Antioquia; no acepté porque ya me había comprometido a apoyar a otro candidato, pero creé las condiciones necesarias para que los miembros de nuestras organizaciones políticas lo apoyaran si así lo decidían. La muerte de Galán vistió de duelo a toda la nación y reveló el abismo en el que había caído Colombia.

La caída, sin embargo, aún no terminaba. Faltaban por aparecer en la caótica realidad colombiana una nueva categoría de asesinos.

A mediados de los años ochenta, algunos propietarios de tierras rurales se unieron para crear grupos "paramilitares" que los protegieran de la izquierda armada en aquellas zonas donde el Estado no hacía presencia o suministraba recursos insuficientes. En el comienzo fueron organizaciones de seguridad privada, equipados con armas ligeras y con fines de autodefensa. Incluso algunos de estos grupos trabajaron en coordinación con ciertos sectores militares, quienes creían —erróneamente— que este pie de fuerza adicional podría ayudarles en su lucha contra las "guerrillas". Pero tal y como ha sucedido una y otra vez en la historia colombiana, la proliferación de grupos armados sin una adecuada regulación y supervisión por parte del Estado resultó ser una tragedia. Dicho de otra manera: se creó un monstruo.

En efecto, más temprano que tarde los paramilitares observaron que no tenían a quién rendirle cuentas y se intoxicaron con su poder. Los crímenes atroces no se hicieron esperar: con la consigna de "limpiar" al país de los grupos de izquierda en armas, asesinaron a muchos colombianos inocentes. La lista de los objetivos paramilitares incluía a cualquier persona sospechosa de tener simpatías con la guerrilla y los comunistas; dirigentes sindicales, periodistas, maestros, miembros de la Unión Patriótica, el brazo político de las

FARC, entre otros. También se involucraron en el tráfico de drogas que, como la izquierda armada, consideraban el motor económico para enriquecerse y aumentar sus fuerzas (en algunos casos sucedió el fenómeno inverso: los distribuidores de droga ordinarios se declararon paramilitares con el fin de dar a sus actividades un falso barniz de legitimidad política).

Para 1987 el número aproximado de paramilitares era 2.000; para 2001 más de 17.000 (según estimaciones de la época), lo que les permitía rivalizar con las FARC tanto en número de integrantes como en crueldad. Son responsables del asesinato de varias personas que me eran muy cercanas. Con especial cariño recuerdo a Leonardo Betancur, quien provenía de la izquierda democrática y era mi asesor en el Congreso, asesinado por los paramilitares en 1987. El mismo día de su muerte también fue asesinado Héctor Abad, médico prominente y defensor de los derechos humanos. Al conocer la noticia pronuncié un emotivo discurso en el Senado para denunciar, de forma explícita, ambos delitos y a los delincuentes responsables. En los años que siguieron los paramilitares se aliaron con los carteles de la droga —y en ocasiones los suplantaron—; esta unión engrosó las filas de los traficantes más crueles y despiadados del mundo.

Hacer un registro de las alianzas, siempre cambiantes, entre los grupos armados ilegales que actúan en Colombia parece desconcertante, incluso para los colombianos. Pero si se mira un poco más de cerca, la razón de estas alianzas se muestra: el asesinato no conoce ideología ni lógica alguna y, desde finales de los años ochenta en adelante, la fuerza que motivaba a los criminales de Colombia no era el marxismo, la justicia social o una vigilancia "virtuosa", era la cocaína. Nada más importaba. Me resultó claro, entonces, que para todos los propósitos prácticos, Colombia ya no estaba dividida entre derecha e izquierda, sino entre criminales y hombres y mujeres respetuosos de la ley (que constituyen una mayoría, para fortuna de Colombia). Entre los narcoterroristas y todos los demás.

10

Lina abrió la carta.

Lo hemos juzgado, comenzaba. Era el mismo lenguaje "revolucionario" de las notas garabateadas que había recibido durante mis días de universidad. *Y hemos concluido que usted es un enemigo de la revolución. Lo hemos declarado como un objetivo militar y vamos a hacer justicia.*

El "pecado" que me imputaban era un proyecto de reforma laboral que defendía desde mi escaño en el Senado. El código laboral existente tenía numerosas fallas, y una de ellas era una disposición que vinculaba los beneficios de carácter retroactivo con la inflación. Este requisito estaba arruinando tanto a las empresas como a los trabajadores: muchas de las primeras se hundían por el peso de sus deudas, lo que las imposibilitaba para pagar la nómina. El proyecto de ley, denominado "Ley 50", preservaba las protecciones laborales y con la creación de los fondos de cesantía modificaba aquellas obligaciones que no podían cumplirse, especialmente en las pequeñas y medianas empresas.

Estaba convencido que el desempleo en Colombia nunca disminuiría de dos dígitos si no se hacían estas reformas. Sin embargo, para los narcoterroristas estaba pisoteando "los derechos de los trabajadores" y merecía ser asesinado.

Durante casi dos décadas hice caso omiso de estas amenazas. Sin embargo, dada la violencia que azotaba al país tanto por parte de la "izquierda" como de la "derecha", no podíamos seguirlas ignorando. Me acerqué a un compañero de mis días de universidad que tenía conexiones con los grupos de izquierda. El que me había enviado la carta era una pequeña facción llamada Jorge Eliécer Gaitán (nombrada en honor al candidato presidencial cuyo asesinato, en 1948, provocó "El Bogotazo"), que tenía estrechos vínculos con el ELN. Le pedí que tratara de averiguar si la amenaza era auténtica.

Recibí la respuesta con rapidez.

—Senador, he realizado la investigación y he descubierto que es cierta: esas personas están tratando de matarlo —me dijo—. Debería tener mucho cuidado.

Me informó que el grupo le había hecho una propuesta alterna: dejarme secuestrar para ser sometido a "juicio" por sus líderes. Si me encontraban "culpable", tendría que dejar de respaldar el proyecto de reforma, sería liberado y no tomarían en el futuro represalias contra mí, siempre y cuando me mantuviera alejado de proyectos como el que defendía.

Mi antiguo compañero de clase no tuvo que esperar mi respuesta oficial. Me conocía muy bien.

El mismo compañero sirvió como intermediario en la entrega del dinero del rescate para la liberación de Manuel Santiago Mejía, un amigo de mi familia secuestrado en una acción conjunta por los matones de Escobar y miembros del ELN. Otro ejemplo de la mezcla de las mafias criminales que prevalecieron en Colombia en esa época.

Tanto mis colegas —entre quienes había patriotas valientes como Guillermo Alberto González, Fernando Botero Zea, Fabio Valencia y otros— como yo nos negamos a permitir que el chantaje obrara como disuasión. Sabíamos que lo que hacíamos era por el bien del país, y que teníamos la responsabilidad de sentar las bases para un mundo en que la economía y la sociedad pudieran prosperar. El Congreso aprobó la "Ley 50" en 1990.

Al final no fui yo quien sufrió las consecuencias más inmediatas por esta aprobación. Unas semanas después, durante las festividades de fin de año, me encontraba con mi familia en la finca de un amigo en Córdoba. Lina y los muchachos veían las noticias en la televisión, cuando el presentador informó que Iván de Jesús Gómez Osorio, uno de mis mejores colegas en el Senado y co-patrocinador de la "Ley 50", acababa de ser secuestrado.

Lina y los muchachos se voltearon y sentí sus ojos sobre mí. Permanecí acostado y con un gesto lacónico y desdeñoso de mi mano, dije:

—Esta noticia no nos puede afectar el disfrute de estar en esta finca.

Era un lugar por el que corría un pequeño río de aguas frescas y transparentes donde me gustaba nadar y el anfitrión, a quien compraba ganados para El Ubérrimo, era un campesino atento que servía un exquisito sancocho de gallina.

Más tarde, algunos comentaristas aseveraron que el secuestro del senador Gómez Osorio había sido por error, que la verdadera intención era secuestrar a Álvaro Uribe.

Se trataba de una vieja táctica para apaciguar a mi familia; pero en esta ocasión fue inútil. Después de unos momentos abrí los ojos y vi a Tomás. Tenía ocho años (un poco mayor que yo cuando el capitán Franco llegó a la finca de mis padres). Había dejado de mirar la televisión para dirigir sus ojos, muy abiertos, hacia el suelo, como si viera un fantasma.

Yo conocía muy bien esa expresión.

11

Durante los años de permanencia en el Senado hice lo único que sabía hacer: trabajar. Dos años después de aprobar la "Ley 50", asumí la defensa de otro proyecto legislativo, conocido como la "Ley 100", que buscaba reformar el sistema de seguridad social. Era consciente de las consecuencias que traería esta nueva defensa y que su manifestación era solo cuestión de tiempo. En efecto, una vez más se desencadenó la furia de la izquierda armada.

Era el 9 de diciembre de 1992. Después de un día de debates difíciles, volví a mi residencia en Bogotá —una habitación en el piso treinta y seis del Hotel Orquídea Real— a las nueve de la noche. Encendí el computador portátil que había traído de Harvard y me dispuse a escribir un informe para el Congreso. Apenas comenzaba cuando sentí las manos grasosas. Me remangué la camisa y fui al baño a lavármelas. Al salir estalló una bomba que me sacudió con fuerza. Me pareció que la segunda explosión —en rápida sucesión— ocurría en mi oído izquierdo y la onda de choque por poco me tira al suelo. Sentí como si un lado de mi cabeza estuviera en llamas.

Por un momento quedé conmocionado. Sentía un dolor muy fuerte. Volví al baño y vi que las paredes se habían derrumbado; tres segundos antes y la bomba me habría matado. En el otro lado de la habitación las explosiones habían volado una parte de la fachada del hotel: a través del humo de color ocre, de los restos de cables y del mobiliario destrozado pude ver, sin el obstáculo de las paredes ya destruidas, el centro de Bogotá. Me sentía como hipnotizado por las luces titilantes de la ciudad y de la lluvia, que se mezclaban con el agua de las tuberías rotas que ya inundaban lo que quedaba del piso. Las chispas —amarillas, blancas y doradas— volaban por todas partes. Las miré momentáneamente aturdido.

Titubeando di un paso hacia delante. El oído izquierdo me zumbaba como si hubiera sido golpeado por un martillo. Las luces principales del hotel se habían apagado. Mientras me abría camino a través de la oscuridad, iluminado solo por las chispas y la luz tenue de la ciudad, se me enredó el cuello en un manojo de cables desprendidos del techo. Tropecé y los cables se apretaron. Respiraba con dificultad. Entonce me sacudí con fuerza y los cables se desprendieron. Fue entonces cuando oí unos quejidos que venían desde arriba.

—Ayúdenme... —suplicaba alguien en voz baja—. Ayúdenme, por favor.

La voz provenía de un joven bachiller de diecisiete años, Julián Sosa, quien tuvo la desgracia —que cambió su vida— de alojarse en la habitación que estaba justo encima de la mía. Estaba en el hotel invitado por Ecopetrol para una ceremonia de premiación por sus logros deportivos y académicos. Era un gran nadador y aspiraba a convertirse en campeón nacional. Pero la fuerza de las explosiones de aquella noche lanzaron al joven Julián contra la pared de su habitación en el piso treinta y siete, y le destrozaron las piernas y las vértebras, dejándolo paralizado para siempre de la cintura hacia abajo.

Subí las escaleras y encontré a Julián. Algunas personas lo habían alzado para alejarlo del peligro. Me uní a ellas y bajamos por las escaleras hacia el vestíbulo. Mientras descendíamos, vimos que el hotel había sido arrasado desde el piso veintiocho hacia arriba. Unos pisos más abajo encontramos a los rescatistas que se abrían paso en busca de supervivientes.

—¿Están bien? ¡Fueron dos carros bomba! —dijo uno de ellos.

Se equivocaba: la investigación de la Policía comprobó después que las bombas habían sido instaladas en el baño adyacente al mío. La confusión de los socorristas se debió a que la fuerza de las explosiones lanzó una enorme cantidad de escombros a la calle destruyendo dos automóviles.

Mientras los rescatistas se hacían cargo de Julián, me dirigí al vestíbulo. Estaba conmocionado y furioso: no dejaría que nada detuviera nuestra causa. Salí del lobby del hotel sin apresurarme y me registré en otro. No busqué atención médica y tampoco hablé con los periodistas ni con la Policía aquella noche.

Al día siguiente fui al Senado, tal y como tenía previsto, a proseguir el debate. Y a pesar de las continuas amenazas del ELN —que se atribuyó la responsabilidad por el atentado del hotel y por otros ataques en Bogotá esa noche—, la Ley 100 también fue aprobada. Fracasaron en su objetivo: solo lograron herir a personas inocentes y mover al Congreso y a la nación a aprobar la reforma. Julián siguió adelante: tiene una vida productiva e inspiradora como ingeniero, tal como siempre lo había soñado.

Esa noche tuvo dos consecuencias perdurables para mí: 1) El zumbido en mi oído izquierdo no ha desaparecido, y 2) una curiosidad por mi antiguo

computador portátil; de manera inexplicable siguió funcionando perfectamente. Recuerdo que lo sostuve en mis manos antes de prenderlo, luego lo
encendí y me quedé mirando asombrado la pantalla. Los archivos y toda la
información estaban intactos. En algún rincón de mi mente tomé nota de
este asombro y quince años después regresó.

12

Los ataques nunca se detuvieron. Sin embargo lo más difícil fue hacer frente a las amenazas contra mi familia.

Una mañana salí de El Ubérrimo a hacer algunas diligencias propias de la actividad ganadera. Cuando regresé, la casa estaba rodeada por un escuadrón de hombres armados. Por poco se me estalla el corazón. Bajé del carro antes de detenerme por completo y corrí hacia la casa. Para mi alivio eran los hombres de las fuerzas de seguridad colombianas: habían recibido información de inteligencia según la cual esa noche me iban a secuestrar. Venían a recomendarnos que saliéramos inmediatamente de El Ubérrimo. Metimos nuestras pertenencias en el carro y manejé varias horas. Al anochecer paramos en un pequeño hotel al lado de la carretera. Ya en la habitación, y mientras mi esposa y mis hijos dormían, sentí de nuevo la humillación: huía de la finca por segunda vez. Sentí también culpa: estaba sometiendo a mi familia al peligro.

En 1996 —transcurría el segundo año de mi mandato como gobernador de Antioquia— descubrimos un plan para secuestrar a nuestros hijos en el recorrido del bus escolar. Desde entonces ellos y Lina han estado las veinticuatro horas bajo la protección oficial de nuestras fuerzas de seguridad. En 1991 ya habíamos escapado —por muy poco— de un plan de las FARC para secuestrar a Lina. Ni siquiera mi madre se vio libre de las amenazas: luego de salir elegido como gobernador, fui a visitarla a su casa el primer día de la madre. Parece que me siguieron, pues desde ese día nuestros servicios de inteligencia detectaron varios planes para secuestrarla. Ella nunca aceptó escoltas ni vehículo oficial, solo accedió a vender la casa y a mudarse a un lugar que mantuvimos en secreto.

Sé lo difícil que ha sido todo esto para las personas que amo. Cuando Jerónimo tenía doce años, me dijo que no quería dormir en habitaciones que dieran a la calle pues tenía miedo de las bombas. Las amenazas impidieron a mi hermano volver a una pequeña propiedad que poseía. Una casa de su finca fue incinerada por la guerrilla. Y a mí me acecha el temor constante de repetir la historia: quiera Dios que mis hijos no tengan que enterrar prematuramente a su padre, como me sucedió a mí.

¿Por qué he seguido en la política? Porque la mirada de tristeza de Tomás en aquella finca en Córdoba me lo dijo todo. En ella vi cómo el legado de la violencia en Colombia era transmitido de generación en generación, y quiero —por mis hijos y por todos los hijos— que este legado desaparezca. Mi generación no ha conocido un solo día de paz: desde La Violencia hasta la aparición de la izquierda armada y los paramilitares, pasando por el crecimiento de los carteles y el surgimiento de los narcoterroristas, la Patria ha visto correr imparable la sangre de sus ciudadanos. Por eso ansío ardientemente que la generación de Tomás y Jerónimo pueda experimentar algún día la Colombia maravillosa, en toda su gloria, sin nada de miseria. Que pueda criar a sus hijos en una Colombia donde los hogares no sean amenazados por hombres armados.

Creo en Dios y confío en sus designios. Creo que una persona rodeada de la gente adecuada y guiada por los valores correctos puede hacer un giro en el destino de un país. Estas convicciones me han sostenido en los momentos más oscuros y me impulsaron a seguir adelante sin descanso.

Después de tantos años, mi cuerpo es como un registro de todos los traumas: mi pelo encaneció, mis articulaciones se endurecieron y, desde aquella noche en el Orquídea Real, el oído me zumba. He sido, sin embargo, y de un modo extraño, muy afortunado: las peores cicatrices, contusiones y nudos en mi cuerpo no son de bombas ni balas, sino de trabajar en la finca y de accidentes en la doma y entrenamiento de caballos. En algún lugar lejano todavía puedo oír a mi papá gritarme que me quede arrodillado mientras se ríe porque, en toda esta lucha, los animales me han hecho más daño físico que la gente.

TERCERA PARTE

Constancia

"Dios concede la victoria a la constancia".
SIMÓN BOLÍVAR

1

—Ven a verme el sábado al Hotel Intercontinental de la Ciudad de Panamá —dijo la voz en el teléfono—. Traigo un mensaje de un amigo para ti.

La llamada era de Gabriel García Márquez, y el "amigo" resultó ser Fidel Castro.

Fue a principios de 1997. Era gobernador de Antioquia y me esforzaba para preservar algunos de los progresos que habíamos hecho en el departamento. La llamada de García Márquez no fue del todo inesperada: pocos años antes fuimos presentados por amigos comunes durante una cena. Siempre he sentido una gran admiración por este hombre, tanto por sus méritos literarios —que le valieron el Premio Nobel en 1982— y la buena imagen que da de nuestro país en el mundo, como porque a pesar de vivir en México desde hace muchos años, tiene una gran pasión: la paz de Colombia. Esto, su inteligencia natural y su carisma explican por qué García Márquez era también un emisario único y muy útil, que podía hablar con personas de todos los orígenes y tendencias ideológicas.

Pocos meses antes, García Márquez me había preguntado si tenía algún interés en establecer un diálogo con las FARC. Le respondí que sí; que estaba interesado en cualquier tipo de conversaciones que pudieran conducir a la paz y que si las condiciones lo permitían aceptaría, en coordinación con el gobierno nacional, hablar con las FARC. García Márquez me dijo entonces que iba a pasar la Navidad y el Año Nuevo con Castro en La Habana, y que posteriormente me informaría. Pasaron unos meses sin noticias, hasta el día en que recibí la llamada telefónica con la invitación a Panamá.

El día acordado viajé acompañado por el Secretario de Gobierno, Pedro Juan Moreno, y el Comisionado para la Paz, Jaime Jaramillo Panesso. Pasamos varias horas con Gabo en una suite del hotel hablando, haciendo preguntas, tratando de lograr una perspectiva más amplia. La clave del mensaje era la siguiente: Castro mantenía un contacto regular con los principales dirigentes de las FARC, por ellos sabía que estaban deseosos de entrar en un nuevo proceso de paz con el gobierno colombiano. Sin embargo —seguía el mensaje—, Castro consideraba que el único interés de las FARC en negociar era crear las condiciones para un alto al fuego que les permitiera aumentar en secreto su poderío militar.

—Pensé que debías saberlo —concluyó García Márquez. Hablaba de manera directa, y no juzgaba mi posición ni la de ellos. Como de costumbre, fue astuto en su veredicto sobre el significado de esta declaración:

—Se vienen años difíciles —dijo, con un destello de tristeza en sus ojos.

Supongo que en esa época muchos colombianos —entre quienes me encuentro— esperábamos algún tipo de avance en el camino hacia la paz. Algunos de los grupos armados más pequeños se habían acogido a un acuerdo de amnistía en la década de los noventa, y se conjeturaba que la caída del muro de Berlín y los triunfos contundentes de la democracia y del capitalismo quizás inducirían a las FARC a seguir su ejemplo. Sin embargo, Castro pudo ver entonces lo que muy pocos vieron: que obnubiladas por el flujo cada vez mayor de dinero proveniente de las drogas, las FARC no tenían ninguna intención de hacer la paz; su libro *La paz en Colombia*, escrito un tiempo después, lo confirma. Buscaban consolidar sus posiciones, no desmantelarlas.

El movimiento idealista de izquierda que atrajo alguna vez a mis compañeros de universidad había desaparecido; otra cosa ocupaba ahora su lugar y tenía, irónicamente, fines de lucro. La transformación iniciada en los años ochenta estaba a punto de completarse.

"En los años noventa, las acciones de las FARC tenían que ver mucho más con el saqueo y con un militarismo autosostenible que con los agravios sociales residuales", escribió Michael Reid, editor de América Latina para la revista *The Economist*, en su libro *Forgotten Continent*. Las agencias de inteligencia de Colombia y Estados Unidos creían que al menos dos tercios de los frentes de las FARC estaban dedicados al tráfico de drogas. En sus inicios, este grupo ilegal había incursionado en el negocio del narcotráfico mediante la imposición de un "impuesto" a los productores de coca en las zonas donde operaban, pero a finales de los años noventa participaban en toda la cadena de suministro. Cuando las fuerzas colombianas capturaron y detuvieron a Luis Fernando da Costa, alias "Fernandinho", el narcotraficante brasileño tristemente célebre por intercambiar cocaína por armas con las FARC cerca de la frontera entre Colombia y Venezuela, le preguntaron cómo era hacer negocios con los cabecillas de las FARC. Fernandinho respondió: "Ellos no tienen ninguna ideología. Están ahí por la plata. Se volvieron capitalistas, y solo quieren la plata, la plata, la plata... ".

La "ideología" se había desvanecido debido, en parte, a la realidad. Muchas de las injusticias de Colombia por las que las FARC y otros habían dicho combatir alguna vez, mostraban señales tentativas de mejoría. Entre 1970 y 1995, la pobreza extrema en Colombia —definida por la incapacidad de satisfacer las necesidades básicas— se redujo del 70 por ciento al 27 por ciento, gracias a una gestión macroeconómica prudente y a reformas modernizadoras; entre ellas, las que habíamos respaldado en el Senado. La desigualdad también se redujo. La democracia se hizo más abierta y con instituciones más desarrolladas. Sí, Colombia era todavía un país con enormes deficiencias en educación, salud y empleo, entre otras áreas, pero podía subsanarlas siempre y cuando lográramos mayores niveles de paz y seguridad.

Por desgracia, todo el dinero del que habló Fernandinho permitió el rearme de las FARC y el aumento de sus integrantes: para finales de la década de los noventa, contaba con más de 18.000 guerrilleros, además de un estimado de 12.000 milicianos urbanos. Profundizaba, también, sus alianzas con grupos terroristas extranjeros como ETA —grupo separatista vasco— y el Ejército Republicano Irlandés (IRA), que envió algunos de sus miembros a Colombia para entrenar a las FARC en la fabricación de carros bomba y otras formas de terrorismo urbano. Pero las FARC no fueron las únicas que crecieron. También el ELN y los paramilitares. Estos últimos incrementaron de manera implacable sus asesinatos y actividades relacionadas con el narcotráfico.

La histórica falta de voluntad política en Colombia para enfrentar a los grupos armados ilegales y el ascenso de estos gracias a la riqueza generada por la droga, nos abrumaron. En los años noventa, el flujo de dinero que entró a Colombia por concepto de drogas se estimó entre 2,5 y 3 mil millones de dólares anuales, lo que equivalía aproximadamente al 3 por ciento de nuestro producto interno bruto, mientras el presupuesto de defensa era solo de 2,8 mil millones —en él se incluía los gastos de pensiones—, y el Ejército colombiano tenía alrededor de 140.000 soldados —apenas la mitad de los necesarios según algunas estimaciones—, de los cuales solo 20.000 o menos se encontraban en condiciones de combatir.

En 1998, el general Manuel José Bonett, comandante de las fuerzas militares, afirmó que nuestras fuerzas se encontraban en "una posición de inferioridad" con respecto a las FARC. En esa época su opinión era ampliamente aceptada y no causó revuelo. Por el mismo tiempo, el jefe del Comando Sur del Ejército de los Estados Unidos declaró, en una carta pública, que las Fuerzas Armadas de Colombia "no están a la altura de la tarea de enfrentar y derrotar" a las FARC, el país "más amenazado" del hemisferio occidental. La fragmentación de nuestro territorio era tal, que el comisionado de derechos humanos de la ONU describió a Colombia como la "Bosnia de América Latina". Pero tal vez lo más inquietante fue un informe de 1997 de la Agencia de Inteligencia de Defensa de los Estados Unidos, el cual concluía que las FARC podrían derrotar a los militares colombianos en cinco años si las Fuerzas Armadas no recibían una inyección dramática de recursos. Por primera vez, el Gobierno Nacional estaba en un peligro real.

Gabo estaba en lo cierto: nos esperaban años difíciles.

2

Era una escena inusual en la zona rural de Colombia: cerca de doscientas personas hacinadas en un pequeño pabellón y a punto de asistir a un seminario dictado por una universidad de la Ivy League. Pero, ya lo he dicho, las circunstancias de aquella época también eran inusuales y temí que se nos estuviera acabando el tiempo para dirigirnos a ellos.

Había invitado a Roger Fisher —mi profesor en Harvard y autor de *Getting to Yes,* un libro mundialmente famoso sobre las negociaciones— para que diera un seminario sobre cómo resolver conflictos de manera pacífica. El sitio era Urabá, una región en la costa caribe de Antioquia sumida en una batalla territorial cuyos estándares de crueldad superaban incluso a los de otras regiones de Colombia.

De una gran riqueza agrícola —en Urabá se encuentra casi el 62 por ciento de los cultivos de banano del país—, los paramilitares y la izquierda armada estaban dispuestos a hacer lo que fuera, y a cometer cualquier atrocidad, con el fin de obtener el control sobre un territorio tan codiciado. Al menos 700 personas (muchas de ellas trabajadores de las bananeras) murieron en esta región durante los primeros nueve meses de 1995: en solo un fin de semana, poco antes del seminario, treinta y cuatro personas perdieron la vida. Cuando en ese año el entonces presidente de Colombia declaró el estado de emergencia —decisión en la que los acontecimientos en Urabá no fueron un factor menor—, con resignación describió al país, en un discurso televisado, como "el más violento del mundo". Y la revista *The Economist* escribió: "¿Creen que un mercado de Sarajevo es peligroso? ¿O un bus de Jerusalén? Vayan a la región de Urabá en Colombia".

Para algunos puede parecer inútil, o incluso frívolo, invitar a un distinguido profesor de Harvard para hablar de "negociaciones basadas en posiciones" e "intereses compatibles" en medio de una guerra de bandas. Sin embargo, siempre he creído que si nuestro objetivo es la paz, nunca podremos alcanzarla solo por la vía militar.

Como gobernador de Antioquia y en los años que siguieron cuando ejercí como presidente, mucha gente asoció mi nombre a las políticas de seguridad que implementé. La verdad es que mi compromiso con los temas sociales —en los que juegan un papel importante los factores responsables de la violencia— tiene la misma importancia. No creo que la desigualdad sea la causa directa de la violencia —muchos países tienen una mayor pobreza y desigualdad que Colombia pero presentan niveles de violencia mucho más bajos en términos comparativos—, pero sí que cualquier solución duradera en seguridad implica, necesariamente, hacer frente a los males sociales: subsanar las divisiones que crea la pobreza, crear más oportunidades para la población, cambiar la cultura de la violencia que impregna nuestra historia, entre otros.

Factor importante en la constitución de nuestro tejido social, la violencia ha llegado a ser la forma "fácil" para muchas personas, en todos los niveles sociales, de resolver sus problemas. Décadas de vandalismo las han insensibilizado, enseñándoles a matar y a perder el respeto por la vida humana. Para luchar contra esta contracultura de manera adecuada, es necesaria una educación cívica en todos los estratos, que permita mejorar las relaciones entre padres e hijos, esposos y esposas, profesores y estudiantes, empleadores y trabajadores. Pensamos que dándole mejores herramientas a la gente para resolver sus problemas, ya fuera en sus casas o en la calle, se producirá una diferencia significativa. Y podríamos reducir, también, la probabilidad de que los jóvenes fueran reclutados por grupos armados ilegales.

Fueron éstas las razones que nos impulsaron, desde la gobernación, a buscar con urgencia su acceso a tantas personas como fuera posible. Capacitamos a profesores escolares y a líderes de toda Antioquia para que pudieran impartir el curso de gestión de conflictos del doctor Fisher y difundieran su mensaje. Sandra Ceballos, compañera de clase en Harvard, dictó muchos de estos seminarios. Al final de mi período de tres años como gobernador, más de 90.000 personas recibieron una certificación en los principios del programa del doctor Fisher y habíamos repartido miles de pequeñas tarjetas que contenían los postulados básicos de la resolución de conflictos. Estas tarjetas las llevaba en los bolsillos de mis vestidos y en mis maletines, y las entregaba a casi todas las personas con quienes hablaba. Al mismo tiempo, intentamos todo lo que podíamos hacer para ofrecer soluciones para la violencia a corto y largo plazo.

Para lograrlo, teníamos que ser creativos. Muchas veces he dicho en broma que Dios me dio una enorme capacidad de gestión, pero una chequera pequeña. Cuando asumí como gobernador, las finanzas de Antioquia eran muy precarias. Esto nos obligó a buscar soluciones que no demandaran grandes cantidades de dinero. Encontramos algunas: ampliamos un programa de escuelas musicales para crear orquestas juveniles en todos los municipios de Antioquia, confiados en que un niño que toca un instrumento musical nunca empuñará un arma de fuego. Sabíamos de la escasez crónica de espacio en nuestras escuelas, entonces decidimos implementar un programa para que el Estado pagara a la Iglesia Católica y a otros operadores privados sin ánimo de lucro la apertura de nuevos cupos escolares: se crearon 100.000 en tres años, el doble de todos los que se habían creado en la última década.

Para conseguir más dinero y ampliar la inversión en otros programas, miramos hacia dentro. Luego de un estudio serio de costos y necesidades, decidimos reducir en más del 60 por ciento la nómina del departamento de Antioquia. Esta reducción me valió muchos enemigos pero era absolutamente esencial: solo así era posible financiar los proyectos de infraestructura y los programas sociales que favorecieran a las clases bajas y medias. Implementamos también el nuevo sistema de seguridad social para los servidores públicos, que redujo los costos en un 75 por ciento y mejoró la calidad. Una vez más no nos dejamos vencer por las protestas de quienes denunciaban a gritos la "privatización". La reforma al Seguro Social aprobada en el Congreso en 1993 —después del bombardeo del Orquídea Real— nos permitió brindar atención médica subsidiada a más de un millón de habitantes necesitados de nuestro departamento (que para la época tenía una población de cinco millones). Creamos bancos cooperativos para aumentar las fuentes de micropréstamos y otras formas de crédito para personas de bajos ingresos. Triplicamos la cantidad de carreteras pavimentadas en el departamento, y terminamos y pusimos en funcionamiento el Tren Metropolitano en Medellín, un proyecto que había apoyado desde su comienzo, cuando era alcalde.

Estos esfuerzos fueron reconocidos en el extranjero. Un perfil de nuestra labor, publicado en *The Wall Street Journal* en 1997, describió este periodo como "la historia de una sociedad en proceso de reconstrucción, con los riesgos que se deben tomar, y una lección para el resto del país".

Pero incluso en nuestros mejores momentos, el núcleo de la realidad ineludible de Colombia siempre ha encontrado una manera de hacerse presente.

Sucedió durante la semana que el doctor Fisher estuvo en Urabá. Una mañana me levanté, como de costumbre, a las 4:30 para hacer un poco de ejercicio. Minutos más tarde recibí la llamada: veinticuatro trabajadores bananeros habían sido bajados de un bus, obligados a arrodillarse a un lado de la carretera y degollados uno a uno. Cuando amaneció salí de la sede del seminario para visitar la escena del crimen y supervisar el inicio de la investigación. Desde la ventana del carro en que viajaba contemplaba la exuberancia de esa tierra y padecía el dolor que la embargaba. Entonces supe que en mi corazón se reafirmaba una antigua convicción: necesitábamos más que buenas políticas sociales para resolver nuestros problemas. Tendríamos que enfrentar también a los criminales.

3

—¡Hombre, Gobernador! ¡Por favor, ayúdenos! ¡Los guerrilleros están destruyendo el pueblo!

Era la una de la madrugada. Dos semanas antes había asumido el cargo de gobernador. La llamada era de mi amigo Jesús Arcesio Botero Botero, ex alcalde de El Peñol, un pueblo al nororiente de Medellín. Conocía muy bien El Peñol desde que trabajé en Empresas Públicas de Medellín, cuando tuve la difícil tarea de trasladar todo el pueblo para que se pudiera construir una represa. Gritando con pánico, Jesús Arcesio me decía por el teléfono que la guerrilla se estaba tomando el pueblo.

Por desgracia no teníamos muchas posibilidades de salvar a El Peñol: a pesar del tamaño y las características del terreno de nuestro departamento, en Antioquia no contábamos con helicópteros militares. Así que llamé al Ministerio de Defensa en Bogotá para pedir refuerzos. Fernando Botero (quien no era pariente del alcalde) fue un ministro serio y responsable, pero, como nosotros, tenía una escasez crónica de recursos. Se disculpó y dijo que el único medio de respuesta rápida disponible era un helicóptero en Santa Marta, a dos o tres horas de vuelo de Medellín. Le insistí en que necesitábamos algo más rápido. Entonces ofreció enviar al Ejército por tierra. Era arriesgado: para la época abundaban los bloqueos terroristas en las carreteras y otros obstáculos. Pero no teníamos otra opción.

Aun sin saber cómo podía ayudar, tenía que ir. En un momento de crisis, se debe estar en el sitio de los hechos para brindar el apoyo que se requiera. Abordé el helicóptero civil de la oficina del gobernador rumbo a El Peñol. Cuando aterrizamos los terroristas y el Ejército intercambiaban disparos en las calles. Poco después nuestras fuerzas prevalecieron; como solían hacerlo cuando lograban llegar a tiempo. Convocamos una reunión improvisada en la alcaldía y aseguré a los habitantes de El Peñol que el Estado los protegería. Una vez solos, le di las gracias y un fuerte abrazo a Jesús Arcesio.

—Hemos recuperado el control de El Peñol —le dije—. Estamos aquí para apoyarlos. El pueblo ya está seguro.

Muy a mi pesar no pude mantener el compromiso. Los terroristas descubrieron que la llamada de Jesús Arcesio había provocado la respuesta militar. Dos semanas después, una ráfaga de disparos lo alcanzó cuando salía de su casa con su escolta. Ambos hombres fueron asesinados por sicarios.

Hice todo lo posible para proteger a los 125 alcaldes de Antioquia, y para garantizar que pudieran realizar su trabajo en condiciones normales. Pero teníamos más fuerza de voluntad que recursos. Les dimos protección policial y acondicionamos camiones blindados para escoltarlos de nuevo a las poblaciones donde los terroristas habían tomado el control. Se trataba de vehículos rústicos, pobremente adecuados, pero capaces de neutralizar las balas y enviar un poderoso mensaje de fortaleza. Pero las FARC y el ELN se habían empecinado en expulsar a los alcaldes y a todos los representantes del Estado elegidos democráticamente para, así, garantizar el resultado de sus actividades delictivas. Para nuestra consternación, muchos otros alcaldes fueron secuestrados y asesinados.

Las acciones de las FARC eran de una hipocresía particular. Hasta 1988, los alcaldes de toda Colombia eran nombrados por los gobernadores departamentales. Este procedimiento había sido denunciado por las FARC como una prueba de la imperfecta democracia colombiana y, como una condición primordial para su eventual desarme, propusieron la elección directa de alcaldes. Para el año de la toma de El Peñol, la ley consagraba la elección popular de alcaldes. ¿Decidieron entonces las FARC deponer las armas? Todo lo contrario: incrementaron los asesinatos y secuestros sistemáticos de esos símbolos de la democracia que decían apoyar.

Frustrados y sin los recursos para afrontar el problema del modo adecuado, decidimos ensayar una solución no tradicional: en aquellos municipios donde los terroristas secuestraran o asesinaran a un alcalde, nombraríamos en su reemplazo a un oficial del Ejército. Tal y como esperábamos, esta política fue un poderoso factor de disuasión. Y esto por dos razones: 1) Un alcalde militar significa una mayor presencia del Ejército en la zona y, por lo tanto, una mayor presión sobre los terroristas y sus operaciones de contrabando de drogas, y 2) Por lo general, la designación disgustaba a los habitantes del pueblo que, con razón, valoraban el derecho de elegir a sus representantes civiles; por lo tanto el posible nombramiento de un militar tuvo el efecto de hacer impopulares a los terroristas.

El asesinato de los alcaldes se detuvo, pero pronto se reveló que esta solución era inviable. El ejercicio político estaba permeado por una ideología equivocada, el dinero proveniente de las drogas y una nueva filosofía que ganaba cada día más adeptos: la idea errónea que apaciguando a los terroristas los convenceríamos de dejarnos en paz. Una mañana, varios alcaldes llegaron a Medellín para realizar una protesta ruidosa y entregarme una carta en la que exigían detener la práctica de nombrar alcaldes militares.

Antes de hacerlo, algunos alcaldes solicitaron una reunión privada en mi oficina.

—¡Gobernador, no se detenga por favor! —dijo uno de ellos, mientras los demás asentían enfáticamente.

—Su política es lo único que nos salva —dijo otro—. Por favor, entienda que tenemos que entregarle esta carta, ¡porque de lo contrario la guerrilla nos va a matar!

Esta situación la viví con una frecuencia exasperante: en privado, la gente me decía que tenía la razón, pero en público decía otra cosa. Doble discurso con un costo tangible. Poco después, los tribunales dictaminaron que la política relativa a los alcaldes militares era inconstitucional, y la matanza comenzó de nuevo.

A pesar de las amenazas y de la falta de voluntad política, no me encerré en la oficina. Viajé con el equipo de gobierno de un municipio a otro, desafiando a los terroristas con nuestra presencia. No nos motivaba el *machismo* o el narcisismo, sino la convicción que el ejemplo era una herramienta poderosa. Debíamos demostrarles a los habitantes de Antioquia que no nos intimidaban los violentos, que los derrotaríamos y que la vida siempre prevalece.

En las visitas a los municipios padecimos una racha despiadada de ataques. Fueron varias las ocasiones en que los helicópteros en que viajaban los generales regresaban con agujeros de balas; explotaron bombas, murieron jefes de la Policía y muchas personas de bien. Uno de los episodios más dolorosos se produjo en Salgar, el pequeño pueblo cercano a la finca donde crecí, el mismo lugar donde solía montar a caballo con Lilian Álvarez, mi maestra de escuela. Luego de asistir a una ceremonia, mi escolta policial fue emboscada en el pueblo por los terroristas. Muchos miembros de la unidad murieron.

En otro viaje a Vegachí, un pueblo localizado en el nororiente de Antioquia, llegué un poco antes de la hora prevista. Mientras esperábamos el segundo helicóptero con el resto de mi equipo, empezamos una reunión informal. Cuando el helicóptero aterrizó, lo hizo bajo una ráfaga de disparos del ELN provenientes de una montaña cercana. Por fortuna, mis colaboradores lograron escabullirse. A continuación, varias docenas de terroristas entraron al pueblo disparando contra la alcaldía. Llamé a Medellín en busca de refuerzos con urgencia, pero me dijeron que nadie podía llegar a tiempo a Vegachí.

¿Qué nos salvó? La providencia. Nos acostamos en el piso mientras seguía el intercambio de disparos. El plan de los terroristas era obligar a los soldados a perseguirlos y así, desprotegida la alcaldía, entrar para asesinarme. La pequeña unidad del Ejército que estaba con nosotros lo sabía, y con gran disciplina y habilidad táctica se defendió del asalto sin abandonar la alcaldía, hasta lograr que los terroristas se retiraran a su escondite.

Cuando terminaron los disparos, cogí un megáfono y salí a la plaza principal de Vegachí para pronunciar un discurso contra el terrorismo.

4

Los colombianos *anhelaban* la seguridad. Su clamor por la paz lo impregnaba todo y era tan palpable en aquellos años como el miedo sembrado por los terroristas. Dondequiera que íbamos la gente nos animaba y decía que estábamos haciendo lo correcto. Episodios como el de Vegachí no fueron en vano: fuimos testigos de cómo, en medio de las amenazas, nacía una cierta resistencia entre la población antioqueña. Era la expresión de una esperanza: si en lugar de huir enfrentábamos a los terroristas podríamos prevalecer. La lucha era de todos.

"Para cualquier persona que visite Antioquia, tal vez el aspecto más notable no es tanto la actitud del gobernador, sino el hecho de que la gente parece estar exactamente en la misma página", escribió un periodista de la revista *Semana* que parecía algo escéptico. "No está claro si Álvaro Uribe Vélez es la interpretación de la voluntad colectiva, o si su liderazgo la ha impuesto. Pero el hecho es que el pueblo de Antioquia, conocido por su empuje y eficiencia, está canalizando estas virtudes hacia una solución a su problema de seguridad".

A las siete en punto de cada mañana teníamos una reunión para discutir los problemas de seguridad en Antioquia. Presidida en sus inicios por el general Mora Rangel, un hombre muy capaz, a ella asistían los altos mandos del Ejército, la Policía y el DAS en el departamento, el Fiscal regional, el Comisionado de Paz, el Procurador y el Secretario de Gobierno Pedro Juan Moreno. Si bien el control directo del Ejército y la Policía corresponde al gobierno central y no a los gobernadores, el hecho de monitorear y estimular de forma constante la labor de las fuerzas de seguridad bastaba para hacer una gran diferencia.

Para enfatizar en la transparencia y en la participación ciudadana, las puertas estaban abiertas al público. Asistían fiscales, abogados y defensores del pueblo, personas independientes de la autoridad del gobernador y que tenían otra visión sobre nuestros problemas de seguridad más urgentes. Buscamos, también, una retroalimentación permanente que nos permitiera responder con rapidez a las necesidades inmediatas. Así, por ejemplo, si había

una ola de robos de automóviles, nos reuníamos con las compañías aseguradoras y los concesionarios, escuchábamos sus sugerencias y establecíamos un
vínculo directo con la Policía. Concedía entrevistas en la radio para responder
a las preguntas de la gente y escuchar sus quejas. Esta política de administración transparente y de involucramiento constante en todos los detalles, dio
sus frutos: empezábamos a ganar terreno contra el crimen.

No era suficiente, sin embargo. Necesitábamos encontrar otras opciones
que nos permitieran luchar más a fondo contra la violencia en el departamento. En 1994, un año antes de ser elegido gobernador, el gobierno y el
Congreso aprobaron la creación de grupos privados que, bajo la estrecha supervisión del Estado, sirvieran de apoyo a los militares en algunas actividades. Ese año era electoral y el nuevo presidente decidió implementar estos
grupos, ampliar sus poderes y darles un nombre: "Convivir".

Algunas Convivir se constituyeron como redes de informantes —no muy
diferentes de los grupos de "vigilancia vecinal" en los países más ricos—:
contaban con *walkie-talkies* sofisticados e informaban sobre las actividades
delictivas para que el Ejército reaccionara. A otras se les permitió tener armas,
pero sus actividades serían controladas de cerca por las autoridades competentes. El ministro del Interior de esa época declaró que el gobierno había
creado las Convivir "para que los ciudadanos puedan colaborar con las Fuerzas Armadas, con el objetivo de ofrecerles mayores niveles de seguridad a los
colombianos, especialmente en las zonas rurales".

La iniciativa de las Convivir fue respaldada por dos administraciones
presidenciales sucesivas y por muchos políticos colombianos, y la ley que creó
esta figura fue aprobada por la Corte Constitucional. Tuvo también sus críticos, quienes vieron esta iniciativa a través del prisma de la historia reciente de
Colombia y temieron que podría dar lugar a una nueva generación de paramilitares. Sopesamos cuidadosamente este riesgo al momento de considerar
la posibilidad de implementar las Convivir en Antioquia.

Decidí, finalmente, que era urgente una ayuda adicional para luchar contra la violencia. Muy a mi pesar y frustración constante, el Ejército y la Policía
de Colombia no tenían armas y personal para contrarrestar los recursos cada
vez mayores —provenientes de la cocaína— de los narcoterroristas. Como
gobernador fui testigo de esta desigualdad en los ataques ocurridos en Vegachí, Urabá y muchos otros lugares: los hechos eran irrefutables. Por otra
parte, estaba fuera de mi control asignar más recursos a los militares, y las

Convivir podían ofrecernos un marco para que la población civil desempeñara un papel activo en la seguridad general, mediante el suministro de información. Siempre he creído que en un país con las dificultades geográficas y sociales de Colombia, la seguridad no sería posible si era responsabilidad exclusiva de la Policía y de las Fuerzas Armadas, y que los ciudadanos tienen la obligación de ayudar a garantizar la permanencia del Estado de Derecho.

Otro factor fue decisivo en la toma de decisión: la supervisión estricta del programa por el Estado. Si alguna de las Convivir cometía abusos, tenía que ser desmantelada de inmediato. Esta vigilancia era lo que las diferenciaba de los paramilitares, pues no se trataba de ayudarlos o fortalecerlos, sino de todo lo contrario: regular y controlar los grupos auxiliares de seguridad y, por lo tanto, hacer innecesarios y obsoletos a los ilegales.

Durante los años de nuestra gobernación, más de 600 grupos Convivir funcionaron en toda Colombia. En Antioquia, su número era más o menos proporcional al porcentaje de sus habitantes con respecto a la población nacional: entre sesenta y setenta. Las autoridades competentes detectaron abusos por parte de dos de ellas y, tal como estaba previsto, fueron desmanteladas.

Así pues, Antioquia no fue el único departamento que implementó las Convivir; el porcentaje de las que tuvieron problemas fue bajo y las acciones correctivas inmediatas. Cometí el error de proponer que a algunas de las Convivir se les permitiera portar armas largas, como fusiles, con el fin de protegerlas de la potencia de fuego cada vez mayor de los terroristas. Fue una mala decisión de mi parte, y desistí de esa idea.

Varios de mis detractores políticos se han valido de mis decisiones en materia de seguridad para acusarme de ser aliado de los paramilitares. No es cierto. Si bien algunos de estos grupos criminales se crearon por razones de venganzas personales —tal el caso de los Castaño Gil después que las FARC asesinaran a su padre—, no es mi caso: siempre he sabido que la mejor manera de honrar la memoria de mi padre es trabajando para que las nuevas generaciones de colombianos no tengan que sufrir los mismos padecimientos por causa de la violencia.

En los años noventa, los políticos colombianos más tradicionales estaban a favor del "diálogo" con los grupos armados ilegales, como una solución a la violencia de nuestro país. Muchos de ellos equipararon, a mi juicio, de manera errónea, el apaciguamiento con la civilidad: como si la única función del Estado consistiera en actuar como mediador, en lugar de ser el garante de la seguridad y del control territorial. Este punto de vista hizo que quienes abogaban por una fuerte política de seguridad fueran señalados como extremistas incivilizados y, de manera automática, se les acusaba de apoyar a los paramilitares. Los cabecillas de las FARC y del ELN supieron aprovechar el terreno abonado: en su propaganda y en otras declaraciones públicas comenzaron a referirse a mí como "el gobernador paramilitar"; de este modo desacreditaban nuestras políticas de seguridad, especialmente a medida que obteníamos éxitos en nuestra lucha contra ellos. En esos años y en los posteriores he respondido con paciencia y de manera clara y completa a todas las acusaciones, tanto a las vagas como a las específicas. Pero no permití que esta propaganda me impidiera hacer lo que creía era lo correcto.

De hecho, gracias al trabajo incansable y a los sacrificios de las Fuerzas Armadas y de la Policía colombianas, y al apoyo de las Convivir, logramos hacer mejoras tangibles en la seguridad de Antioquia: restablecimos el control sobre la autopista Medellín-Bogotá, disminuimos en un 30 por ciento el secuestro en Antioquia y, lo que es muy importante, la gente empezó a creer que, enfrentando con decisión a los violentos, sus vidas mejorarían. "Si la creencia entre los habitantes de Bogotá es que su ciudad es un infierno con pocas posibilidades de cambiar, la gente de Antioquia piensa lo contrario", señaló por ese tiempo la revista *Semana*. "Este departamento se ha convertido en una especie de programa piloto y el resto de Colombia está mirando su experimento con gran interés".

Para mi decepción, sin embargo, nuestro llamado "experimento" no duraría mucho tiempo.

Sabía exactamente lo que se avecinaba, pero era impotente —y eso me dolía— para impedirlo. En materia de seguridad, gran parte de lo que habíamos logrado se perdió a una velocidad inquietante: solo dos semanas después del término de mi periodo en la gobernación, los terroristas retomaron el control de la autopista a Bogotá. Poco después, los grupos armados ilegales reanudaron su expansión territorial y el tráfico de drogas y los secuestros aumentaron de nuevo a su nivel anterior.

Varias razones pueden explicar este retroceso. Algunas son lógicas, otras simplemente extrañas. Algunas tienen que ver con la realidad colombiana de los años noventa, otras con acontecimientos y tendencias externas al país. Un episodio particularmente sórdido encarnó los extraordinarios desafíos de la época.

5

Tal vez sea el sol del trópico, tal vez una idea romántica de algunos sobre las "guerrillas" y la guerra en la selva, sin haber vivido ninguna de las dos. Cualquiera que sea la razón, lo cierto es que, en el transcurso de los años, hay quienes se han encontrado de repente en la selva y actuado de una manera que nunca consideraron posible en la tierra que los vio nacer. A veces los guían buenas intenciones, otras no. Con frecuencia, ven a Colombia como el lugar en el que pueden realizar sus fantasías más profundas sin que ni ellos ni nadie sufran las consecuencias. He conocido varias de estas personas en los últimos años, pero pocos ejemplos son más preocupantes e ilustrativos que el de un alemán llamado Werner Mauss.

Supe de él el día en que recibí una llamada del gerente de Río Claro, una compañía de cemento. Me contó que unos días antes un grupo de consultores europeos había sido secuestrado por el ELN y que mediante el pago de 2 millones de dólares —efectuado en Europa a través de un alemán— casi todos los secuestrados habían sido liberados.

En esa época, las FARC, el ELN y los paramilitares hacían fortunas colosales gracias al secuestro y a la extorsión, y varias empresas multinacionales habían sido víctimas de esta práctica. A mediados de la década de los noventa se calculaba que los colombianos pagábamos 350 millones de dólares al año por concepto de rescates, monto equivalente al de nuestras exportaciones anuales de banano, el tercer renglón agrícola más importante del país. En muchos casos, las empresas transnacionales realizaban pagos regulares en efectivo a los grupos ilegales a cambio de "protección". Otras pagaban rescates de manera individual. Las cifras eran tan altas que llegué a preguntarme si el secuestro se había transformado en una industria capaz de perpetuarse desde su interior, si en algunos casos intermediarios sin escrúpulos se lucraban económicamente o actuaban en complicidad con los criminales en algunas de las etapas de la "cadena de suministro".

No me faltaba razón. Poco tiempo después del incidente de Río Claro, el ELN secuestró a Brigitte Schroder, esposa del antiguo gerente de una empresa alemana. De inmediato comenzamos a trabajar con la Policía para lograr su liberación. Después de algunas negociaciones, la Policía logró reducir las pretensiones económicas de los terroristas a veinte millones de pesos. Todo parecía ir tal y como estaba planeado, pero de pronto recibí la llamada de dos oficiales de alto rango: el coronel Mauricio Santoyo y el brigadier general Alfredo Salgado Méndez:

—El trato se cayó —me dijo Salgado furioso—. El ELN está pidiendo 150 millones de pesos para liberarla.

—¿Por qué?

—Porque ese alemán está participando en la negociación y ahora la guerrilla está pidiendo más dinero.

Pronto conocimos otros detalles: que el nombre del alemán era Werner Mauss, que le había dicho al esposo de Brigitte Schröder que los secuestradores eran paramilitares y que estaba en la selva con el ELN cuando hizo la llamada desde un teléfono satelital. Las pruebas se acumulaban y, entonces, la oficina del fiscal general emitió una orden de captura en su contra.

Unos días después recibí otra llamada del general Salgado. Eran las cinco de la mañana. La Policía había capturado a Mauss en Medellín cuando trataba de abordar una avioneta con la rehén Brigitte Schröder bajo su custodia. Hallaron en su poder varios pasaportes con nombres diferentes y documentos en los que parecían detallarse montos de dinero y nombres de funcionarios públicos, un descubrimiento que hizo que las autoridades sospecharan que se hubieran pagado sobornos.

Tan pronto fue detenido, la Policía comenzó a recibir una avalancha de llamadas telefónicas de la Cancillería colombiana en Bogotá para exigir la liberación inmediata de Mauss.

—La presión es muy fuerte —me dijo Salgado—. Creo que vamos a tener que soltarlo.

—No lo liberen —respondí—. Ya mismo salgo para allá.

Me vestí y, antes de salir, cogí un arma para protegerme. Había estudiado la historia de Mauss con mayor profundidad y sabía quiénes eran sus amigos. No estaba dispuesto a correr riesgos.

6

"Ian Fleming se habría sentido orgulloso de haber creado a Werner Mauss", escribió el diario *Los Angeles Times* en un perfil publicado en primera página en 1997, y a continuación lo describía como un "James Bond alemán". No recuerdo haber visto en los medios de comunicación extranjeros exaltar del mismo modo a los terroristas de otra parte del mundo. Pero este periódico no fue el único que se deslumbró con Mauss y su historia poco común. Era un hombre que llevaba varias décadas engañando a la gente.

De acuerdo con la prensa extranjera, Mauss comenzó su carrera en Alemania como vendedor de aspiradoras y entrenador —fracasado— de caballos, antes de trabajar como detective privado en los años sesenta. Pronto demostró un talento inusual para ayudar a clientes acaudalados y compañías de seguros a recuperar bienes de lujo, como Porsches y joyas robadas. La habilidad especial de Mauss era su capacidad para establecer contactos de alto nivel con los agentes del orden público y las redes delictivas, señaló el *Times*. Los negocios prosperaron en su pequeña agencia de detectives y poco tiempo después Mauss era poseedor de un Porsche, una avioneta Cessna y hasta de un castillo medieval.

Hasta 1983 las cosas le salieron a las mil maravillas. Pero este año, su foto y su verdadera identidad fueron reveladas en un periódico alemán, imposibilitándolo para continuar con su trabajo en Europa. Entonces decidió buscar alrededor del mundo un nuevo lugar para practicar su oficio. Dadas las circunstancias de mediados de los años ochenta, Colombia le debió parecer un paraíso en la tierra.

En Bogotá Mauss descubrió que, a diferencia de Alemania, Colombia era un país donde no solo podría infiltrarse en el gobierno, sino estar por encima de él. Encontró su nicho: ayudar a las empresas europeas a negociar los rescates y a pagar a los grupos armados a cambio de protección. La suerte parecía sonreírle. Su principal cliente era una empresa alemana que construía un oleoducto en el territorio donde operaba el ELN, descrito por el *Times* como "un grupo pequeño y desconocido, comandado por un sacerdote renegado español". Parece ser que cuando Mauss comenzó su labor, la capacidad financiera del ELN aumentó de forma dramática, lo que le permitió reclutar nuevos miembros y sembrar el terror en toda Colombia. Pocos años necesitó el ELN para convertirse en el segundo grupo armado más grande de Colombia, después de las FARC.

El papel de Mauss en el rápido crecimiento del ELN era un secreto a voces. Así lo señaló el diario británico *The Guardian* en un perfil de este aventurero publicado en noviembre de 1996: "Nadie en Colombia pone en duda que el aumento de la fortuna del ELN (a mediados de los años ochenta) estuvo estrechamente relacionado con dinero alemán". Continuaba con el *modus operandi* que por varías décadas le había dado resultados exitosos: un número extenso, variado y muy poderoso de amigos. Así lo aseguró un artículo del *Dow Jones:* "[Mauss era] un detective privado alemán que tenía vínculos con la inteligencia alemana, miembros de alto rango del Gobierno colombiano y las guerrillas izquierdistas". Cuando fue detenido, muchos de esos amigos destinaron recursos para influir en su nombre: el consulado alemán en Bogotá declaró que Mauss llevaba a cabo una misión "humanitaria" en el momento de su detención, y pidió que fuera liberado de inmediato; funcionarios de muy alto nivel en Bogotá llamaron a comandantes de la Policía en Antioquia para instarlos a liberarlo a la mayor brevedad posible.

Pero yo estaba decidido a no permitir su liberación antes que el sistema judicial colombiano tuviera la oportunidad de valorar las pruebas que teníamos en su contra. Con razón dijo entonces un funcionario de la oficina de la fiscalía: "En la medida en que Mauss ha intentado sacar ilegalmente del país a una persona secuestrada, constituye una amenaza para nuestra seguridad nacional". Mi querido amigo Gilberto Echeverri, ex gobernador de Antioquia y quien perecería trágicamente cerca a Urrao años después, me llamó y dijo que al ver a Mauss en televisión reconoció su cara, que estuvo involucrado en un escándalo de corrupción anterior, relacionado con el metro de Medellín. Cuando en las horas siguientes a su arresto (noviembre de 1996) fui a la estación de Policía, tenía un único objetivo: darle a nuestro sistema jurídico el apoyo político que necesitaba para resistir la presión de los gobiernos colombiano y alemán.

Conservo con gratitud el recuerdo de muchos europeos y norteamericanos que en los últimos años han hecho valiosas contribuciones al país. Y veo con horror el modo como algunos extranjeros socavaban nuestros esfuerzos para implementar la seguridad y el imperio de la ley. El caso Mauss ilustra esta participación perversa en los asuntos de Colombia.

Si bien estos extranjeros son, en ocasiones, mercenarios trotamundos a quienes atraen los Estados débiles o fallidos donde pueden obtener ganancias rápidas, el problema no se limita a unos pocos casos aislados. Por años organizaciones no gubernamentales se han aliado abiertamente con los grupos armados ilegales de izquierda, suministrándoles fondos y otras formas de apoyo logístico, al tiempo que denunciaban sistemáticamente las operaciones legítimas del Estado colombiano, a menudo bajo el pretexto de los derechos humanos. En particular, algunos políticos europeos insisten en tratar a las FARC y al ELN en el mismo plano de igualdad que a nuestro gobierno, elegido democráticamente.

Nunca he podido comprender esta hipocresía: esos mismos políticos *jamás* habrían tolerado las atrocidades de estos grupos de haber ocurrido en sus países de origen. Tal vez una nostalgia obsoleta por las ideas socialistas que profesaron en su juventud los lleva a simpatizar con la izquierda armada de Colombia; o tal vez ignoran que desde hace muchos años estos grupos se han transformado en carteles de narcotraficantes asesinos.

Sin importar cuál sea la razón que motiva a estas organizaciones, por el tiempo de la detención de Mauss estaba decidido a poner fin a sus acciones. Declaré, entonces, que ésta era "una oportunidad de trabajar en el desmantelamiento de la red internacional" que apoyaba a los grupos armados ilegales.

En sus inicios, la denuncia pública de las acciones de Mauss logró disminuir la presión política para dejarlo en libertad. Permaneció algunos meses en una cárcel hasta que fue dejado en libertad. Para mi sorpresa, algún funcionario judicial de Antioquia dejó a Mauss en libertad, para lo cual adujo que su captura había sido ilegal. Regresó a Europa pero no desapareció de la política colombiana: en los años siguientes, altos funcionarios del gobierno viajaron a Alemania para hablar con él. El objetivo aparente era pedir a Mauss negociar un acuerdo de paz, ¡a nombre del ELN! Como era de esperarse, esta "mediación" no produjo resultado positivo alguno.

La última vez que supe de Mauss fue cuando estudiaba en Oxford. Recibí un sobre que parecía venir de sus abogados. Había escuchado rumores que quería presentar una demanda en mi contra por difamación. No abrí el sobre; escribí "devolver al destinatario" y lo eché de nuevo en el buzón.

7

A medida que mi periodo como gobernador llegaba a su fin, los grupos terroristas veían cómo la experiencia de Antioquia demostraba a los colombianos que mediante el fortalecimiento de las fuerzas de seguridad y una administración efectiva, el reinado del terror de los criminales podía ser combatido con eficacia. La opinión de algunos según la cual un enfrentamiento con los narcoterroristas solo produciría más derramamiento de sangre estaba siendo desvirtuada. Por lo tanto, los grupos armados se vieron obligados a devolver el golpe y hacer una demostración pública de poder. Así lo hicieron y días antes de dejar mi cargo demostraron una vez más su absoluto desprecio por la democracia colombiana: intentaron sabotear las elecciones regionales de 1997.

El comunicado de las FARC ordenaba a los colombianos boicotear la votación en Antioquia, me tildaba de "gobernador paramilitar" y afirmaba que las elecciones serían "manipuladas y distorsionadas por las oligarquías y sus lacayos políticos". Por su parte, el ELN decretó un "paro armado", con el fin de paralizar el transporte por carretera el día de la elección. En todo el país, los grupos armados ilegales lanzaron amenazas de muerte contra los candidatos a gobernaciones, alcaldías, asambleas y concejos municipales. Sí, la campaña de intimidación fue nacional, pero Antioquia era el objetivo principal.

En las semanas previas a la votación, cincuenta y tres candidatos fueron asesinados en todo el país, más de doscientos fueron secuestrados, y más de mil novecientos —de los cuales mil seiscientos en Antioquia— renunciaron debido a las amenazas. De tal modo ascendió la espiral de violencia, que el presidente del Senado ordenó la compra de ciento dos chalecos antibalas: uno para cada senador. La agencia *Associated Press* describió la campaña para sabotear las elecciones como "el desafío más grave para la democracia colombiana en más de treinta años".

Cuando la violencia y las amenazas se intensificaron, el Gobierno central consideró la posibilidad de suspender las elecciones en Antioquia. Como gobernador me opuse rotundamente a esta iniciativa, e hice todo lo que estaba a nuestro alcance para no permitir que la intimidación de los terroristas triunfara. Pasamos algunos de los últimos días de nuestra gobernación recorriendo las comunidades del interior de Antioquia, animando a la gente a desafiar las amenazas y a ejercer sus derechos democráticos. Caminamos las calles de los municipios con un megáfono: pedíamos a los habitantes que no tuvieran miedo y les asegurábamos que juntos podíamos superar las amenazas.

Un sábado por la mañana, justo el día antes de las elecciones, me dirigí al aeropuerto para abordar los helicópteros y llevar nuestro mensaje a dos municipios del oriente de Medellín. Iba acompañado por varios de mis colaboradores más cercanos, entre ellos Andrés Uriel Gallego, Pedro Juan Moreno, Any Vásquez y el general Carlos Alberto Ospina Ovalle, comandante de la Cuarta Brigada del Ejército. En Argelia, el primer municipio que visitamos, vimos personas aterrorizadas por la violencia, pero que no obstante salieron a recibirnos. El alcalde hizo lo mismo cuando nuestros dos helicópteros aterrizaron, siguiendo el protocolo habitual.

No fue así en San Francisco. Desde hacía varios años, este municipio permanecía cercado por la violencia de los grupos ilegales. Razón de más para darle nuestro apoyo. Los militares habían llegado el miércoles anterior con el fin de garantizar las elecciones y habían sido objeto de un fuego intenso por parte de los terroristas. Mientras aterrizábamos en una colina en las afueras del pueblo, observé sorprendido y preocupado que nadie nos esperaba. No era una buena señal. Bajé del helicóptero y miré alrededor, luego hice un gesto a mis acompañantes para que nos dirigiéramos al pueblo. Mientras bajábamos por la colina vimos que el alcalde venía a nuestro encuentro acompañado por el padre Antonio Bedoya —gran amigo y colega—, coordinador local de una de nuestras mejores iniciativas en Antioquia: el Sistema de Aprendizaje Tutorial, un programa dirigido a las comunidades rurales. Nos saludaron con tranquilidad y bajamos hacia la plaza de San Francisco.

Por pura intuición decidí no subir a la tarima instalada en la plaza del pueblo. Antes de llegar, me detuve en una esquina y allí pronuncié las palabras que había repetido en toda Antioquia: que las generaciones anteriores habían luchado por el derecho a elegir funcionarios locales en Colombia y que, por eso, era importante votar; que no importaba por quién lo hicieran, sino el ejercicio democrático y el valor que entrañaba la participación.

—¡No podemos votar porque nos matan! —gritó uno de los habitantes.

Asentí con la cabeza y repuse:

—Son tiempos difíciles y eso hace que sea especialmente importante que todos votemos para demostrar nuestra fortaleza.

La reunión terminó con un silencio sombrío. El alcalde me miró y me sonrió un poco incómodo.

—Gobernador, ¿le gustaría tomar algo antes de irse?

Parecía como si quisiera decirme algo y acepté su invitación. Subimos al segundo piso de la alcaldía. Me sorprendió ver a un antiguo compañero de la Universidad de Antioquia, quien se desempeñaba como personero de San Francisco. Me miró de la cabeza a los pies; parecía tan sorprendido como yo de verme.

—Gobernador —dijo—, usted es muy *berraco* por haber venido.

De inmediato, tres cosas me desconcertaron: 1) El nerviosismo de su voz y el uso de la palabra *berraco*, que en Antioquia significa más o menos "valiente". 2) Caí en la cuenta de su ausencia en mi reunión con la comunidad, lo cual me extrañó pues como personero era el funcionario encargado de proteger los derechos democráticos que habíamos ido a defender. 3) Recordé que cuando era estudiante universitario su posición no era clara: si bien nunca había apoyado abiertamente a las FARC, tampoco las había rechazado. Sentí un calor picante en la nuca. Guiado una vez más por la intuición, me despedí rápidamente, reuní a mis acompañantes y remontamos la colina, donde los dos helicópteros comenzaban a encender sus motores.

Me despedí del alcalde y del padre Antonio. Al darme vuelta para subir al helicóptero, escuché las primeras detonaciones de armas de fuego. Me arrastré con los codos a una zanja cercana mientras la cara se me llenaba de tierra. Las balas comenzaron a llegar en ráfagas. Nuestros soldados respondían al fuego y las palas del rotor giraban con rapidez. Decidí correr completamente agachado hacia el helicóptero y subir por la puerta lateral. El general Ospina me ayudó y cerró la puerta tras de mí. El helicóptero empezó a levantarse del suelo.

El segundo helicóptero aún no había despegado. Vi cómo quienes estaban en él seguían expuestos al fuego indiscriminado de los terroristas.

Del panel lateral del helicóptero cogí la primera arma que encontré —una ametralladora— y traté de proporcionar fuego de cobertura. Poco después logró despegar.

Cuando estuvimos fuera de alcance, nos comunicamos por radio con la otra aeronave. Milagrosamente nadie había resultado herido. Pero nuestro alivio duró poco: antes de aterrizar en Medellín supimos que los terroristas le habían propinado un disparo en la cabeza al padre Antonio, causándole la muerte. ¡Cuánto dolor! Y la tragedia no terminó allí. Ese mismo día, los terroristas secuestraron a cuatro funcionarios electorales y volaron una estación de energía en Buenaventura, dejando sin luz a una tercera parte de la ciudad.

La participación electoral en el país fue ligeramente inferior al 50 por ciento y mucho menor en Antioquia. En San Francisco solo votaron veintinueve de las seis mil quinientas personas con derecho a hacerlo. Hubo municipios en los que nadie votó.

El asesinato del padre Antonio, quien dedicó su vida a Dios y a educar a la población antioqueña, tiñó una vez más de sangre las manos de los criminales del ELN. Sin embargo, pronto circularon rumores culpando al Ejército de su muerte. Poco tiempo después hablé en un avión con Carlos Gaviria Díaz, quien había sido uno de mis profesores de derecho en la Universidad de Antioquia y que entonces era el presidente de la Corte Constitucional de Colombia.

—He oído que el Ejército mató al Padre Antonio —me dijo.

Quedé petrificado.

—¿Cómo puede decir eso? ¡Yo estaba allá! ¡Fue el ELN el que lo mató!

—Usted siempre defiende al Ejército —repuso Gaviria.

—¡Por Dios, profesor; yo estaba allá! ¡Lo vi con mis propios ojos!

Gaviria insistió en su interpretación de los acontecimientos. Pero Dios siempre recompensa la verdad. Semanas más tarde, varios miembros del Gobierno colombiano y de la comunidad internacional —entre los que se contaba el alto comisionado de las Naciones Unidas para los Derechos Humanos en Colombia— viajaron a Antioquia. Su misión era intentar la liberación de dos funcionarios de la Organización de Estados Americanos (OEA) que, a petición mía, habían venido a Antioquia como veedores de las elecciones, y habían sido secuestrados por el ELN días antes de los comicios. En el evento público que para esos efectos llevaron a cabo, los líderes del ELN confirmaron que eran los responsables del asalto a San Francisco y que no cejarían en su intento de asesinarme. El público guardó silencio.

Unos días después, Lina solicitó discretamente una reunión privada con la alta comisionada de las Naciones Unidas en Bogotá.

—La guerrilla amenazó con matar al gobernador —le dijo—. Ustedes estaban allá; estaban sentados escuchando y no dijeron una sola palabra en señal de protesta. ¿Acaso mi marido no tiene también derechos humanos?

8

El primero de enero de 1998, último día de mi periodo como gobernador, fui al campo antioqueño para despedirme de mi madre. Iba a viajar a Inglaterra a participar, como Senior Associate de la Universidad de Oxford, en el Saint Antony's College. Siempre me negué a utilizar el helicóptero de la gobernación para fines personales —cualquiera fueran las circunstancias—, y ese día fui en carro con Tomás, Jerónimo y mi primo Jorge Vélez para visitarla en su casa a orillas del río Cauca.

Días antes a mi madre le habían diagnosticado un cáncer en su etapa inicial, razón por la cual los médicos creían posible curarla. Tenía 65 años. Me recibió en la puerta sonriendo, como si en el mundo no pasara nada malo. Hablamos largo sobre la situación de Antioquia y expresó su preocupación por las amenazas contra mí. Veía con alivio mi partida de Colombia. Al despedirnos me dio su bendición y me deseó la mejor suerte en Inglaterra.

Al día siguiente, viernes, viajé a Oxford. Una semana después, mi madre falleció. Quise volver de inmediato a Colombia para su entierro, pero mi familia se opuso enérgicamente:

—De ninguna manera —dijo mi hermano—. Ella se sentía aliviada sabiendo que estabas seguro en Inglaterra. Así que por favor no vengas a su entierro. Sería demasiado peligroso.

Todos hacemos sacrificios en la vida pública. Pasamos mucho tiempo alejados de nuestras familias y perdemos momentos irremplazables. Nos decimos a nosotros mismos que trabajamos por un bien mayor y que por esto el sacrificio vale la pena. Sí, me lo he dicho muchas veces en la vida, pero no esa vez. Nadie debería estar lejos de la madre en el momento de su muerte; pero si por circunstancias ajenas lo está, no se le debe infligir al sufrimiento de estar ausente de su entierro por temor a perjudicar a sus seres queridos. Ese día estaba en Oxford, a 8.000 kilómetros de mi tierra, sentado en una casa fría y desolada. Y mi alma lloró por no acompañar a mi madre en el momento de su fallecimiento y a su última morada.

9

Pasados unos años, Lina describiría los doce meses de nuestra permanencia en Oxford como la única época en que tuvimos una familia "tradicional". Vivíamos en una cómoda casa de dos pisos, tomada en arriendo a un profesor de la universidad que disfrutaba de su año sabático. Me transportaba en bicicleta y los fines de semana alquilábamos un carro y recorríamos la campiña inglesa durante varias horas. Nos gustaba admirar el modo como los británicos organizan sus jardines. De vez en cuando íbamos a restaurantes. Por un tiempo Tomás trabajó en un Burger King: lavaba platos en el turno de la noche para ganar un poco de dinero.

Sin embargo todo me hacía pensar en mi tierra. Literalmente todo. Había un cartel en la puerta de nuestra casa que decía: VIGILANCIA VECINAL. Escribí a algunos amigos de Antioquia: *¿Ven? Aquí también entienden que la única manera de estar seguros es que los ciudadanos cooperen con las fuerzas de seguridad.*

La situación del país me carcomía las entrañas como un buitre. Por segunda vez en solo siete años estaba en el exilio. Al igual que en 1991, cuando estudié en la Universidad de Harvard, habíamos sido obligados a salir de Colombia bajo una presión extrema: la promesa de la izquierda armada de no permitirnos salir con vida. Inmediatamente después del juramento como gobernador de mi sucesor, me dirigí al aeropuerto con mi familia en un vehículo blindado, propiedad del empresario antioqueño Fabio Calle Rico —me negué a utilizar un vehículo oficial pues ya no era funcionario—; en Bogotá nos recibió el embajador británico en Colombia, Arthur Leycester Scott Coltman, quien por motivos de seguridad nos llevó directamente a su casa. Unas horas más tarde nos escoltaron hasta el aeropuerto y viajamos a Londres.

No se me escapaba, sin embargo, que a pesar de las circunstancias mi familia era afortunada en muchos sentidos. La violencia había obligado a cientos de miles de colombianos a abandonar sus hogares, sin tener un lugar a donde ir y mucho menos la posibilidad de un nombramiento académico en una de las mejores universidades del mundo. Con generosidad, el embajador

Coltman me había concedido la beca Simón Bolívar del Consejo Británico y
Malcolm Deas —el reconocido profesor de historia de Colombia— era un
mentor y patrocinador maravilloso. Sabía también que una retirada táctica
no era vergonzosa, si su finalidad era vivir para luchar un día más. Pero para
que la experiencia valiera la pena, tendría que volver más fortalecido que
nunca a Colombia.

Me sumergí en el mundo académico. Estudié temas relacionados con la
historia de América Latina en el siglo XX. Leí o releí libros sobre liderazgo
—en particular, *Lincoln acerca del liderazgo* de Donald T. Phillips— y otros
que me inspiraron como los de John Kotter y Rosabeth Moss Kanter; las bio-
grafías de Indalecio Liévano Aguirre sobre Bolívar y Rafael Núñez; las obras
de Jean-Jacques Rousseau, Thomas Hobbes y John Locke; y *Democracia en
América* por Alexis de Tocqueville. Entablé amistad con colombianos que
estudiaban en Oxford, entre ellos Jaime Bermúdez, un hombre brillante y
elocuente que más tarde sería uno de mis principales colaboradores y ministro de Relaciones Exteriores. El estudio riguroso y el entorno social estimu-
lante fueron una terapia para mí.

Me esforcé mucho, conocí gente y me sentí curado. Poco tiempo después,
empecé a fijar mi vista en el próximo paso de nuestro viaje.

10

En Oxford hice amistad con Joaquín Villalobos, un ex comandante guerrillero de El Salvador. Puede parecer insólito, pero para mí fue una amistad
iluminadora.

Villalobos se había unido al Ejército Revolucionario del Pueblo (ERP) en
1971, siendo todavía un adolescente. Adquirió reputación como un comandante temido, pero evolucionó con el tiempo y, en los años noventa, desempeñó un papel importante en el acuerdo de paz de 1992 que puso fin a
la guerra civil. En nuestras conversaciones, admitía que el ERP había em-
pleado tácticas brutales que ahora lamentaba. Teníamos casi la misma edad
y, como yo, estudiaba en Oxford gracias a una beca del Consejo Británico.
Al principio nos miramos con recelo, pero pronto sentí que se trataba de un
hombre con un espíritu democrático que compartía mi pasión por la paz y la
seguridad.

Un día le hice una pregunta que, en 1998, era la más importante para los
colombianos:

—Dame dos razones por las que la guerrilla en El Salvador terminó aceptando las conversaciones de paz —le dije.

Él pensó un momento.

—En primer lugar, estábamos en un punto muerto en términos militares —dijo—. Además, se nos acabó el dinero. El fin de la Guerra Fría significó
el final de los fondos provenientes de Europa oriental y muchas organizaciones no gubernamentales de Europa occidental dejaron de enviarnos dinero.

—¿En serio? —pregunté—. ¿Unas ONG de Europa occidental?

—Sí —respondió.

Era cierto: como en Colombia, la guerrilla salvadoreña había tenido
toda una red de apoyo en Europa. A continuación, Villalobos me devolvió la
pregunta:

—Bueno, ahora dame dos buenas razones de por qué los grupos guerrilleros colombianos quisieran negociar.

Me encogí de hombros.

—Francamente, no creo que la guerrilla tenga ningún interés en negociaciones genuinas.

Villalobos sonrió.

—Ya ves; ese es el problema —dijo—. La guerrilla colombiana no necesita el dinero de las ONGs. Son muy ricos gracias al narcotráfico. Y a diferencia de El Salvador, los guerrilleros colombianos realmente creen que pueden obtener la victoria militar debido a la falta de determinación del Estado colombiano.

Los eventos de entonces demostraron la veracidad de sus palabras. En 1998 Andrés Pastrana ganó las elecciones luego de prometer que iniciaría conversaciones de paz con los grupos "guerrilleros". Antes de asumir la presidencia, se internó en la selva para reunirse con el líder de las FARC, alias "Manuel Marulanda", y con su jefe militar Jorge Briceño, alias "Mono Jojoy". En esta reunión, Pastrana aceptó una de las exigencias más polémicas de las FARC: que el Estado retirara sus tropas de una amplia zona del territorio nacional —el equivalente aproximado al tamaño de Suiza—, para poder sostener conversaciones de paz sin el temor de ser atacadas (durante su mandato, Pastrana enviaría también a Alemania funcionarios para reunirse con líderes del ELN).

Obraba de buena fe y su filosofía era coherente con el pensamiento popular de aquellos años en Colombia. Agotados por la violencia de los años ochenta y noventa, muchos colombianos tenían la convicción que el diálogo era el único camino hacia la paz. Las demostraciones de poder que hicieron los grupos violentos el día de las elecciones y las que acompañaron mi salida de la gobernación, convencieron a la población que la confrontación armada solo podía traer más sufrimiento. La coyuntura parecía exigir el diálogo. "Este proceso de paz es la única oportunidad que tiene actualmente Colombia para salir de su tragedia histórica... Si fracasa, solo le espera una guerra brutal que en unas cuantas décadas podría arrasar con toda posibilidad de prosperidad y de civilización, y cuya fase siguiente será la irrupción de la violencia política en las ciudades", escribió un prominente ensayista colombiano. No estaba solo, para muchos colombianos la disyuntiva era: o negociaciones de paz o cataclismo.

Estaban en un error. Hacía menos de un año el presidente Castro me había enviado un mensaje con Gabriel García Márquez con respecto al verdadero interés de las FARC en una negociación. Recordé entonces uno de los principios marxistas de mi época universitaria: cuando el enemigo de clase extienda una mano, las "guerrillas" deben aprovecharse de su debilidad.

Desde luego, no descarté que, bajo determinadas circunstancias, las negociaciones pudieran ser un posible camino hacia la paz en Colombia. Durante los años ochenta y comienzos de los noventa, el Gobierno colombiano había negociado el alto al fuego y la desmovilización con pequeños grupos ilegales —entre ellos el EPL y el M-19— que, por razones diversas, se habían debilitado. Los resultados iniciales de esta negociación fueron mixtos: algunos miembros del EPL se dedicaron al tráfico de drogas o a otras actividades criminales —así, por ejemplo, quienes participaron en mi "secuestro" en El Ubérrimo, en 1988, al recobrar la libertad en virtud de la amnistía y el indulto de 1991, volvieron a la finca y robaron varias docenas de ganado, aparentemente en señal de venganza—; otros se incorporaron con éxito a la vida civil y conformaron un nuevo partido político llamado EPL, acrónimo que no significaba ya Ejército Popular de Liberación, sino Esperanza, Paz y Libertad. A lo largo de mi carrera política, conocí y trabajé con entusiasmo al lado de varias personas que abandonaron la lucha armada; Darío Mejía, Mario Agudelo, Rosemberg Pabón, Evert Bustamante, entre otros.

Sin embargo, en 1998 las condiciones eran distintas. Por un lado, el Estado tenía que negociar desde una posición de fortaleza para que las conversaciones produjeran resultados que valieran la pena —lo cual claramente no era el caso— y, por el otro, las FARC y el ELN se habían fortalecido como nunca antes. Temía, pues, que si el país iniciaba conversaciones de paz desde la debilidad, los grupos violentos solo aprovecharían la oferta del Gobierno para su beneficio táctico y económico, tal como lo había advertido Castro. Esto es, utilizarían las negociaciones para aumentar su pie de fuerza, incrementar el tráfico de drogas y continuar sembrando el terror entre la población.

Y, muy a mi pesar, esto fue lo que sucedió. Tras participar en las negociaciones, ambos grupos armados ilegales hicieron concesiones tan irrelevantes que, a no ser por la tragedia que conllevan, resultarían casi cómicas. El ELN se comprometió a dejar de secuestrar "ancianos, mujeres embarazadas y niños", entre tanto aterrorizaba a la población y destruía nuestra infraestructura de manera sistemática. Los secuestros aumentaron en proporción geométrica: pasaron de 1.038 en 1996, a 3.572 en 2000. Este mismo año, el principal oleoducto de Colombia fue volado o atacado en 170 ocasiones. Por su parte, las FARC hicieron de la "zona de distensión" su propio cuasi-estado —algunos lo llamaron "FARClandia"—: impusieron "impuestos" y nombraron ilegalmente a sus propios alcaldes.

Dos años después de iniciadas las conversaciones con las FARC, no había sido posible definir la agenda. Y cuando por fin las partes parecían estar a un paso de firmar un acuerdo de paz, en el último instante las FARC cambiaban sus condiciones o lanzaban una nueva ola de ataques brutales contra soldados y civiles colombianos. Expectativas tan poco realistas paralizaban la negociación: Alfonso Cano, uno de los principales líderes de las FARC, declaró que no se desmovilizarían a cambio de "casas, carros y becas" o de escaños en el Congreso.

—Este país se salvará cuando tengamos la oportunidad de dirigir el Estado —dijo.

Marulanda se negó a asistir a la instalación de las mesas de negociación. Y mientras las cámaras de televisión filmaban al presidente Pastrana sentado solo en la tarima preparada para el efecto, el líder guerrillero dejaba la imagen indeleble de una silla vacía. Los apologistas de las FARC dijeron que el Gobierno tenía la culpa: que el Estado aún no había hecho suficientes concesiones y que la seguridad de Marulanda estaba en peligro. Para su infortunio, Colombia tendría que vivir otro ciclo de esperanzas y decepciones antes de que ocurriera un cambio definitivo.

11

Hacia el final de mi año en Oxford, el Centro de Estudios Latinoamericanos de la universidad organizó un seminario con un invitado especial: el ex paracaidista militar de cuarenta y cuatro años que acababa de ser elegido como presidente de Venezuela.

En esa época, Hugo Chávez era todavía un enigma. En 1992 había sido encarcelado brevemente por liderar un intento de golpe militar; al salir, dijo al pueblo venezolano que había moderado sus puntos de vista y que creía en la democracia. Ganó las elecciones luego de criticar con dureza a la clase política de Venezuela por haber despilfarrado la inmensa riqueza petrolera del país durante el último siglo y por utilizar las regalías para llenar sus bolsillos y no para beneficio del pueblo. Estuve de acuerdo con algunos de sus planteamientos; también creía, por ejemplo, que Venezuela tenía que encontrar una manera más equitativa de distribuir sus riquezas naturales. Pero Chávez tenía dos cosas que me preocupaban.

A medida que el siglo XX llegaba a su fin, en gran parte de América Latina tomaba fuerza una reacción contra los errores políticos de la década anterior. Tras el fin de la Guerra Fría, en todo el mundo muchos gobiernos reformaron sus economías para reflejar el nuevo orden mundial en el que el capitalismo era amo absoluto. Esta transformación —que por lo general conllevó la privatización de industrias estatales, la desregulación de los negocios y la reducción de personal en el sector público, entre otras medidas— fue estimulada por el Fondo Monetario Internacional y el Banco Mundial. El objetivo general de estos cambios era reducir el papel del Estado y otorgarle mayores poderes a la iniciativa privada, procesos que en los últimos cincuenta años se habían revelado como la mejor herramienta disponible para impulsar el crecimiento económico y el aumento de los niveles de vida de las poblaciones.

En los años noventa, las reformas emprendidas por algunos gobiernos latinoamericanos fortalecieron sus economías; pero otros las llevaron a cabo con descuido o celo dogmático, lo que resultó en el desmantelamiento de gran parte de la red de seguridad social y dejó a los países completamente expuestos a cambios bruscos en los flujos de capital. En este último caso, y bajo la creencia errónea y simplista que el gobierno siempre es malo y que el "mercado" sabe más, el Estado terminó por resignar sus funciones esenciales.

Mis estudios me habían ofrecido un camino intermedio. Si bien era necesario abrir nuestras economías al comercio, solo debía hacerse mediante acuerdos bilaterales o multilaterales cuidadosamente negociados que garantizaran unas reglas justas y beneficios para todas las partes. Debíamos crear mecanismos para atraer todo tipo de inversión extranjera y, al mismo tiempo, fortalecer la regulación financiera: de este modo aseguraríamos el respeto de las reglas y el castigo de quienes las violaran. Era claro que necesitábamos eliminar el exceso en la nómina del Estado y en los gastos burocráticos, pero sin descuidar el deber de implementar medidas inteligentes para cuidar el medio ambiente, proteger los derechos de los trabajadores, garantizar igualdad de oportunidades sociales para acceder a servicios como la educación y la salud, entre otras políticas; funciones que el sector privado no estaba en condiciones de desempeñar. En pocas palabras: el Estado debía aprovechar plenamente los beneficios del capitalismo sin eliminar, sino por el contrario fortalecer, sus obligaciones fundamentales. Debía ser un "Estado comunitario".

Este fue el primer aspecto que me preocupó en la exposición de Chávez durante el seminario: aunque no habló con detalle de las políticas económicas que implementaría en su mandato, pudimos percibir que para él la reacción contra los excesos "neoliberales" de la década de los noventa consistía en arremeter contra el sector privado y socavar la inversión. Parecía estar embargado por la nostalgia de las revoluciones marxistas que habían fracasado en América Latina, y su alianza temprana y vigorosa con Fidel Castro —quien desde décadas atrás venía afirmando que Latinoamérica necesitaba un país socialista con petróleo— lo confirmó. Desde entonces, estos dos líderes han trabajado para sentar las bases de un nuevo bloque de líderes izquierdistas en la región: un "socialismo del siglo XXI".

Otro asunto me había llevado esa tarde a escuchar la visión que daría Chávez de su próximo gobierno: conocer cuál sería el destino de los vínculos de hermandad que desde antiguo unen a Colombia y Venezuela. Ambas naciones comparten el mismo libertador, Simón Bolívar, y alguna vez formaron un solo país. Por otra parte, después de Estados Unidos, Venezuela era el segundo socio comercial de Colombia, lo que significaba que un período prolongado de disfunción económica en el país vecino tendría también consecuencias directas para el nuestro. Luego de escuchar su exposición, me pareció que había dejado en la ambigüedad su posición sobre el apoyo que daría al gobierno colombiano en su lucha contra los grupos armados ilegales.

Cuando llegó el momento, levanté la mano y Chávez me cedió la palabra.

—Señor Presidente electo —dije—, ¿cuál es su visión con respecto a los grupos armados en Colombia?

Chávez sonrió, y luego dijo que se veía obligado a permanecer "neutral" en los asuntos relativos a Colombia y a las FARC.

No era la respuesta que esperaba. Era como si Yugoslavia —para dar un ejemplo— decidiera permanecer neutral entre las dos grandes potencias de la Guerra Fría. No; se trataba del presidente de una democracia vecina, con la que Colombia tenía una larga tradición de relaciones de hermandad. Y la respuesta de Chávez parecía anunciar que, como presidente de Venezuela, no haría una distinción entre el Gobierno democráticamente electo de Colombia y los terroristas que asesinaban a nuestros ciudadanos y se beneficiaban del comercio de narcóticos ilegales. Simplemente, no podía entender su respuesta. Alcé la mano para hablar de nuevo.

—Le pido que lo reconsidere —dije—, porque Venezuela es nuestro país hermano, y en Colombia estamos luchando contra esos terroristas narcotraficantes. Venezuela no puede permanecer neutral; espero que usted le ayude al Estado colombiano.

Chávez asintió educadamente con la cabeza, sonrió y cambió de tema con rapidez. Esta conversación tendría que continuar en otra ocasión. Pocas semanas después, tomé un avión de regreso a Colombia.

12

—Vas a perder estas elecciones. Serás reivindicado por la historia al igual que Churchill, pero no vas a ganar.

Acababa de regresar al país y almorzaba con uno de sus estadistas más respetados: Alfonso López Michelsen, quien había sido presidente en el periodo 1974-1978. En términos generales, y contrario a la tradición americana, luego de terminar sus mandatos los presidentes colombianos permanecen activos en la vida pública. Sirven a la patria como embajadores o como líderes de sus partidos. El presidente López Michelsen, respetado por muchos colombianos —entre quienes me incluyo— debido a su inteligencia y sus conocimientos académicos, continuaba siendo una figura esencial en la política colombiana. Él y su esposa, Cecilia Caballero, me habían invitado a su casa y hablábamos de la próxima campaña presidencial de 2002.

En algunos aspectos, el presidente López Michelsen tenía razón: mis probabilidades eran escasas. En ese momento (finales de 1999), las encuestas de cobertura nacional mostraban que mi nombre era reconocido por el 50 por ciento de los colombianos, en comparación con el 97 por ciento de mis dos oponentes principales, quienes habían sido candidatos en las elecciones anteriores. Y aquellos que me conocían no estaban particularmente interesados en votar por mí: tenía alrededor del 10 por ciento en la intención de voto. Estaba convencido que Colombia necesitaba comenzar de nuevo en todos los sentidos y decidí postularme por fuera de la estructura del Partido Liberal. Era un riesgo: por varias décadas ningún candidato había obtenido la presidencia de Colombia por fuera del bipartidismo tradicional. De hecho, los últimos dos candidatos prominentes que se postularon por fuera de sus partidos políticos habían sido Jorge Eliécer Gaitán y Luis Carlos Galán. No ganaron las elecciones, y ya reintegrados a su partido, cuando tenían todas las posibilidades de triunfo, fueron asesinados.

—Espera un momento Alfonso —dijo doña Cecilia con una sonrisa, y me preguntó—: ¿Qué es exactamente lo que vas a proponer?

—Seguridad Democrática —dije, e hice un breve resumen de mis ideas al respecto.

Doña Cecilia escuchó con gran interés y luego miró a su marido.

—Alfonso —dijo—, con esa propuesta, Álvaro va a ganar estas elecciones.

La propuesta era simple: proponía extender la seguridad y el imperio de la ley a toda Colombia y, al mismo tiempo, fortalecer nuestra democracia. Esta idea básica y fácil de entender resultaba, por las circunstancias del país, novedosa y, para muchos, radical.

En efecto, desde los años sesenta en Latinoamérica la palabra "seguridad" se ha asociado con fascismo. La palabra —de hecho, el concepto mismo de hacer cumplir la ley— evoca imágenes de tropas de asalto con equipos antidisturbios, nubes de gas lacrimógeno, presidentes anunciando el estado de sitio y abusos cometidos por las dictaduras de derecha en países como Chile y Argentina. ¡Cómo no horrorizarse por las atrocidades que se perpetraron en nombre de la lucha contra el comunismo o de otras causas! Los gobiernos que trataban de mejorar la seguridad pisoteando los derechos humanos podrían lograr la pacificación a corto plazo, pero nunca lograrían una reconciliación a largo plazo, resultando en las antípodas de lo que yo pretendía: alcanzar una paz duradera.

Mi propuesta era totalmente diferente: recuperar el control sobre el 100 por ciento del territorio colombiano, al mismo tiempo que respetábamos los derechos humanos y *extendíamos* el alcance de la democracia. Para el efecto, enviaríamos a los militares, a la Policía y a otros agentes del Estado, como maestros y médicos, a lugares donde no habían estado desde hacía muchos años, si es que alguna vez lo habían hecho. No era una "guerra" sino la aplicación de la ley. Era el ejercicio legítimo y necesario del poder por parte de un gobierno electo. Ampliaríamos el mandato del Estado a todos los ciudadanos, con independencia de su ideología o condición socioeconómica; trabajadores, dirigentes sindicales, empresarios, periodistas, campesinos... todos disfrutarían de los beneficios de vivir en una Colombia fuerte y segura. Para los millones de colombianos que sufrían el autoritarismo tiránico de los grupos violentos, nuestras políticas significarían más democracia, no menos. Podrían disfrutar por fin de la seguridad y de los demás beneficios del gobierno democrático que eligieron. De ahí el nombre de "Seguridad Democrática".

En la práctica esto significaba, entre otras cosas, una expansión significativa de nuestras fuerzas de seguridad. Si el denominador común durante las
varias décadas de derramamiento de sangre en Colombia había sido la falta
de decisión y de recursos por parte del Gobierno central, tal como la historia de nuestro país y mi propia experiencia lo confirmaban, el primer paso era
destinar para ellas más y mejores recursos. Varias estadísticas mostraban lo
inquietante de la situación de nuestras fuerzas de seguridad: en esa época,
Colombia tenía en total 75.000 policías activos, mientras que el Departamento
de Policía de la ciudad de Nueva York tenía 42.000; la recomendación del
Banco Interamericano de Desarrollo, para países con una delincuencia mode-
radamente alta, era de al menos 4,2 policías por cada 1.000 habitantes, nosotros teníamos alrededor de 1,73 policías por cada 1.000 habitantes. Era
claro, entonces, que necesitábamos muchos más policías.

Nuestro mensaje era simple, pero no tuvo un éxito inmediato. En los
inicios de mi campaña, la perspicacia política de doña Cecilia parecía ir en
contravía de la mayoría de colombianos que manifestaron sus dudas acerca
de la Seguridad Democrática: algunos seguían aferrados a la esperanza de las
conversaciones de paz, y otros creían que si bien mi plan podía parecer bueno
en teoría, resultaría imposible en la práctica, o conduciría a un mayor derramamiento de sangre. Por otra parte, la mayoría de los medios de comunicación se negó a tomar en serio mi candidatura. Los periódicos nacionales me
trataron como a una especie de serpiente exótica: interesante de ver, pero
peligrosa al tacto. El sector empresarial tampoco parecía estar interesado: un
grupo de prominentes industriales me visitaron en mi casa de Rionegro, para
decirme que tendría que esperar mi "turno", al menos hasta el 2006, porque
no veían ninguna oportunidad en 2002.

Avanzamos en la campaña con la austeridad y la dedicación de siempre.
Una de mis características ha sido hacer campaña en todas las épocas, no
solo en períodos electorales. En cierta ocasión le preguntaron a Lina si
yo había iniciado ya la campaña y ella contestó: "Álvaro nunca deja de
hacer campaña". Durante los primeros meses, y mientras viajaba por todo
el país, dormía de vez en cuando en las casas de mis amigos. El equipo
de campaña estaba conformado únicamente por Any Vásquez —asesora
de confianza desde mi periodo en la gobernación— y yo. No teníamos sede
propia: mi amigo Juan Rodrigo Hurtado era propietario de un centro de

llamadas telefónicas y nos prestó un cubículo equipado con un teléfono, un fax y una computadora. Any organizaba la agenda mientras yo estaba de viaje por todos los municipios del país. Pasábamos varios meses sin vernos. Pero ese era el camino que estaba a nuestra disposición: teníamos que establecer nuestra credibilidad y ganarnos la confianza de los colombianos, de voto en voto.

13

No me di cuenta en ese momento, pero comenzar desde abajo en las encuestas fue lo mejor que me pudo haber pasado.

Escuchaba a *todo el mundo*. A veces, cuando las campañas comienzan en grande, los candidatos solo piensan en lo que dicen y no asimilan por completo lo que se les dice a ellos. Nosotros vivimos la experiencia contraria. Recorrí todo el país, desde Pasto hasta las llanuras costeras de Santa Marta. Participé en numerosos programas radiales —que en ocasiones duraban desde las diez de la noche hasta las seis de la mañana—, sin importarme que algunos tuvieran una cobertura de solo unos pocos kilómetros en algún lugar aislado, pues sabía que estas zonas eran, por lo general, las que más ayuda necesitaban. Recibía todo tipo de preguntas sin el menor filtro y sin selección previa; en algunas ocasiones la gente solo llamaba para insultarme o criticarme, pero la gran mayoría eran personas serias con problemas, sueños y expectativas reales. Muchas veces terminaba haciéndoles más preguntas de las que ellas me hacían a mí.

Esta forma de hacer campaña también era nueva en Colombia. Si bien habíamos asistido al espectáculo del diálogo entre políticos y delincuentes, poco o nada se había escuchado a la verdadera comunidad. Para mí, el diálogo directo con la gente era fundamental: como senador y gobernador, y después como presidente, me tracé la misión de hablar con tanta gente de la "calle" como fuera posible. Esto me permitió obtener información directa de las fuentes y eliminar a los intermediarios: a los colaboradores, a los periodistas, o a cualquier otra persona que pudiera tener interés en alterar la realidad según sus necesidades. Hablar con la gente de la comunidad resultó, casi siempre, más ilustrativo que responder a las preguntas de los periodistas, quienes por lo general llegaban a las entrevistas con un sesgo, o se concentraban en el último chisme político o intriga parroquial de las grandes ciudades. La gente "real", por el contrario, tendía a centrarse en sus necesidades, en los aspectos importantes y sustanciales del momento. Escuchaba historias de cómo sus vidas y sus negocios habían sido afectados por la violencia en Colombia y, también, de cómo conservaban la esperanza para la generación de sus hijos. Escuché sus preocupaciones acerca de temas como educación, salud, carreteras y vivienda. Me enteré de muchas cosas.

Decidimos avanzar para motivar más esta participación: realizamos, entonces, frecuentes reuniones comunitarias, que llamamos "talleres democráticos". Este era otro concepto que se remontaba a mi cargo de gobernador: consistía en la adopción de la planeación estratégica para construir mediante el diálogo popular un programa de gobierno. Nos reuníamos con los ciudadanos en una sala o auditorio para intercambiar ideas sobre las soluciones a los problemas de Colombia. Decía, por ejemplo: "Saquemos diez minutos y escribamos las cinco principales aspiraciones para Colombia en los próximos años". A continuación todos los asistentes escribían sus ideas y yo escogía al azar a alguien del público para que hablara. Invitamos a personas de partidos políticos y orígenes diferentes, así como a profesores universitarios especialistas en ciertas áreas. Sus ideas informaron y complementaron el "Manifiesto Democrático", los cien puntos de la plataforma de gobierno que construimos para que los colombianos supieran exactamente a qué nos comprometíamos, y nos pidieran cuentas después por ello. Sostuvimos cientos de reuniones de este tipo en el transcurso de la campaña —setenta de ellas duraron todo el día—, y se convirtieron en una herramienta invaluable para interactuar directamente con la comunidad, recopilar ideas políticas innovadoras y consolidar mi credibilidad como candidato. Fue en una de estas reuniones donde nació el lema oficial de nuestra campaña: "Mano firme, corazón grande".

Siempre que fuera posible realizábamos nuestras reuniones y conversaciones a plena luz del día. Desafiamos así la intimidación de los terroristas y su intento de despojarnos de nuestros derechos democráticos. En aquellos días, el simple acto de hacer una reunión de campaña parecía como una celebración de la normalidad, y eso nos alegraba. Pero tuvimos que hacer concesiones. Recuerdo una manifestación en un pueblo pequeño: los asistentes tomaban fotos con sus cámaras digitales (recién llegadas a Colombia); posaba feliz, con el orgullo de sentirme rodeado por las jóvenes familias de ojos brillantes que habían venido a hablar con nosotros. Pero de repente, como una epifanía, caí en la cuenta de la gravedad de nuestras acciones: muchos de los presentes debían regresar a sus hogares por carreteras donde los terroristas hacían bloqueos con frecuencia, y quienes tuvieran una foto mía en su cámara corrían el riesgo de sufrir fuertes represalias. Con tristeza, invité a todos a borrar las imágenes. Era una concesión extraña pero necesaria. Era el país en el que vivíamos.

Cuando viajaba al extranjero me reafirmaba en la urgencia de nuestra tarea. Hice dos viajes de campaña a Miami y tuve la oportunidad de hablar con muchos miembros de la comunidad de expatriados de Colombia, que crecía cada día de manera exponencial: según un estudio realizado en su momento por ANIF —un *think tank* colombiano—, entre 1996 y 2001 un millón de nacionales se desplazaron al extranjero en busca de mayor seguridad y oportunidades económicas. Después de un discurso en una universidad de Miami me ocurrió algo inesperado y que no tenía nada que ver con los temas tratados: un compatriota se me acercó para darme su apoyo porque, dijo, conocía la honorabilidad de mi familia, pues había honrado una obligación económica contraída por mi padre —poco antes de su muerte— con el suyo sin que constara en documento: era solo una obligación de palabra.

También me propuse dialogar directamente con los individuos y grupos que veían con escepticismo mi campaña. Hablé con los sindicatos, con los grupos de derechos humanos y otras personas, y les aseguré que la Seguridad Democrática los protegería a todos y no solo a los miembros de un grupo socioeconómico o de una determinada ideología política. Respondí todas las preguntas sobre mi pasado y mis años como gobernador. Algunas de las críticas más fuertes provenían de las universidades públicas, incluyendo a mi *alma mater*, así que iba constantemente a ellas y dialogaba con muchas personas de extrema izquierda. Les dije que apoyaría un sistema universitario que disfrutara de todas las libertades; una universidad que fuera científica, pluralista y crítica, pero nunca violenta.

Muchas veces terminaba mis discursos diciendo a los jóvenes:

—Sé que algunos de ustedes están a mi favor y que otros están en contra. Pero permítanme hacerles una pregunta: ¿Cuántos de ustedes han contemplado la posibilidad de comprar un tiquete aéreo para irse de Colombia y nunca más regresar?

La gran mayoría levantaba la mano. Era señal de la urgencia que teníamos de construir confianza en nuestra Patria.

—Así que ya lo ven —continuaba—, ya sea que estén de acuerdo con mis ideas o no, estamos unidos en la creencia que Colombia tiene que cambiar. Lo único que les pido es que me den la oportunidad de esforzarme al máximo para que nuestro país se convierta en un lugar donde ustedes quieran estar.

Después de recorrer el país durante dos años y de visitar los lugares más remotos, tuve una visión más completa de la realidad colombiana que muchos políticos que circunscribían sus campañas a las grandes ciudades. También fui consciente de una verdad: supe, mucho antes que los demás, que la balanza de la campaña empezaba a inclinarse.

14

Cuando llegó el 2002 —año de las elecciones— tenía 27 por ciento de favorabilidad en las encuestas; cerca de siete puntos porcentuales detrás del favorito, y con tendencia al alza. Nuestros estudios internos mostraban que el mensaje de la Seguridad Democrática empezaba a tener eco en gran parte de la población y, al pasar de boca en boca, se convirtió en un factor decisivo. Después de las fiestas de fin de año —en las que tradicionalmente los colombianos se reúnen con sus familias para celebrar y hablar de los asuntos más importantes del momento, incluyendo la política—, alcancé el primer lugar en algunas encuestas. La campaña adquirió más organización al contar con la valiosa vinculación de personas como Jaime Bermúdez, Fabio Echeverri Correa, José Roberto Arango, Alicia Arango, Luis Guillermo Plata, Mario Pacheco, Alberto Velásquez y otros.

Entre tanto el proceso de paz estaba en cuidados intensivos. Después de tres años de conversaciones no se habían logrado resultados concretos. Las FARC y el ELN continuaban aterrorizando sin piedad a la población y los paramilitares aumentaron sus actividades criminales como nunca antes. En 2001, las muertes violentas pasaban de 28.000, había más de 3.000 secuestrados y alrededor de 300.000 personas fueron obligadas a huir de sus hogares. Tal y como lo había advertido el presidente Castro, las FARC aprovecharon la zona de despeje para consolidar sus posiciones y aumentar las ganancias provenientes del narcotráfico. En varias ocasiones, el presidente Pastrana había suspendido las negociaciones, pero ante nuevas promesas de las FARC las retomaba. Una de estas ocasiones fue en los días finales de enero de 2002: las conversaciones se interrumpieron y, cuando una vez más se reanudaron, los principales candidatos presidenciales decidieron viajar a San Vicente del Caguán, sede de las negociaciones. Me negué a ir y de nuevo señalé la falta de interés de las FARC en la negociación.

Pocos días después todo se vino abajo; fue como el espectáculo repentino de un alud de lodo.

El 20 de febrero cuatro terroristas de las FARC secuestraron un vuelo de la aerolínea Aires con destino a Bogotá. Obligaron a aterrizar el avión en una carretera angosta cerca de la localidad de Hobo —en las proximidades de la zona desmilitarizada—, donde los esperaban docenas de sus "compañeros" para secuestrar al pasajero más ilustre del vuelo: el senador Jorge Géchem Turbay, presidente de la Comisión de Paz del Senado colombiano.

El carácter simbólico de este acontecimiento fue evidente: el senador Géchem, oriundo del departamento del Huila donde la violencia golpeaba con severidad, era una figura prominente que abogaba por la paz. Su secuestro era, pues, una nueva burla de las FARC. De una vez por todas quedaba demostrado que no tenían ningún interés en la negociación. Por otra parte, el secuestro de un avión comercial solo cinco meses después de los atentados del 11 de septiembre de 2001 en los Estados Unidos, sirvió para revelar la verdadera identidad de las FARC: un grupo terrorista a la par con lo peor del mundo. Géchem permaneció secuestrado en la selva por espacio de seis años.

Unas horas después del secuestro, el presidente Pastrana se dirigió al país. En su mensaje televisado declaró que las conversaciones de paz con las FARC habían terminado definitivamente. "No es posible firmar acuerdos por un lado, mientras que por el otro se ponen armas en las cabezas de personas inocentes", señaló con evidente molestia. A mitad del mensaje hizo una pausa para mostrar imágenes de la destrucción causada por las FARC mientras, en apariencia, negociaban la paz: puentes destruidos, el cuerpo sin vida de un niño, edificios derruidos por las bombas. Mostró fotografías aéreas de las pistas de aterrizaje y otras obras de infraestructura construidas por las FARC en el interior de la zona desmilitarizada. Así, dijo el presidente Pastrana, este grupo demostraba sus intenciones de una vez por todas: "Hoy en día, la guerrilla ha sido desenmascarada y ha mostrado su verdadero rostro, el rostro de la violencia sin sentido".

Mientras el presidente Pastrana se dirigía a la nación, los bogotanos tocaban los pitos de los carros para manifestar su acuerdo con la decisión de poner fin a las conversaciones. Cuando terminó, lo llamé de inmediato para expresarle mi total apoyo. Muchos otros hicieron lo mismo. Estados Unidos, la Comisión Europea y las Naciones Unidas emitieron declaraciones y el Secretario General de la ONU, Kofi Annan, condenó a las FARC por cometer "claras" violaciones a los derechos humanos y por socavar el proceso de paz.

Horas después de su alocución, el presidente Pastrana envió aviones de combate y 13.000 hombres a la antigua "zona de distensión", en un esfuerzo por retomar su control. Indignadas por la pérdida de su preciada base de operaciones, y tal vez sintiendo un punto de quiebre irreversible por parte de la opinión pública, las FARC respondieron atacando con una ola de brutalidad sin precedentes. Sus acciones prepararían el escenario para los próximos ocho años.

Tres días después del fracaso de las conversaciones de paz las FARC secuestraron a Ingrid Betancourt, candidata a la presidencia. Betancourt no estaba arriba en las encuestas, pero su cruzada contra la corrupción y su historia personal habían llamado la atención de muchos colombianos. La había visto en muy pocas ocasiones, pero conocía su trayectoria como ciudadana de Francia y de Colombia, y como senadora. A pesar de las advertencias de los militares colombianos, decidió viajar a San Vicente del Caguán —la "capital" de la ya extinta zona de despeje de las FARC— para expresar su solidaridad al alcalde del municipio, aliado suyo. Las FARC detuvieron su vehículo en la carretera que conduce de la cercana ciudad de Florencia al Caguán y la secuestraron, hecho que de inmediato provocó la condena del gobierno francés, de las Naciones Unidas y de otros gobiernos y organismos. El largo y sinuoso camino de la liberación de Betancourt se convertiría en uno de los ejes principales de mi gobierno.

El caos que siguió al final de las conversaciones de paz se intensificó a un grado tal que sorprendió incluso a los colombianos más endurecidos. En la ciudad de Villavicencio, al sur de Bogotá, las FARC detonaron un cartucho de dinamita en una concurrida discoteca, y cuando los curiosos acudieron al lugar de los hechos detonaron otra carga más fuerte: el saldo fue de doce personas muertas y setenta heridas. Multiplicaron sus ataques a la infraestructura del país: volaron oleoductos, torres de energía y obras hidráulicas. Los apagones fueron cada vez más frecuentes en nuestras ciudades. En marzo, dos sicarios mataron a Monseñor Isaías Duarte Cancino, arzobispo de Cali, cuando salía de una boda en una pequeña iglesia. Amado por muchos colombianos como el "apóstol de la paz", el arzobispo había sido un fuerte crítico de los *narcoterroristas* y de sus crímenes; en alguna homilía había pedido a Dios que ayudara a los miembros de los grupos armados ilegales a "entender que la suya no es una guerra justa, sino simplemente una repetición de los actos salvajes de los momentos más tristes de la historia humana". Trabajé con él cuando era obispo en Urabá y yo gobernador, en el desarrollo de programas educativos que beneficiaron a muchos pobres. Asistí a su entierro devastado por la muerte de un hombre valiente, íntegro e inspirador; también lo acompañaron hasta su tumba 20.000 personas procedentes de Colombia y de todo el mundo. El Papa Juan Pablo II emitió un comunicado en el que lamentaba la muerte de monseñor Duarte y pedía a todos los colombianos adoptar el camino de la paz.

Los violentos no escucharon. Unas semanas más tarde, en abril, varios integrantes de las FARC, disfrazados como miembros de una brigada antiexplosivos, irrumpieron en la Asamblea Departamental del Valle del Cauca, en Cali. Engañaron a doce diputados, los hicieron subir a un bus y se los llevaron secuestrados. Ese mismo mes, en el transcurso de una batalla campal con los paramilitares por el control de una zona estratégica para el tránsito de drogas, cerca del municipio de Bojayá, las FARC lanzaron una bomba —fabricada con un cilindro de gas— a la iglesia donde se refugiaban personas civiles. Los muertos ascendieron a 117, entre ellos cuarenta y ocho niños, y fue denunciado por grupos de derechos humanos como un crimen de guerra.

El pueblo colombiano estaba saturado. No solo el papel de las FARC en el proceso de paz había sido una farsa; este proceso también había dejado en evidencia la debilidad de nuestras instituciones. El anhelo de paz y seguridad era insaciable. A finales de febrero —días después que el avión donde iba el senador Géchem fuera secuestrado— tuve por primera vez más del 50 por ciento en la intención de voto. El país clamaba por un cambio importante, por una transformación, por una ruptura total con nuestro pasado. La propuesta de Seguridad Democrática ofrecía un camino claro a seguir.

El último obstáculo que debía vencer si quería llegar a la presidencia era claro: mantenerme con vida.

15

En 2001 las FARC me buscaron al menos tres veces. Una de ellas fue a través de un hombre que fingía ser estudiante de teología y se ganó la confianza de los ayudantes de mi campaña. La noche anterior a la que debía detonar una bomba en la sede de mi campaña se arrepintió y se entregó a la Policía. Con base en su confesión, la Policía capturó a otros milicianos de las FARC y confiscó una maleta-bomba con tecnología adquirida del ETA y del IRA, según concluyeron más tarde las autoridades. En otro ataque realizado en la ciudad caribeña de Barranquilla, las FARC instalaron explosivos en una carreta tirada por un burro programada para explotar al paso de mi caravana. La bomba explotó, pero el daño lo sufrieron un taxi y sus pasajeros. El incidente se conocería como el burro-bomba.

Pero estos ataques iniciales fueron casi un juego de niños. A medida que se acercaba el día de las elecciones y me convertía en el favorito indiscutible, los ataques arreciaron: los violentos sabían exactamente la suerte que les esperaba si era elegido presidente. Recibíamos un torrente constante de información sobre planes de asesinato fraguados por las FARC, el ELN y otros grupos; cada facción parecía estar compitiendo con las otras para ver quién me mataba primero, como si se tratara de una competencia sangrienta. Fue necesario que varias docenas de escoltas me cuidaran a todas horas.

—Álvaro no es solo un objetivo militar de las guerrillas —dijo mi amigo Andrés Uriel Gallego—. Es un trofeo de guerra.

Decidí no prestar demasiada atención a las amenazas en mi contra y seguí caminando erguido por las calles y municipios de Colombia. Como siempre, puse mi fe en Dios y confié en el personal altamente capacitado encargado de mi seguridad. Recibimos, también, un apoyo importante de los gobiernos de Gran Bretaña y España, que con generosidad donaron dispositivos de interferencia de bombas y otras tecnologías destinadas a nuestra integridad.

Los ataques de mis oponentes políticos eran más suaves y predecibles: hacían circular rumores sobre una foto mía con Pablo Escobar que pronto publicarían los periódicos; oleadas de falsas acusaciones contra algunos miembros de mi familia por una supuesta alianza con carteles de drogas y grupos paramilitares. La acusación más extraña de todas fue, tal vez, un libro publicado en Europa; en él se me acusaba de haber ordenado —en connivencia con mi familia— asesinatos en la empresa de panela que habíamos dado a los trabajadores en la década de los setenta. Lo extraño era que los trabajadores "asesinados" mencionados en el libro ¡estaban vivos!

Respondimos a todas estas falsas acusaciones con total honestidad y transparencia: publiqué una exhaustiva declaración financiera que incluía el nombre del banco colombiano en el que había tenido el dinero desde que tenía 18 años y el número de mi cuenta; di a la prensa los nombres de los bancos en los que había abierto cuentas temporales cuando estuve en Oxford y en Harvard, las dos únicas cuentas en el extranjero que he tenido. Y reiteré que mi misión si alcanzaba la presidencia era acabar con todos los narcoterroristas, sin excepción, con el único objetivo de llevar la paz a todos los colombianos.

A medida que la campaña se hacía más emotiva y los resultados casi inevitables, las FARC se jugaron su última carta: el 15 de abril, seis semanas antes de las elecciones, una bomba detonada por control remoto estalló al lado de una calle muy transitada en Barranquilla al paso de mi caravana. La fuerza de la explosión estalló las llantas y rompió una ventana del vehículo de alto blindaje; nuestro conductor quedó un momento en estado de shock. Me encontraba a su lado (en el otro asiento delantero): cogí la cabrilla y hundí el acelerador con el pie izquierdo para avanzar un poco por si había otra bomba escondida. Luego miré hacia los pasajeros que venían en el asiento trasero: Alicia Arango, Julio Aldana y el senador Dieb Maloof. Gracias a Dios todos estábamos bien. Fuera de peligro, miré a través de una nube de humo: nos rodeaban cuerpos destrozados y escombros retorcidos de motocicletas. La bomba hizo explosión al paso de un bus y en medio de peatones. Bajé para tratar de ayudar a los supervivientes. El saldo fue de tres muertos y veintidós heridos, entre ellos cinco policías y una niña de tres años que perdió una de sus piernas.

Estas muestras de barbarie y de falta de consideración hacia personas inocentes, solo servían para acrecentar el deseo de los colombianos por un cambio. Tras el atentado en Barranquilla decidimos realizar pocos eventos al aire libre, en parte para preservar la integridad de la población civil. Algunos miembros de mi equipo de campaña se vieron obligados a vivir y trabajar en un hotel de Bogotá. Aun así, nuestra campaña no se detuvo. En una reunión en Medellín, cerca de 18.000 partidarios asistieron a la plaza de toros de la ciudad: habíamos instalado pantallas de televisión para dirigirme a la multitud desde nuestra sede en Bogotá. Recordé la campaña que, en 1991, había hecho desde un teléfono público en Harvard Square, pero esta vez el público no era invisible y su respuesta fue prodigiosa.

A pesar de la multitud de amenazas de todos los grupos terroristas activos en el país, el 26 de mayo de 2002 los colombianos acudieron a las urnas. Más de 200.000 soldados y policías fueron desplegados en todo el territorio para garantizar unas elecciones pacíficas; lo lograron en casi todas partes. El escrutinio me dio la victoria: 53 por ciento de los votos, suficiente para evitar una segunda vuelta y diecinueve puntos porcentuales por encima del candidato más cercano. El mandato para implementar la Seguridad Democrática era contundente.

Esa misma noche me dirigí a la nación con el corazón lleno de gratitud y esperanza. Conteniendo las lágrimas, di las gracias a mi familia y al país por sus votos, y me comprometí a gobernar para todos los colombianos. Rendí homenaje a mi madre y recé para que "me acompañara desde el cielo con el amor por mi país que me había inculcado siempre". Honré la memoria de mi padre y anoté que había sido asesinado cuando tenía la edad que yo tenía en ese momento. Hablé de los candidatos presidenciales asesinados en el pasado: Jorge Eliécer Gaitán y Luis Carlos Galán, a cuya viuda había llamado por teléfono justo antes de mi discurso. Prometí reactivar la economía y ofrecer a todos los colombianos oportunidades de empleo y educación a través de rigurosas políticas sociales. Pedí a nuestros vecinos latinoamericanos y al resto del mundo ayuda para resolver nuestros problemas, y a los grupos violentos que depusieran las armas, prometiendo la "reconciliación" a quienes así lo hicieran.

—Le pedimos a Dios que nos ilumine y nos dé el talento y la energía para quedar bien con Colombia. Es un momento de muchas responsabilidades —señalé.

Comenzaba la parte más difícil de nuestro camino.

CUARTA PARTE

Confianza

"Con sentimiento público, nada puede fallar; sin él, nada puede triunfar. Por lo tanto, aquel que moldea el sentimiento público va más allá que aquel que presenta leyes o pronuncia decisiones".

ABRAHAM LINCOLN

1

Escuchamos el sonido minutos después de haber jurado como presidente.

Parecía como fuegos artificiales distantes, o como el sonido débil de tambores metálicos. La verdad es que apenas lo noté. En ese momento caminaba con Lina por los pasillos del Congreso. Vi la expresión preocupada en sus ojos. Le apreté la mano para tranquilizarla.

—Eran bombas —me susurró al oído—. Cayeron muy cerca, Álvaro.

Le temblaban las manos.

Asentí con la cabeza, esforzándome al máximo para aparentar una expresión calmada. Era el presidente del país, y todos los ojos estaban sobre mí. Mientras bajábamos de prisa las escaleras para salir del Congreso, Lina tropezó y por poco se cae. La cogí del brazo en el último momento.

El capitán Rodolfo Amaya, quien sería uno de mis asesores de mayor confianza y valor, nos esperaba abajo.

—Señor Presidente, ha habido algunas explosiones peligrosas. Estamos muy preocupados.

Le di las gracias y miré al otro lado de la plaza, hacia la Casa de Nariño, el palacio presidencial. El presidente Pastrana, su equipo y los miembros del alto mando militar nos esperaban afuera de la puerta principal. Cruzamos con rapidez la plaza, concentrado con cada paso que daba. Al llegar, le estreché la mano al presidente Pastrana y le agradecí sinceramente por sus cuatro años de servicio a nuestra nación. Entonces me di vuelta para dirigirme a los comandantes militares.

Ahí mismo, afuera de la puerta principal del palacio presidencial, y mientras el humo se elevaba cerca y las sirenas resonaban en toda la capital, hicimos el primer consejo de seguridad de mi presidencia.

—Fortaleza —dije—. A eso vinimos. Es por eso que estamos aquí.

2

Durante semanas temimos que se presentaran problemas. Sabíamos que las FARC, descontentas por mi elección y el cambio dramático de la opinión pública que la había hecho posible, tratarían de demostrar su poder. Buscarían intimidar a los colombianos y demostrarnos que no se rendirían fácilmente. Al acercarse el día de la posesión, recibimos informes continuos pero vagos sobre planes de ataque de los terroristas. Como nunca antes, fue para mí evidente el estado en que se hallaban nuestros servicios de inteligencia: ni siquiera en la capital del país sabíamos lo que planeaban las FARC para un evento tan importante, en el que la lista de visitantes previstos era extensa; decenas de dignatarios extranjeros de la región y el mundo, entre quienes se contaban el presidente de Venezuela, Hugo Chávez, y Robert Zoellick, representante comercial de Estados Unidos y futuro presidente del Banco Mundial.

Este grupo ilegal había decidido realizar un ataque simbólico para obtener resultados estratégicos. Al atacar el centro del poder gubernamental mientras el mundo observaba y, quizás, interrumpir la ceremonia, las FARC creían enviar un mensaje de que nadie estaba a salvo y que darían con cualquier persona en cualquier momento y lugar (bien podían pensar las delegaciones extranjeras que habían llegado a Kabul y no a Bogotá). El ataque podía reforzar la vieja y obsoleta teoría que una postura de confrontación por parte del Gobierno colombiano solo conduciría a una violencia mayor. Pueden haber creído, también, que una irrupción dramática en mi primer día les daría una posición más fuerte en futuras negociaciones.

El gobierno saliente tomó las medidas preventivas para el día del relevo presidencial: el espacio aéreo comercial de Bogotá se cerró durante la ceremonia; helicópteros artillados y un avión P-3 de vigilancia —propiedad del Servicio de Aduanas de Estados Unidos— sobrevolaba la ciudad; más de 20.000 soldados y policías fueron desplegados por toda la capital.

En la mañana de la posesión, mientras yo estaba ocupado con las reuniones protocolares, representantes de la Agencia Central de Inteligencia de los Estados Unidos solicitaron una reunión urgente con Lina y algunos de mis principales asesores. Hasta el Hotel Tequendama, en el centro de Bogotá, donde nos encontrábamos, llegaron los representantes de la CIA y sin preámbulos, dijeron que tenían información de inteligencia según la cual las FARC no "permitirían" mi toma de posesión y que era posible que el trayecto entre el hotel y el Ministerio de Relaciones Exteriores estuviera minado con explosivos. Aunque no recomendaron explícitamente la cancelación o la modificación de la ceremonia, señalaron que el alto nivel de amenazas hacían "extremadamente peligrosos" nuestros preparativos para ese día.

Estaba decidido a proceder con la mayor normalidad posible y no ceder a la amenaza terrorista. El coronel Mauricio Santoyo, el oficial de la Policía Nacional encargado de mi seguridad, optó por una solución poco ortodoxa: envió una caravana de camionetas y motocicletas desde el hotel hasta el palacio. No hubo ataques. El procedimiento se repitió: tres caravanas separadas en las que parecía encontrarme, hicieron el recorrido sin incidentes. Entre tanto Lina y nuestros hijos, el vicepresidente Francisco Santos, su esposa e hijos, Sandra Suárez, mi secretaria privada Alicia Arango, mi jefe de prensa Ricardo Galán y yo nos distribuimos en diferentes vehículos. Nos dirigimos al palacio escoltados apenas por dos motocicletas y recorriendo en contravía la carrera 10, en el centro de Bogotá.

Por décadas, el día de su posesión los presidentes colombianos han caminado desde el Palacio de San Carlos —sede del Ministerio de Relaciones Exteriores— hasta el Congreso, para celebrar nuestra democracia y la división de poderes. Con antelación a la ceremonia, sin embargo, integrantes del Ejército informaron que este trayecto —¡de solo dos cuadras!— sería descartado debido a posibles amenazas. Tendría que hacer el recorrido, con mi familia, en el vehículo blindado que utilizamos durante la campaña: una camioneta propiedad del doctor Carlos Ardila, equipada con una señal de interferencia que nos prestó el gobierno del primer ministro español José María Aznar.

Así era Colombia el día de mi toma de posesión: el espacio aéreo de la capital estaba cerrado, un avión de vigilancia estadounidense sobrevolaba, decenas de miles de soldados patrullaban las calles, un número incalculable de terroristas estaban al acecho y el presidente iba confinado en una camioneta ajena, blindada y equipada con tecnología extranjera prestada.

No fue suficiente.

3

El 7 de agosto de 2002, terroristas de las FARC lanzaron al menos catorce proyectiles de mortero en el centro de Bogotá, en un intento por alterar o forzar la cancelación de la ceremonia presidencial. Uno de los proyectiles cayó en el terreno de la Casa de Nariño e hirió a cuatro policías, los otros erraron el blanco. Cayeron en el Cartucho, un barrio humilde a unos pocos cientos de yardas del palacio presidencial. Una escuela primaria vacía y varias casas cercanas también fueron impactadas. El saldo final fue de diecinueve muertos, entre ellos tres niños, y más de sesenta heridos.

Ninguno de los dignatarios visitantes resultó herido. Pero el trauma y el caos producidos por el ataque fueron inmensos. "El pánico reinó en los minutos que siguieron a las explosiones", decía un informe del diario *Los Angeles Times*. "Los soldados ensangrentados corrían por las calles, y los aviones de la Fuerza Aérea y los helicópteros militares resonaban en el aire. Los cuerpos yacían entre los escombros retorcidos... Algunos edificios quedaron llenos de agujeros".

La tragedia pudo ser peor. La Policía detectó rápidamente la casa desde la cual se dispararon los morteros, y encontraron alrededor de ochenta obuses de 120 milímetros y varios bultos con explosivos y detonadores fabricados con bobinas de cables. En otro sector de Bogotá, la Policía descubrió otra batería con cerca de noventa morteros que iban a ser lanzados contra una escuela militar en el norte de la ciudad. La magnitud del ataque marcó otro punto en la crueldad de los métodos empleados por las FARC: el general Héctor Darío Castro, director de la Policía de Bogotá, lo comparó con el del 9/11, pues las vidas de civiles inocentes fueron ignoradas como no se había visto nunca antes en nuestro país.

—Sabíamos que era posible un ataque —dijo el general Castro—, pero no pudimos detectar el método que iban a usar los terroristas.

La reacción en el país y en el extranjero fue contundente. El presidente George W. Bush denunció los ataques como un intento de "destruir las aspiraciones del pueblo colombiano a un Estado libre, próspero y democrático". Las Naciones Unidas también los condenaron.

No faltaron, sin embargo, quienes predecían que los ataques marcaban el comienzo de una época con un mayor derramamiento de sangre y sufrimiento para Colombia. Un supuesto experto predijo en la CNN que mis políticas causarían 100.000 muertes en Colombia durante mi primer año como presidente, y que el desempleo se elevaría al 40 por ciento. Otro analista de las relaciones internacionales dijo que "la adopción por parte de Uribe de soluciones militares a los problemas sociales persistentes podría contribuir a un punto muerto intensificado en los años venideros".

No me dejé intimidar, y confié en que Colombia tampoco lo permitiría. Esos momentos difíciles del comienzo de mi presidencia indicaban que la dirección de nuestra lucha ya había comenzado a cambiar el curso de una vez por todas. En aquellos momentos difíciles, recordé algo que concluí de mis lecturas de Miguel de Unamuno: el fuego que derrite la manteca templa el acero.

En otras palabras: no podíamos permitir que las circunstancias del momento, sin importar cuán trágicas fueran, quebrantaran nuestra voluntad; para lograrlo, teníamos que mirar dónde habíamos estado y sobre todo, hacia dónde íbamos. Nuestra voluntad política era fuerte. La mayoría de los ciudadanos nos respaldaba. Teníamos un plan claro para el éxito. En lo más profundo del corazón, sabía que mi gobierno no iba a ser definido por estos abominables actos de terrorismo, perpetrados por una minoría desesperada y marginalizada. No, eso no era posible. Sin embargo, los ataques de ese día de agosto no eran más que un preámbulo y en los meses siguientes el terrorismo haría todo lo posible para detener nuestro camino hacia la seguridad y la paz.

4

¿Cuál fue el primer paso que condujo al avance de la lucha contra la violencia en Colombia? ¿Fue el poderío aéreo? ¿El trabajo de inteligencia? ¿La ayuda que recibimos de los Estados Unidos? ¿La participación decidida de la comunidad? Con frecuencia me he hecho estas preguntas. ¿Cómo pasamos del caos existente en mi toma de posesión, con los cadáveres esparcidos por las calles de Bogotá, a los grandes éxitos que vinieron después? ¿Cuál fue el punto de quiebre? Me niego a simplificar lo que ocurrió: fueron ocho años de trabajo incansable y no había una cura mágica para los problemas del país. Pero cuando me piden que señale un elemento que haya inclinado la balanza a nuestro favor, pienso en una conversación que tuve en marzo de 2002 con Francisco Santos Calderón, cuando lo invité a unirse a la campaña para ser mi compañero de fórmula.

"Pacho", como le dicen sus amigos, es un ejemplo notable de la integridad y la valentía de los colombianos. Periodista de carrera, en 1990 fue secuestrado por orden de Pablo Escobar y el cartel de Medellín para ser utilizado como instrumento de presión contra el gobierno, al que querían obligar a suspender la extradición de sus líderes a Estados Unidos. Soportó ocho largos meses de cautiverio y tras su liberación se convirtió en un abanderado apasionado e inflexible contra el secuestro: lo denunció como una herramienta del terrorismo y fundó una organización sin ánimo de lucro que apoyaba a los secuestrados y sus familias. La suya era una voz clara y justa e, inevitablemente, los violentos trataban de hacerlo callar. Cuando lo invité a ser mi compañero de fórmula, Santos estaba exiliado en España, donde había pasado los dos últimos años luego de innumerables amenazas contra su vida. La aceptación de mi propuesta no solo significaría estar constantemente a mi lado —con todos los riesgos que esto implicaba—, sino también volver a un país que lo había desterrado, como lo había hecho con tantos otros millones de colombianos.

Nos habíamos encontrado, once años antes, como estudiantes de postgrado en la Universidad de Harvard y después de esos años solo nos habíamos visto un par de veces. Nunca he dejado de buscar una oportunidad con aquellas personas que considero pueden ser líderes eficaces, por eso y a pesar de nuestra poca familiaridad busqué a Pacho, a quien admiraba desde hacía varios años por su pasión y convicción. Estaba seguro que podía ofrecerle muchas de sus cualidades a nuestro gobierno, entre ellas una clara voz moral sobre asuntos de derechos humanos. Sin embargo, cuando le hice la oferta, inicialmente se negó.

—Me siento honrado —dijo—. Pero tengo que decirle que no sé nada sobre asuntos de gobierno.

—Te irá bien —le aseguré—. Al principio solo tendrás que preocuparte de una cosa.

—¿De qué? —me preguntó sorprendido.

—De la confianza.

Era algo fácil de decir, pero muy difícil de hacer. Sin embargo, llevaba varias décadas elaborando un plan detallado en mi mente. Y a las cuatro de la mañana de mi primer día como presidente, nos pusimos a trabajar.

5

El 8 de agosto, antes del amanecer, nos dirigimos a bordo del avión FAC-001 hacia Valledupar, una de las ciudades más violentas de Colombia.

Valledupar era una especie de encrucijada. Ciudad arborizada y bien planificada, se encuentra relativamente cerca del mar Caribe, de la confluencia de dos cadenas montañosas y de la frontera con Venezuela. Esta localización estratégica hacía su territorio muy codiciado por los narcotraficantes: el ELN, las FARC y los paramilitares llevaban varios años luchando por su dominio, y la habían convertido en un epicentro de secuestros y masacres. Por otra parte, Valledupar es reconocida por su riqueza cultural y el Festival de la Leyenda Vallenata, de prestigio internacional y con capacidad de convocar a todos los colombianos sin distingos de nivel económico. Los compositores e intérpretes del Vallenato, como lo fuera Rafael Escalona, tienen un sitial de honor en el corazón de la Patria. Cuando hice campaña en esta ciudad, escuché a muchas personas quejarse de los políticos que iban solo a su ciudad con ocasión de las fiestas.

—Estamos cubiertos de sangre —me dijo un hombre—, y ellos solo vienen aquí a beber whisky y a escuchar nuestra música.

Era el tipo de lugares que estábamos decididos a transformar y prometí al pueblo de Valledupar que estaría en su ciudad en mi primera mañana como presidente, antes del amanecer. Esto significaba aplazar las reuniones habituales con los dignatarios extranjeros en Bogotá, pero estaba decidido a caminar entre la gente para obtener una visión real y genuina de los desafíos del país, tal como lo había hecho durante la campaña presidencial y a pasar tanto tiempo lejos de la oficina como fuera posible. Así lo haría desde el primer día.

No olvidaré el aterrizaje de aquella mañana en Valledupar: descendimos del avión con rapidez e inmediatamente nos dirigimos en un convoy hacia el centro de la ciudad; los francotiradores militares parecían acechar en cada techo y los soldados, con aspecto tenso, montaban guardia cada pocos metros. Algunos miembros de mi equipo miraban por la ventana con los ojos muy abiertos, o tal vez con miedo. Parecía que habíamos aterrizado en una zona de guerra. Cuando llegamos a la alcaldía, era obvio que los ciudadanos y los funcionarios tenían mucho miedo de hablar, y se limitaron a murmurar y a aplaudir débilmente.

Estas personas necesitaban algo en lo cual pudieran creer. Y tenía que ser pronto para evitar que los grupos violentos realizaran más ataques y borraran la frágil esperanza que había acompañado mi elección.

Vi entonces, con claridad, que una de las estrategias más importantes al inicio de nuestra presidencia era la de concentrarnos en "victorias tempranas", en señales rápidas y tangibles de derrota de los violentos, para demostrar a los colombianos que las políticas de nuestro gobierno eran posibles (medida que no afectaba iniciativas estratégicas más importantes, como la ampliación de las Fuerzas Armadas y de su capacidad operativa, pero que tardarían varios meses en mostrar resultados concretos). Necesitábamos algo palpable, algo que la gente pudiera ver y tocar, de preferencia desde el primer día. No teníamos mucho dinero, y por esto cualquier plan tendría que ser de bajo costo, pero con resultados evidentes: si no lográbamos a corto plazo aumentar la confianza en el Gobierno, la crisis que vivíamos podía hacer desaparecer la fe que los electores habían puesto en él —algunos habían dicho que votarían por Uribe por si acaso, pero que veían todo perdido— y no tendríamos el mínimo optimismo de opinión necesario para poner en práctica los planes de mediano y largo plazo; para lograr que se creyera en ellos era necesario transformar el escepticismo en unas primeras esperanzas.

Así que nos preguntamos cuál sería nuestra "victoria temprana" en Valledupar. La decisión recayó sobre una estrategia profundamente arraigada en la psique y en la realidad colombiana de los últimos años: destinaríamos nuestros limitados recursos a retomar el control de las carreteras que llegaban y salían de la ciudad.

Algunos comandantes militares opinaron —con respeto— que esta idea era una locura. Pensaban que las pocas tropas que teníamos debían ser destinadas a grandes ofensivas en el suroriente y otros lugares de Colombia donde los miembros de las FARC eran más numerosos. Nos advirtieron, además, que si tratábamos de proteger largos tramos de carreteras, muy posiblemente nuestras tropas y recursos disminuirían, lo que dejaría expuesta nuestra retaguardia sin ofrecer ninguna ventaja táctica duradera desde una perspectiva militar tradicional; podría suceder, incluso, que esta estrategia no fuera factible, debido a que los grupos armados eran más fuertes en las zonas rurales.

Agradecí y respeté —como siempre lo he hecho— las opiniones de los comandantes. Entendía también sus puntos de vista. Pero en los últimos tres años había presenciado cómo la anarquía en las carreteras tenía un impacto devastador en el comercio y en la moral de los colombianos. En efecto, el viaje por carretera entre las ciudades más importantes del país, e incluso entre municipios, se había vuelto muy peligroso: los grupos armados instalaban bloqueos ilegales, que llamaban "pescas milagrosas", en referencia a la historia bíblica en la que, aconsejados por Cristo, sus discípulos echan las redes en el mar de Galilea y logran una pesca abundante. En el estas "pescas" capturaban a colombianos inocentes, personas de todas las edades y niveles de ingresos, a quienes los terroristas sacaban de sus carros y tomaban como rehenes hasta que sus seres queridos pagaran un rescate. Para muchos habitantes de las zonas urbanas, donde la violencia ha sido siempre menor que en el campo, el miedo a estos bloqueos fue la manera como el terrorismo afectó sus vidas de un modo más directo (la falta de otra opción viable para viajar entre ciudades, es también una de las razones de por qué la industria de la aviación doméstica ha sido fuerte en Colombia).

Estos bloqueos ilegales eran, tal vez, el mayor símbolo de la impotencia del Estado y por eso, si recuperábamos el control de las carreteras, lograríamos varios objetivos al mismo tiempo. En primer lugar aumentaríamos la confianza en el Gobierno: el hecho de poder transitar por donde quisieran y cuando lo quisieran, tendría un efecto significativo en la moral de muchos millones de colombianos. Era la libertad en el sentido más puro: la libertad de circular sin preocuparse por ningún peligro. En segundo lugar, estimularíamos la economía en todas las áreas circundantes por las que transitaban carros y camiones —hoteles, gasolineras y restaurantes— y se normalizaría el comercio interurbano, lo cual tendría un efecto multiplicador inmediato, al hacer que circulara más dinero entre las zonas rurales y las empresas urbanas. En tercer lugar, detener la práctica de las pescas milagrosas era privar a los terroristas de una fuente de ingresos que ascendía a decenas de millones de dólares al año, un golpe que, al debilitarlos, favorecería nuestras operaciones militares.

Así, pues, decidimos implementar esta estrategia en muchos lugares de todo el país, bajo la hábil dirección de nuestra ministra de Defensa, Marta Lucía Ramírez y de nuestros comandantes militares y de Policía. Valledupar sería el punto de partida simbólico, e intencionalmente audaz.

Empezamos con tres tramos de la autopista: Valledupar-Riohacha-Maicao, Valledupar-Pailitas y Valledupar-Fundación-Santa Marta. Eran poco más de 800 kilómetros de carretera, pero no era necesario controlar hasta el último centímetro de esta autopista, al menos no al principio. Empezaríamos organizando acompañamientos: quienes iban a viajar se reunirían en sus carros y camiones a una hora establecida previamente, y nuestras Fuerzas Armadas los acompañarían por la carretera con la suficiente potencia de fuego para repeler cualquier ataque. Conformaríamos también redes de ciudadanos de a pie a lo largo de las carreteras —por ejemplo, en las gasolineras y almacenes pequeños—, equipados con radios o teléfonos para reportar cualquier obstáculo o amenaza que detectaran. Este concepto de la cooperación ciudadana —estrategia que se remontaba al tiempo de mi gobernación— provocó, como era previsible, una andanada de indignación y las acusaciones, según las cuales estábamos creando "nuevos" grupos paramilitares, no se hicieron esperar.

Esgrimí los argumentos que utilicé como gobernador: que la seguridad no podía ser responsabilidad exclusiva de la fuerza pública, y que la información y las pistas proporcionadas por la población civil serían fundamentales para nuestro éxito. Algunos grupos de derechos humanos argumentaron que los ciudadanos perderían su "neutralidad" y entonces pregunté de cuál neutralidad hablaban, pues los ciudadanos comunes habían sido las mayores víctimas del terrorismo en los últimos años. Por otra parte, no había nada de malo en pedirles que apoyaran al gobierno que acababan de elegir, nadie estaba obligado a participar y quienes lo hicieran tendrían *walkie talkies* y no armas de fuego. Al final, la respuesta de la población civil fue muy positiva: en el transcurso de nuestro gobierno, cuatro millones de civiles colaboraron de alguna manera con la seguridad general; y sus contribuciones fueron fundamentales.

Así, pues, aquel primer día en la presidencia estábamos afuera de la alcaldía de Valledupar, al lado de algunos de los vehículos militares que serían desplegados en las caravanas. Las personas nos miraban.

—Tenemos que superar el miedo —dije en un breve discurso—. Lo haremos con la participación de todos... Vamos a actuar con firmeza y determinación para restablecer la paz, y hacemos un llamado a los colombianos para que cooperen con las Fuerzas Armadas con el objetivo de derrotar a las minorías violentas.

Veía expresiones de escepticismo y de cinismo. La falta de fe de los valdu-
parenses era comprensible: si se tenía en cuenta el último medio siglo de
nuestra historia, era apenas natural esperar que la violencia continuara. Era
lo único que conocían muchos colombianos. Sin embargo, los resultados
pronto hablarían por sí mismos.

6

A las once de la mañana salimos de Valledupar y nos dirigimos a Florencia, una ciudad en el sur de Colombia, al borde de la antigua zona desmilitarizada que el gobierno anterior había cedido a las FARC. "Directo a la boca del lobo", dijo Ricardo Galán. También desde allí queríamos enviar un mensaje simbólico: que incluso en aquellas zonas donde los narcoterroristas habían tenido una fuerte presencia, el Estado colombiano había vuelto para quedarse. No íbamos, sin embargo, a trazar otra nueva iniciativa de seguridad. Íbamos para hablar de las escuelas.

La paz no se alcanza solo mediante acciones militares. Cuando fui gobernador, durante mi campaña y luego como presidente, con frecuencia hablé de lo que he llamado el "Triángulo de la Confianza": la seguridad democrática, la confianza inversionista y la cohesión social; tres componentes de la misma importancia, que se refuerzan mutuamente y deben fortalecerse para que Colombia experimente la transformación que todos anhelamos.

Ahora bien, para lograr la cohesión social debíamos mejorar la distribución del ingreso entre los miembros más pobres de nuestra sociedad y, de este modo, reducir las diferencias que habían azotado tanto tiempo a Colombia. Entre las políticas de nuestro gobierno se contaban una amplia gama de programas que incluían la salud, la educación, los microcréditos a través de la banca de las oportunidades en la que participaban la banca pública y privada, y fundaciones especializadas. Eran muy importantes la nutrición infantil, la capacitación laboral o formación vocacional, los fondos de garantía y de capital de riesgo para las empresas de los jóvenes, las familias guardabosques y programas sociales de gran cobertura, como el subsidio condicionado a las familias más pobres para garantizar la asistencia escolar de sus hijos. Crearíamos una sociedad más sana, equitativa y educada; al mismo tiempo mostraríamos a nuestros conciudadanos que aceptando al Estado mejoraban sus vidas. Reduciríamos, también, el atractivo de la violencia como respuesta a los problemas de la sociedad. Contábamos para ello con el compromiso y la dedicación de Juan Luis Londoño, nuestro competente ministro de la Protección Social. Su temprana muerte, en un trágico accidente aéreo en 2003, fue una pérdida terrible para toda Colombia pero su legado sobrevivió a través de nuestras políticas.

Íbamos, pues, a Florencia a hablar de educación. Considerábamos que invertir en ella era la manera más segura de lograr la redistribución del ingreso, el aumento de la productividad y la capacidad competitiva de Colombia a través del tiempo. Anunciaríamos un programa que llamamos "Revolución Educativa". Con esta iniciativa —uno de los pilares de mi campaña—, buscábamos modernizar el sistema educativo, cualificarlo y ampliar su cobertura. Era otro conjunto de "victorias tempranas". Ese día nos reuniríamos con los alcaldes del departamento para discutir cómo poner en práctica el plan lo antes posible.

Pero, como sucedía en Antioquia cuatro años antes, pronto descubrimos que sin seguridad no era posible concentrarse en otros asuntos. Debido a las numerosas amenazas que habían recibido en sus lugares de origen, *todos* los alcaldes de los municipios aledaños estaban acuartelados en Florencia (era ésta una situación corriente en el país: cuando asumí la presidencia, 400 de los 1.100 alcaldes de Colombia no podían ejercer sus cargos por la presión de los narcoterroristas), y esa tarde solo querían hablar de la violencia que enfrentaban, y pedirle al Gobierno una protección más eficaz.

—¿Puede ayudarme a conseguir un chaleco antibalas? —dijo uno de los alcaldes con la cara enrojecida—, para que, si quieren matarme, tengan que apuntarme por lo menos a la cabeza.

Otro alcalde pidió un carro blindado y no faltó el que exigió un helicóptero. Hubo quien pidiera "por lo menos un radio" para pedir refuerzos cuando las FARC fueran a matarlo. Ante cada nueva demanda, los alcaldes murmuraban o aplaudían. Algunos de mis asesores empezaron a mirar nerviosamente.

Pronto comprendí lo que estaba sucediendo: los alcaldes no estaban enojados. Tenían *miedo*. Y también razón en hacer sus demandas: hacía mucho tiempo que el Estado había dejado de tomar las medidas que solicitaban para protegerlos. Nuestro gobierno tendría que hacer una labor más eficaz para garantizar su protección y la de todos los colombianos que fueran amenazados por su profesión o identidad.

En los años en que ejercí la presidencia, se duplicó el número de colombianos bajo la protección del Estado: cerca de 10.000 personas, entre las que se contaban alcaldes, jueces, periodistas, activistas de derechos humanos y

My father, Alberto Uribe Sierra. / Mi padre, Alberto Uribe Sierra.

My mother, who knew how to nurture the energy and tenacity in her children. / Mi madre, quien sabía alimentar la energía y la tenacidad en sus hijos.

My beloved brother Jaime and me, always together. Here, I am about three years old. / Mi querido hermano Jaime y yo, siempre juntos. Aquí tengo más o menos tres años.

On mules with Jaime, maybe headed to school. / Montando en mula con Jaime, probablemente camino al colegio.

My mother, Laura Vélez Uribe, with her five children. From the left to right: Me, María Isabel, Santiago, María Teresa, and Jaime Alberto. / Mi madre, Laura Vélez Uribe, con sus cinco hijos. De izquierda a derecha: Yo, María Isabel, Santiago, María Teresa, Jamie Alberto.

All photos on this page are courtesy of the author.

From my school yearbook, age eighteen. /
De mi anuario del colegio,
a los dieciocho años.

Alvaro Uribe Vélez

Marrying Lina, a glorious day surrounded
by our loved ones. / El día en que me
casé con Lina, un día glorioso en el que
estuvimos rodeados de nuestros seres
queridos.

With Lina and Tomás. /
Con Lina y Tomás.

The community councils began while I was governor of Antioquia. / Los consejos comunitarios empezaron cuando era Gobernador de Antioquia.

From the earliest days, we protested kidnapping. / Siempre protestamos contra los secuestros.

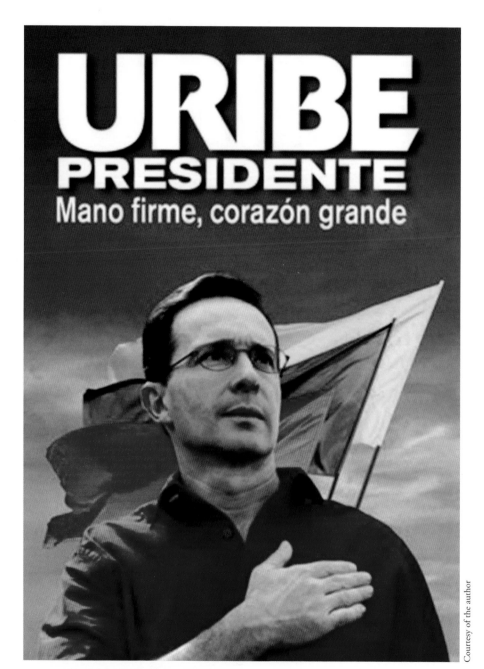

The campaign poster from 2002: "Firm hand, big heart." / El afiche de la campaña de 2002: "Mano firme, corazón grande".

With Lina, and our sons, Tomás and Jerónimo, during my inauguration as president. A tense and difficult day. / Con Lina y nuestros hijos Tomás y Jerónimo, en la posesión presidencial. Un día difícil y de mucha tensión.

Lina Moreno, without whose love and support our journey would have been impossible. / Lina Moreno: sin su amor y su apoyo, nuestra trayectoria habría sido imposible.

On inauguration day, with Bogotá under siege, we held our first security council meeting on the steps of the palace. / El día de la posesión, con Bogotá en estado de sitio, tuvimos nuestro primer consejo de seguridad en las escaleras de la Casa de Nariño.

All photos on this page are courtesy of the Press Secretary of the Presidency of the Republic of Colombia.

The funeral of my dear friend Gilberto Echeverri, whose memory would inspire us throughout the presidency. / El funeral de Gilberto Echeverri, mi amigo querido, cuyo recuerdo nos inspiró a lo largo de toda la presidencia.

Vice President Francisco Santos, a trusted friend and a clear moral voice. / El vicepresidente Francisco Santos, un amigo cercano, una persona moralmente intachable.

Gabriel García Márquez, a fine Colombian and a friend of peace. / Gabriel García Márquez, un gran colombiano y amigo de la paz.

The early years of the presidency were especially difficult, with many beloved ones lost. / Los primeros años de la presidencia fueron especialmente difíciles, con la muerte de muchos seres queridos.

The community councils were a powerful tool, enabling direct communication with the people on social and other issues. / Los consejos comunitarios fueron una herramienta poderosa, nos permitieron una comunicación directa con la gente acerca de temas sociales y demás.

I always sought to visit new investment projects, especially those that could showcase the marvelous side of Colombia. / Siempre busqué nuevos proyectos de inversión, sobre todo aquellos que mostraran el lado maravilloso de Colombia.

Yoga nidra and other techniques allowed me to center myself during difficult moments. / El yoga nidra y otras técnicas me ayudaron a mantenerme centrado durante los momentos más difíciles.

Ours was an active, vigorous government, always engaged with the people. / Nuestro gobierno fue un gobierno activo y vigoroso, siempre involucrado con la gente.

I was grateful for President Bill Clinton's support for Colombia and his remarkable perspective on the challenges we faced. / Agradecí el apoyo que el presidente Bill Clinton brindó a Colombia y su extraordinario punto de vista acerca de los retos a los que nos enfrentamos.

President George W. Bush was a great friend of Colombia. / El presidente George W. Bush fue un gran amigo de Colombia.

President Barack Obama supported our "steady strategy of making no concessions" to the terrorists. / El presidente Barack Obama apoyó nuestra "firme estrategia de no hacer concesiones" a los terroristas.

I drew the "triangle of confidence" for President Obama, who liked it so much he autographed it for me. / Dibujé el "Triángulo de la Confianza" para el Presidente Obama a quien gustó tanto que me lo autografió.

With President Hugo Chávez. My love for our brother nation of Venezuela never diminished. / Con el presidente Hugo Chávez. Nunca se ha disminuido mi amor por nuestra nación hermana.

The moment of my friendly bet with President Chávez as to whether I could ride a horse without spilling a drop of coffee, at the recreational park Rionegro Tutucán. / Momento en el que hice una apuesta amistosa con el presidente Hugo Chávez, de si yo era capaz de montar a caballo sin derramar una sola gota de café, en el parque recreacional Rionegro Tutucán.

Ingrid Betancourt embracing her mother on the day of her rescue, after more than six years apart. / Ingrid Betancourt abrazando a su madre el día de su rescate, después de haber estado separadas durante casi seis años.

The rescue of Ingrid and the Colombian police and soldiers was one of the proudest days of my presidency. / Uno de los días más orgullosos de mi presidencia: el rescate de Ingrid, los policías y los soldados que estaban secuestrados por las FARC.

The "Concert for Peace," with the talented artist Shakira. President Luiz Inacio Lula da Silva of Brazil, President Alan García of Peru, and the singer Carlos Vives honored us with their presence that day. / El "Concierto por la Paz" con la talentosa artista colombiana Shakira. Aquel día el presidente Luiz Inacio Lula da Silva de Brasil, Alan García, el presidente del Perú, y el cantante Carlos Vives nos honraron con su presencia.

At my son Jerónimo's wedding in 2012, celebrating new additions to our family. / En el matrimonio de mi hijo Jerónimo en 2012, celebrando cómo crece nuestra familia.

With my brothers, Camilo and Santiago, my nephew Luis Martín, and my sons, Jerónimo and Tomás, at Jerónimo's wedding. / Con mis hermanos Camilo y Santiago, mi sobrino Luis Martín y mis hijos Jerónimo y Tomás en el matrimonio de Jerónimo.

otros. Casi una quinta parte —aproximadamente 2.000 personas— eran dirigentes sindicales, pues muchos de sus compañeros habían sido asesinados en los años anteriores. Desde mi campaña nos habíamos comprometido a proteger los derechos humanos de todos los miembros de la sociedad y, en particular, de los más vulnerables.

Sin embargo, en ese mi primer día como presidente no podía garantizar nada. Dije a los alcaldes que nos esforzaríamos al máximo y que, si era posible y la situación lo ameritaba, los militares los escoltarían para regresar a sus municipios y ejercer sus cargos. No hice promesas vacías. Sabía que nuestros recursos eran muy limitados y que los grupos armados intensificarían sus esfuerzos para aterrorizar a la población, con la esperanza de destruir nuestra fuerza de voluntad antes que, inevitablemente, estuviéramos en una situación de ventaja.

Así fue, en efecto: en los primeros cinco días de nuestro gobierno, 125 personas murieron en ataques perpetrados por los grupos armados ilegales. Y los informes de inteligencia señalaban que en las próximas semanas y meses habría más bombardeos, masacres y asaltos en todo el país. No pudimos contener algunos de ellos. También recibimos noticia de varias amenazas inminentes contra mí, cuyo objetivo era intimidarme.

Debieron conocerme mejor.

7

Dos elementos pueden caracterizar mi manera de actuar en la presidencia de Colombia. 1) Todas mis decisiones —la iniciativa que debíamos favorecer, el ministro que debíamos nombrar, el bastión terrorista que debía ser nuestro próximo objetivo— respondían a una estrategia trazada con antelación. 2) En todas las circunstancias buscaba enviar, a través de mi comportamiento, una señal acerca de los valores y prioridades de nuestro gobierno. Este aspecto simbólico —igual de importante al primero—, me obligó a supervisar personalmente todos los detalles: quería que mis palabras, desplazamientos, reuniones de oficina, transmitieran a los colombianos optimismo en el país.

Cuando los visitantes entraban a mi oficina, en la Casa de Nariño, una de las primeras cosas que veían era una pintura que me había regalado Débora Arango, una mujer que revolucionó el mundo artístico colombiano, pionera en la búsqueda de la igualdad de la mujer y defensora incansable de la paz. Débora fue una de mis amigas más queridas; me enviaba con frecuencia pinturas y dibujos de palomas, y yo siempre le decía en broma que nadie iba a creer que eran para mí. Poco antes de su muerte, a los 98 años, le pedí a Débora si sería tan amable de hacerme una pintura de un rifle. Se sintió un poco incómoda, pero cumplió con mi petición. Antes de colgarlo en mi oficina, instalé una placa en el marco: EL ÚNICO RIFLE NO OFICIAL QUE ESTÁ PERMITIDO EN COLOMBIA ES ESTE, QUE PERTENECE A DÉBORA ARANGO. Mi punto era que queríamos seguridad y autoridad en Colombia, pero también una sociedad desarmada y pacífica. Sun Tzu escribió en *El arte de la guerra* que el Estado debía tener el monopolio de la vida y de la muerte, y eso era precisamente lo que estábamos tratando de recuperar.

En el escritorio permanecía una caja con un martillo, destornilladores y otras herramientas. Su significado era que, para cumplir con la misión que se nos había encomendado, teníamos que estar dispuestos a arremangarnos y trabajar duro sin descuidar, incluso, los detalles más pequeños. En Colombia existía una larga tradición de personas con ideas brillantes y magníficas agendas, pero distantes del seguimiento detallado de la ejecución de las políticas trazadas. Hablaba constantemente a los ministros y demás funcionarios sobre la importancia de ejecutar sus programas y de hacerles un seguimiento para asegurarse de su buen funcionamiento.

Siempre he sido partidario de combinar la visión macro con el involucramiento en los detalles de la ejecución, de este modo se motiva con el ejemplo y se garantiza que los propósitos se conviertan en realidad. Mirando al gobierno en retrospectiva diría que aquello que salió mal careció del involucramiento nuestro en el detalle.

Cada una de las cuatro paredes del despacho tenía la pintura de un general famoso de la historia colombiana y cada uno representaba una virtud o un conjunto de valores. El general Antonio Nariño representaba los derechos humanos en el servicio de la virtud; el general Francisco de Paula Santander era el emblema del Estado de Derecho; el general Rafael Uribe Uribe simbolizaba la importancia de la igualdad y de la integridad personal; y el general Simón Bolívar encarnaba la autoridad en el servicio de la virtud. En los últimos años exhibí, con orgullo, una copia del discurso de Gettysburg de Abraham Lincoln, un regalo de la Secretaria de Estado de Estados Unidos, Condoleezza Rice. Su mensaje de perseverancia en tiempos difíciles hizo que lo aprendiera de memoria cuando era adolescente y aún podía recitarlo. También tenía enmarcado *Autorretrato* de Pablo Neruda, escrito en el que se describía como alma imperfecta y polifacética: "Por mi parte, soy o creo ser duro de nariz... generoso en el amor... melancólico en las cordilleras... imposible de cálculos... ". Era un recordatorio para mí mismo de la necesaria y difícil humildad que los seres humanos requerimos para llevar nuestras falencias y debilidades.

En mis discursos y otras intervenciones me esforzaba para ser coherente. Repetía casi textualmente los mismos mensajes varias veces al día, y mencionaba constantemente el Triángulo de la Confianza y sus tres elementos. Muchos días concedía, a las siete de la mañana, una entrevista a una emisora radial de algún lugar de Colombia, para continuar con mi tradición de hablarle directamente al pueblo y recibir sus opiniones sin filtros. Traté de ser optimista y de concentrarme en el futuro tanto en mis discursos, como en conversaciones privadas. Traté de ser generoso con mis críticos y paciente con todos los colombianos. No siempre tuve éxito; en ocasiones fui víctima de mis reacciones temperamentales, en particular con políticos o periodistas de elevado rango; pero nunca con la base popular de la Nación.

Cuando en la campaña presidencial ascendíamos o descendíamos en las encuestas y los periodistas consultaban mi reacción, la respuesta era: "trabajar, trabajar, trabajar" para mejorar resultados negativos o para evitar que desmejoren los positivos; respuesta que terminó por convertirse en una especie de eslogan para todos los miembros de mi equipo. Conocíamos la gravedad de los problemas de nuestro país y sabíamos que solo trabajando sin descanso podíamos salir adelante. Entonces hicimos de este laborar sin interrupciones una virtud: hablamos en público de borrar de nuestro vocabulario palabras como "vacaciones" y "festivos"; que el trabajo de la nación requería de veinticuatro horas al día y de siete días a la semana. Los ministros y demás asesores mostraban a sus amigos y familiares los mensajes de texto que les enviaba a las cuatro y media de la mañana de un martes o a la medianoche de un viernes. Esta voluntad de trabajo se volvió un motivo de orgullo para todos y no tardó en ser contagiosa a todo lo largo y ancho de Colombia. Al cruzarme en la calle con algún ciudadano y hacerle la pregunta de rigor, "¿Cómo va?", era frecuente que con una sonrisa me respondieran: "Trabajando, trabajando y trabajando". Y muchos de los ejecutivos que por algún motivo llegaban hasta la Casa de Nariño decían sin ambages que, inspirados por nuestro ejemplo colectivo, ahora trabajaban los sábados.

Y a tanto trabajo no le faltaba diversión. Asistí con alegría a eventos y ceremonias que exaltaban las nuevas oportunidades de crecimiento que surgían en el país: sentía que nuestra perseverancia daba sus frutos y que era importante demostrar cómo, a pesar de las dificultades, la vida en Colombia seguía adelante. Cuando un grupo de empresarios abrió un nuevo parque acuático en Caldas, disfruté al deslizarme por uno de los rodaderos y en el cañón del Chicamocha, en Santander me amarré a una tarabita y —vestido con saco y corbata— crucé en dos ocasiones un valle profundo suspendido en el aire. Jugué fútbol con niños de colegio, monté a caballo en público y lucí casi cualquier sombrero o atuendo que me ofrecieran. Serví café con Juan Valdez, el personaje que desde 1959 promociona el café colombiano en el resto del mundo. Cuando se trataba de hacerle propaganda a nuestro país, ningún gesto era pequeño.

Pero los gestos simbólicos más importantes fueron hacia asesores, ministros, generales y otros colaboradores. Sabía que nunca podríamos transformar a Colombia sin el trabajo duro y la dedicación de un equipo amplio y diverso de personas. Y aunque muchas veces fui muy exigente con ellos, también reconocí —en privado y en público— sus contribuciones. Nuestro gobierno fue un verdadero equipo, la suma de voluntades de muchos miles de personas en la Casa de Nariño, en los ministerios, en las fuerzas de seguridad, etcétera. Siempre les estaré reconocido.

No faltaron, como es natural, quienes pensaban que este ejercicio de darle a los actos de Gobierno un sentido simbólico era exagerado. Recalcaban mi afición a la repetición y encontraban —en particular, entre el establecimiento político y periodístico tradicional— mi comportamiento pedante: "Los críticos dicen que su estilo es superior a la sustancia", señaló el *New York Times*. Aún hoy, sin embargo, creo que para muchos colombianos estos pequeños gestos humanos tenían un mayor significado que las palabras y contribuyeron a establecer un vínculo que muchos ciudadanos no habían sentido con ningún gobierno anterior. Muchos políticos actuaban como si estuvieran en la cima de la montaña; nosotros caminábamos entre la gente, conversando sobre sus problemas cotidianos, hablando un idioma que pudieran entender.

8

El viaje a Florencia, en mi primer día como presidente, tuvo un significado adicional: el aeropuerto de esta ciudad era el último lugar donde había sido vista Ingrid Betancourt antes de ser secuestrada por las FARC.

Durante los tres primeros años de cautiverio, las FARC mantuvieron a Ingrid encadenada las veinticuatro horas del día. Cuando le permitían bañarse en los ríos, lo hacía completamente vestida para protegerse de los secuestradores, quienes constantemente le faltaban al respeto con la mirada. Tenía que usar un sombrero durante las caminatas para protegerse de todas las criaturas que caían del dosel de la selva: hormigas, insectos, garrapatas y piojos. "Pero los más peligrosos de todos eran los hombres", dijo más tarde, "los que estaban detrás de mí con sus grandes armas".

Hija de un diplomático colombiano, Ingrid pasó su juventud y gran parte de su vida adulta en París; vivió en lugares tan variados y lejanos como las islas Seychelles y Nueva York. Regresó a Colombia, según ella misma lo dice, con una misión: acabar con la corrupción. Fue elegida como senadora y en el recinto del Congreso descolló por su valentía y creatividad. Para las elecciones de 2002 inscribió su candidatura a la presidencia de Colombia y, como todos nosotros, no se hacía ilusiones sobre los riesgos que corría. En una entrevista con el programa *Today* de NBC, apenas tres meses antes de su secuestro, declaró que le encantaba Colombia y que estaba dispuesta a arriesgar la vida por su país. Un ser humano, al fin y al cabo, cuando la realidad del secuestro la alcanzó, pensó en sus dos hijos que vivían en París —con apenas dieciséis y trece años en ese momento— y sintió la desesperación propia del cautiverio. Más adelante escribió que la depresión, los insectos y las enfermedades tropicales fueron enemigos constantes durante los seis años que pasó secuestrada en la selva.

No escatimamos esfuerzos en nuestro gobierno para lograr la liberación de Ingrid Betancourt y los demás secuestrados. La posibilidad de un acuerdo de prisioneros por rehenes —el llamado "intercambio humanitario"— dominó gran parte de mi gestión como presidente. En mi discurso de investidura, ofrecí la paz a las FARC y revelé que Kofi Annan, el secretario de las Naciones

Unidas, había aceptado mi solicitud para mediar en los esfuerzos tendientes a regresar a la mesa de negociaciones. No solo las FARC rechazaron mi oferta y menospreciaron a la ONU como un posible mediador, sino que reiteraron su exigencia de una nueva zona desmilitarizada como condición previa para cualquier negociación. Por el modo como las FARC utilizaron el Caguán para su fortalecimiento militar en el gobierno anterior, era obvio que su exigencia no era viable: yo no cedería un solo ápice de territorio colombiano y con toda probabilidad las FARC lo sabían. Esto no impidió que en muchos sectores del Congreso y en los medios de comunicación colombianos e internacionales fuera criticado por ser de "línea dura", interesado únicamente en "la guerra".

Desde el momento en que fui elegido como presidente, las FARC parecieron apostarle a tres estrategias: derrotarnos militarmente; recuperar de alguna manera la credibilidad perdida entre los colombianos; esperar a que mi mandato terminara. No cesaron sus ataques contra la infraestructura del país, las patrullas militares y los objetivos civiles. En mayo de 2003, las FARC propusieron en su página web la creación de un nuevo "gobierno clandestino" de doce "personas conocidas" que "sugerirían un nuevo presidente colombiano". En junio de ese mismo año, propusieron utilizar al Grupo de Río —integrado por países de América Latina— como mediador en las conversaciones, una táctica claramente dilatoria. Unos meses más tarde, Raúl Reyes, líder de las FARC, en una entrevista con un diario brasileño hizo una afirmación reveladora:

—El grave problema de Uribe es que solo le quedan tres años y las FARC tienen todo el tiempo del mundo después de 39 años de lucha —dijo—. Vamos a tomarnos todo el tiempo necesario para alcanzar nuestros objetivos.

Enfrentados a un rival que no estaba dispuesto a negociar, pero decididos a rescatar a los secuestrados a la mayor brevedad posible, ensayamos otras opciones más creativas. Establecimos una nueva política: si un miembro de las FARC o de cualquier otro grupo armado ilegal se escapaba de la selva con un secuestrado, lo entregaba y aceptaba desertar de las FARC, le daríamos una recompensa y propondríamos que los jueces le dieran una reducción en su condena judicial con algún tipo de libertad condicional. A continuación, el Estado colombiano le pagaría para que viviera en el extranjero. En los años siguientes, mucha gente me dijo que esta iniciativa causó una agitación enorme entre los cabecillas de las FARC, que prohibieron por un tiempo el uso de radios en sus campamentos por temor a que los militantes rasos de ese grupo se enteraran de la propuesta y desaparecieran en la noche con los secuestrados más importantes. Eso fue lo que ocurrió en 2008 cuando el ex congresista colombiano Óscar Tulio Lizcano logró escapar, después de ocho años de cautiverio, con la ayuda de un miembro de las FARC quien rápidamente fue reubicado en Francia con una nueva identidad. Pero esta política no dio sus frutos en la mayoría de los casos. El acuerdo humanitario —tal se llamaba el canje de secuestrados de las FARC por presos en las cárceles oficiales— seguía estancado y la presión para encontrar un mecanismo que condujera a la liberación de los secuestrados era constante, dentro y fuera de Colombia.

Debido, en parte, a las conexiones que tenía Ingrid con el mundo político francés y al activismo elocuente y conmovedor de sus hijos, su cautiverio fue una causa masiva en Francia. Un enorme cartel con su imagen fue colgado frente a la alcaldía de París y los funcionarios europeos reclamaban su liberación en reuniones privadas y en declaraciones públicas. Vimos con agrado su altruismo y la presión que de este modo mantenían sobre las FARC.

Aunque resultara impopular, tenía que poner los intereses de la nación por encima de cualquier otra consideración. En julio de 2002, durante una gira europea como presidente electo para tratar de generar apoyo a nuestras políticas, me reuní en París con el presidente francés Jacques Chirac, quien me recibió en el Palacio del Elíseo. Afuera, un grupo de manifestantes lanzaba epítetos y criticaba mi supuesta falta de voluntad para negociar con las FARC la liberación de los secuestrados, incluyendo por supuesto a Ingrid Betancourt.

Mientras nos desplazábamos por las escalinatas del palacio, el presidente Chirac me dijo al oído:

—Entiendo su posición, realmente la entiendo. Pero este es un problema político —dijo y señaló hacia los manifestantes—, y tenemos que tranquilizar a estas personas.

—Señor Presidente —contesté—, si "tranquilizarlos" significa decirles lo que quieren oír y cambiar mi posición, entonces me temo que no puedo hacer eso. Porque tal vez podríamos asegurar la libertad de Ingrid haciendo concesiones, pero luego las FARC secuestrarían más personas, como ya ocurrió en el pasado. Lo que estamos tratando de hacer no es solo liberar a los secuestrados, sino derrotar de una vez por todas el secuestro en Colombia.

—Entiendo —respondió el presidente Chirac—. Pero tal vez usted podría decirles unas palabras a su salida, para tranquilizarlos un poco.

Negué con la cabeza.

—Tengo que decir aquí las mismas cosas que digo en Bogotá. No puedo cambiar mis discursos según el público. Tengo que ser coherente en público y en privado.

El presidente Chirac asintió, evidentemente decepcionado. Aún no sabía que las FARC podían ser una pareja seductora, capaces de recorrer todo el camino hasta las puertas de la iglesia para, luego, dejarte esperando en el altar. Lo supo un año después: en julio de 2003, un avión Hércules C-130 del Ejército francés voló a la ciudad brasileña de Manaos, al parecer como parte de una misión secreta para negociar la liberación de Ingrid sin el conocimiento de mi gobierno o de las autoridades brasileñas. Los informes de la Agence France-Presse y de otros medios señalaron que, en Manaos, los cuatro emisarios franceses alquilaron un avión privado para viajar a una población brasileña cerca de la frontera con Colombia, donde esperaron que aparecieran las FARC. Nunca lo hicieron. Los emisarios franceses se marcharon traicionados y con las manos vacías. No eran los primeros en sentirse así.

No. Rescatar a Ingrid no sería tan fácil como volar a la selva y hacer algún tipo de negocio turbio. Su liberación requeriría el pleno desarrollo de nuestras habilidades militares, de inteligencia y diplomáticas. Nunca descansamos en nuestros esfuerzos para rescatarla pero, en retrospectiva, está claro que en esos primeros días aún no estábamos listos. Tendríamos que dedicar mucho más tiempo, esfuerzos y sacrificios antes de hacerlo posible.

9

Cuando las FARC no consiguen lo que quieren, descargan su furia en ataques indiscriminados. Sus macabros procedimientos son conocidos. Hacen una petición, esperan a que sea rechazada y, luego, lanzan un ataque devastador como mensaje para todos los colombianos, cuyo significado es: no permitiremos que nos rechacen. Cuando en febrero de 2003 los cabecillas de las FARC emitieron un comunicado en el que exigían una vez más la creación de una zona de distensión similar a la que habían disfrutado durante el gobierno anterior, supimos lo que se venía. Continuamos con los asuntos de la nación pero alertamos a los agentes del orden en todo el país y nos preparamos para lo peor.

La lista de los héroes que dieron sus vidas para romper este círculo vicioso, de modo que los colombianos pudieran disfrutar algún día de la paz, llena un libro entero. Todavía hoy me conmuevo al pensar en su valor y su perseverancia. Desearía poder honrarlos aquí con sus nombres. Policías, soldados, empresarios, trabajadores, periodistas, maestros, miembros de organizaciones sin ánimo de lucro y de comunidades religiosas... Tantos hombres y mujeres que contribuyeron con entereza y honestidad a la seguridad de Colombia. No menos importante fue la labor de fiscales y jueces: almas valientes que llegaron hasta lugares donde no se había impartido justicia por muchos años y arriesgaron sus vidas en nombre de la restauración del imperio de la ley. Descubrieron atrocidades y redes delictivas de las que nunca habríamos sabido de no haber sido por ellas. Y en muchos casos pagaron el precio más alto por su rectitud.

Conservaré siempre, con inmensa gratitud, el recuerdo de Cecilia Giraldo Saavedra, una legendaria fiscal en el departamento sureño del Huila, a quien los periódicos llamaban "la Margaret Thatcher colombiana". En los primeros días de mi gobierno, las FARC eran muy activas en este departamento, pero Giraldo se negó a dejarse intimidar. Asumió los casos más difíciles —secuestros, terrorismo, extorsiones— y dedicó su vida a perseguir a los narcoterroristas. En el tercer mes de mi mandato, coordinó un operativo audaz gracias al cual las autoridades capturaron a veinticuatro terroristas; fue una gran victoria. Como era de esperarse, los esfuerzos de Giraldo la convirtieron en un blanco de los grupos violentos: un mes después las FARC le enviaron una bomba en un libro. El artefacto explotó en el Palacio de Justicia antes de que ella lo recibiera, tuvo entonces que aceptar para su protección un grupo de escoltas y siguió adelante con su trabajo, permaneciendo muchas veces en la oficina hasta después de la medianoche. Le correspondió, también, dirigir la investigación penal sobre el secuestro de Jorge Eduardo Géchem, perpetrado por las FARC en abril de 2002, y que terminó con el proceso de paz del gobierno anterior.

Días después del comunicado de las FARC en el que hacían la petición de una zona de distensión, yo debía viajar a Neiva, la capital del Huila, para nuestro consejo comunitario de los sábados. Cuando las autoridades recibían alguna pista de un plan terrorista coincidente con mi llegada a esta ciudad, Cecilia Giraldo no dudaba: se hacía cargo de la investigación y trataba de garantizar la seguridad de todo nuestro equipo y de la ciudadanía en general. En aquella ocasión, las pistas indicaban una actividad sospechosa en un grupo de casas muy cerca del aeropuerto de Neiva, justo debajo de la trayectoria del avión presidencial. Un día antes de mi viaje, Giraldo acompañó a la Policía a realizar una redada en el sector. Amanecía cuando entraron a una de aquellas casas: toda la estructura explotó en una gigantesca nube de hongo y morteros destrozados. La explosión dejó un cráter de treinta pies de profundidad donde había estado la casa, y dañó o destruyó sesenta residencias cercanas. El saldo final fue de diecisiete muertos —entre quienes estaban Cecilia Giraldo, nueve funcionarios de la Policía y una niña de catorce años que esperaba el bus escolar— y treinta y siete heridos.

La investigación confirmó las intenciones de las FARC: preparaban un ataque contra el avión presidencial y habían considerado dos opciones: mediante el disparo de morteros —lanzados con los equipos que se encontraron en el lugar de los hechos—, o haciendo volar la casa para derribar el avión cuando pasara a poca distancia. Cecilia Giraldo y los Policías que la acompañaban pudieron haberme salvado la vida ese día. Mi gratitud será eterna. Y para honrar su memoria —y la del sinnúmero de soldados, policías, fiscales y demás colombianos asesinados en el cumplimiento de su deber— seguimos su ejemplo, y avanzamos sin vacilación, con amor y determinación en nuestros corazones.

10

Algunas personas dicen que la presidencia es solitaria. A mí nunca me pareció que fuera así.

En los momentos de grandes tragedias nacionales —como el atentado en Neiva— sentía el corazón destrozado, como si hubiera perdido a un ser querido. Durante los ocho años de nuestro gobierno, nunca me alejé emocionalmente del dolor causado por la muerte o el sufrimiento innecesario; cada masacre, cada asesinato, cada secuestro en Colombia me golpeaba con fuerza en el alma. Sabía muy bien lo que significaba para una familia perder a un ser querido. Sabía, también, que mi responsabilidad como presidente era ponerle fin a semejantes atrocidades, y me dolía cuando no lo lográbamos.

Cuando esto sucedía, mi mayor consuelo era hablar con el pueblo colombiano. Dar la cara, asumir toda la responsabilidad por nuestras acciones, investigar los hechos y revelarlos en público me producían un profundo efecto terapéutico. La transparencia era como una luz brillante y cálida, y la buscaba con la mayor rapidez posible en nuestros momentos más oscuros. Podía ver cómo reaccionaba la ciudadanía, sentir su apoyo a nuestras acciones y el profundo anhelo que compartíamos por la paz. ¿Solo? No. Nunca estuve solo como presidente.

Lina ha sufrido en silencio, pero su aparente tranquilidad y su estoicismo fueron una ayuda invaluable en los momentos de crisis. Y mis más cercanos colaboradores —entre quienes se contaban Jaime Bermúdez, Alicia Arango, Bernardo Moreno, Ricardo Galán, César Mauricio Velásquez, Jorge Mario Eastman, José Obdulio Gaviria, Alberto Velásquez y Paola Holguín— me decían con afecto que nuestra buena fe trascendería cualquier fracaso.

En los escasos momentos de soledad sacaba fortaleza de mi fe. Rezaba. El ejercicio me hacía mucho bien: la bicicleta o la máquina elíptica. Médicos espirituales como Elsa Lucía Arango y Santiago Rojas me ofrecieron una asistencia invaluable. El yoga nidra —un ejercicio que comencé a practicar en 1986— me generaba un estado de sueño sin desconectarme del mundo real, me permitía un reordenamiento mental, un examen crítico de mis actuaciones, una reflexión sobre dificultades, una fijación de los parámetros de comportamiento que deberían guiarme, todo en un horizonte de retorno a la serenidad.

Pero muchas veces esto no era suficiente. No había forma de explicar o de racionalizar la pérdida de personas como Cecilia Giraldo y la de todos los héroes que se sacrificaron por nuestra causa. En esos momentos difíciles, sabía que no podía sucumbir a mi dolor. Teníamos que liderar el camino hacia adelante y sentíamos que la gran mayoría del pueblo colombiano nos acompañaba, que caminábamos juntos.

11

No fue ninguna sorpresa que las FARC declararan como blanco a uno de nuestros consejos comunitarios. Una de las herramientas más eficaces en los primeros días de nuestro gobierno para crear confianza, se convirtió en nuestro método característico de sostener un verdadero diálogo con el pueblo colombiano. Después del ataque en Neiva, supimos que, a pesar de nuestro dolor, teníamos que enviar una señal a los colombianos. Decidimos proceder según lo previsto y realizar el consejo, como una demostración pública de nuestra perseverancia. La única pregunta era: ¿cómo hacerlo sin incurrir en riesgos excesivos? Nuestra inteligencia sugirió la posible presencia de otra casa llena de explosivos en algún lugar de Neiva.

Atacar los consejos comunitarios era atacar la democracia participativa que encarnaban. Durante ocho años viajé casi todos los sábados, con tantos funcionarios como fuera posible, a una ciudad o un municipio diferente —llegamos hasta poblaciones donde las autoridades centrales no habían llegado durante largo rato—, para sostener una reunión pública en plazas, coliseos, carpas gigantes, en ocasiones frente al mar, a un río, a la selva o a la montaña —a veces con temperaturas sofocantes, húmedas, cercanas a los 40 grados centígrados—, o donde pudiéramos encontrar un espacio.

Estos consejos contaban con la asistencia de cientos de personas de todos los estratos sociales y por lo general eran televisados. Cualquiera de los asistentes podía hacer preguntas, y recibíamos llamadas telefónicas. Ningún tema era considerado irrelevante; con entusiasmo participativo se analizaban temas relacionados con educación, salud, servicios públicos, vías, infraestructura, agricultura, empleo, entre otros. También se convocaban para temas exclusivos: por ejemplo, todo un día para analizar la educación en la región respectiva o en el país. Solían durar ocho o más horas seguidas. Los temas relacionados con la seguridad eran tratados por separado, los domingos y los lunes, en reuniones abiertas también al público. Con equipos enteros de ministros y funcionarios nacionales y locales buscábamos soluciones a los problemas planteados por los asistentes al consejo y fueron un elemento fundamental en el desarrollo de nuestro concepto de un estado comunitario

—tal y como lo habíamos hecho en la gobernación de Antioquia— que involucrara a todos los colombianos en materia de políticas públicas.

Pero no todos estaban de acuerdo con el estilo de estas reuniones. Algunos críticos me acusaron de microgestionar y socavar la credibilidad de las instituciones del Estado, al crear la impresión que solo el presidente o el poder ejecutivo podían resolver incluso los problemas más locales. Algunos dijeron que caíamos en el populismo y que prometíamos demasiado. Otros expresaron dudas sobre la resistencia física y mental necesarias para mantener nuestro ritmo de trabajo con el paso del tiempo.

He creído en la necesaria relación entre la representación y la participación. En la Colombia de nuestro tiempo se hacía mucho más necesaria para fortalecer la credibilidad debilitada del Gobierno central. Nuestra presencia y disposición era la señal inequívoca del compromiso que nos animaba para buscar con la comunidad respuesta a sus anhelos y dificultades.

La presencia permanente frente a la ciudadanía hizo que el Gobierno fuera menos dado a las promesas y más comprometido en la búsqueda de opciones. Esta actitud era clave para la credibilidad, lo único que no podíamos perder. Nunca dudamos en decir un "no" argumentado ante peticiones imposibles de satisfacer. Pero siempre tuvimos la disposición de buscar opciones, que en muchas ocasiones se hallaron gracias a las sugerencias de la misma comunidad.

En los consejos comunitarios de seguridad, de crédito, de crecimiento económico, en reuniones con empresarios, con trabajadores, siempre terminábamos con un acta de conclusiones a la que se le hacía seguimiento exhaustivo desde una oficina de la presidencia. Con la ayuda del Banco Interamericano y los gobiernos británico y finlandés operamos un mecanismo eficiente de evaluación y control.

Los consejos comunitarios influyeron positivamente en la toma de decisiones y controlaron el avance y transparencia de la ejecución. Con frecuencia repetí que con el PowerPoint no basta, porque los gobiernos tendemos a proyectar allí todo lo bueno y omitimos lo negativo o aquello que hace falta y que la comunidad, el PowerPeople, lo señala con realismo.

Al inicio del gobierno, los ciudadanos acudían a los consejos comunitarios a presentar sus reclamos un tanto airados. Al final de los ocho años seguían acudiendo con sus reclamos: el país no estaba convertido en un paraíso, pero la mayoría había transformado la rabia en confianza. Este fue el gran cambio:

de una democracia con rabia e impredecible, a una democracia con confianza y con un futuro relativamente despejado.

Después del ataque en Neiva, estaba decidido a no permitir que los terroristas privaran a esta ciudad del derecho democrático que tenían sus habitantes de hablar con sus representantes electos. El mismo día de la casa-bomba, doce horas antes de lo programado y sin informar al aeropuerto de Neiva ni a ninguna autoridad local, volamos en secreto desde Medellín. Anochecía y fue necesario hacer arreglos para que algunos carros iluminaran la pista con sus luces a una hora determinada. Lo primero que hicimos al llegar fue dirigirnos a la funeraria donde los familiares de las víctimas lloraban a sus seres queridos. Hablamos y rezamos con ellas. Luego visitamos a los heridos que estaban en el hospital.

A la mañana siguiente y bajo una lluvia torrencial, instalamos el consejo comunitario con un minuto de silencio por las víctimas. Luego animé a todos a seguir adelante.

—Este fue un acto de cobardía total —dije—. Ellos no son capaces de mirar al Estado a los ojos y por eso continúan con su terrorismo cobarde.

En los meses y años siguientes continuamos viajando a todos los rincones de Colombia; a menudo pasábamos cuatro o cinco días de la semana por fuera de la Casa de Nariño: en estas ocasiones utilizaba una pequeña sala en el aeropuerto de Bogotá para hacer siestas rápidas, practicar yoga y rezar. Cuando recibíamos amenazas implementábamos medidas —volar con las luces apagadas, cambiar de pista en el último minuto, entre otras— para garantizar, hasta donde estaba a nuestro alcance, la seguridad. De ella estaba encargada un equipo liderado por los generales Mauricio Santoyo y Flavio Buitrago, el almirante Rodolfo Amaya y el coronel Eduardo Ramírez. Gracias a Dios y a su profesionalidad siempre nos las arreglamos para llegar sanos y salvos a nuestro destino.

Por desgracia, otros no serían tan afortunados.

12

—Señor Presidente, hemos perdido un avión estadounidense.

Recibí la información la misma semana del ataque de Neiva, y marcó el comienzo de uno de los desafíos más serios y duraderos de nuestro gobierno. Un pequeño Cessna con cuatro estadounidenses y un soldado colombiano a bordo había desaparecido al sur de Bogotá. El piloto del avión envió una señal de socorro por la radio y luego su frecuencia quedó en silencio. Enviamos helicópteros de inmediato en una misión, que supusimos normal, de búsqueda y rescate. El avión fue encontrado en un pequeño claro de la selva: estaba casi intacto, pero los pasajeros habían desaparecido. En ese momento no imaginamos la desgracia que había caído sobre ellos.

Los estadounidenses trabajaban para la empresa Northup Grumman, contratada para realizar vuelos de interdicción de drogas en toda Colombia. Esta misión, en particular, tenía por objeto atacar los laboratorios de drogas controlados y operados por las FARC. Era un vuelo como cualquier otro, hasta que el único motor de la aeronave se apagó de repente. El piloto, un veterano de Vietnam llamado Tommy Janis, maniobró con habilidad excepcional y aterrizó en un pequeño claro de la selva. Janis sangraba en abundancia y los demás pasajeros sufrieron fracturas de costillas y contusiones. Pero estaban vivos contra todos los pronósticos posibles; creían que se trataba de un milagro.

Lo fue. Pero en el mismo instante en que los cinco supervivientes salieron tambaleándose del fuselaje roto del avión, recibieron ráfagas desde arriba disparadas por un escuadrón de entre cincuenta y sesenta miembros de las FARC que patrullaban la zona. "No podía creerlo", escribió más tarde uno de los estadounidenses. "Habíamos sobrevivido al accidente, solo para encontrarnos en una situación que era sin duda peor".

Superados en número y en armas, los pasajeros tiraron a un lado las pistolas que llevaban y se rindieron. Cuando las FARC bajaron de las montañas, los estadounidenses se sorprendieron al ver que la mayoría de sus captores eran adolescentes, "parecían más un grupo de niños disfrazados para Halloween que combatientes", señaló uno de ellos. Las FARC les quitaron los relojes y el dinero que tenían en las billeteras y, a continuación, separaron a Janis y al sargento colombiano Luis Alcides Cruz del resto del grupo. Sus cuerpos baleados fueron descubiertos más tarde; nunca sabremos exactamente por qué las FARC decidieron asesinarlos.

En esas primeras horas cruciales estuvimos muy cerca de rescatar a los tres estadounidenses restantes. Un helicóptero llegó al lugar, vio a los cautivos y comenzó a disparar al perímetro de las FARC, con la esperanza de mantenerlos acorralados mientras llegaban refuerzos. Pero las FARC conocían esa zona como la palma de su mano. Llevaron a los rehenes a una choza cercana, se internaron en un cultivo de café donde lograron evadir al helicóptero y desaparecieron en la selva.

A pesar de sus heridas —Keith Stansell se había roto varias costillas en el accidente, Tom Howes sufrió una concusión y Marc Gonsalves tenía mucho dolor en la espalda y en las caderas— los secuestrados pasaron las veinticuatro horas siguientes caminando por montañas y vadeando ríos. Esa primera caminata fue una auténtica tortura.

Pasé varios días y noches sin dormir; me comunicaba constantemente con nuestros comandantes en un intento de coordinar una operación con más de 2.500 soldados colombianos. Nuestra esperanza era rodear la zona y encontrar a los estadounidenses antes de que desaparecieran por completo. No tuvimos éxito. Algunos de nuestros comandantes señalaron luego que la falta de helicópteros de transporte y de otros equipos en el sur de Colombia nos impidió realizar con agilidad una operación de rescate. Nos enfrentábamos de nuevo a uno de los problemas más graves en la historia de Colombia: la falta de recursos estatales. Si queríamos prevenir futuros desastres, había llegado el momento de hacer algo al respecto.

13

A finales de agosto de 2002, apenas tres semanas después de llegar a la presidencia, el ministro de Hacienda Roberto Junguito me solicitó una reunión. Entró a mi oficina con una pila de carpetas y una expresión grave; parecía más un empresario de pompas fúnebres que un economista. Se sentó, cruzó los brazos y me dijo:

—Estamos arruinados y no tenemos dinero para pagarle a los soldados después de octubre.

Sus palabras me dejaron sin aliento. Al momento de ocupar la presidencia sabía que nuestras finanzas eran precarias: en 1999, la economía colombiana había sufrido la peor recesión en siete décadas y su recuperación había sido, en el mejor de los casos, anémica; las cuentas fiscales estaban gravemente desbalanceadas y la deuda pública bruta ascendía a 41 mil millones de dólares —seis años antes era apenas de 10 mil millones—. Pero me sorprendió saber que teníamos tan poco dinero en efectivo que solo seis semanas después no podríamos pagar la nómina.

Todas las tareas que me había propuesto realizar pasaron ante mis ojos. ¿Qué pasaría con el aumento previsto de nuestras tropas y de nuestra Policía? ¿Qué pasaría con la expansión de nuestros programas sociales en salud y educación? No importa cuál iniciativa, todas dependían de que tuviéramos más recursos disponibles, no menos, y si no solucionábamos rápidamente nuestros problemas de solvencia, corríamos el riesgo de sufrir una crisis mayor.

A finales de 2002 los mercados financieros observaban de cerca a todos los países de América Latina, en busca del primer indicio de problemas. Habían transcurrido apenas ocho meses desde la implosión total de la economía de Argentina, que sufrió el impago de más de mil millones de dólares en deuda soberana y devaluó su moneda en un 80 por ciento; y la economía de Brasil también estaba bajo una fuerte presión: Luiz Inacio Lula da Silva, un ex líder sindical de izquierda, se preparaba para asumir la presidencia de su país. Así, pues, al menor indicio de debilidad, Colombia podría ser el próximo país víctima de un ataque especulativo y ninguno de nuestros sueños para los próximos cuatro años sería posible.

A diferencia de muchos países latinoamericanos, el país nunca ha dejado de pagar su deuda o sufrido una hiperinflación. Sin embargo, funcionarios de instituciones multilaterales, como el Banco Mundial, me advirtieron que nuestra situación era desesperada y que tendría que tomar decisiones muy difíciles; que Colombia estaba al borde de convertirse en un "Estado fallido".

La misma tarde en que el ministro Junguito me informó de los problemas que teníamos, pasé varias horas con él y con mis principales colaboradores esforzándonos por encontrar una solución al problema de iliquidez. Necesitábamos una ingeniería financiera creativa y tuve que recurrir a cada ápice de mis más de veinte años de conocimiento del Estado colombiano. El Consejo de Ministros decidió congelar un gran porcentaje de nuestros gastos corrientes y trasladar algunos fondos del balance general del Estado. A mediados de octubre, gracias a los esfuerzos incansables del ministro Junguito y a la confianza de nuestros amigos en el extranjero, habíamos obtenido 9 mil millones de dólares en financiamiento de organismos multilaterales como la Corporación Andina de Fomento (CAF), el Banco Mundial y el Banco Interamericano de Desarrollo. Sabíamos, sin embargo, que eran soluciones a corto plazo y que necesitábamos algo más que paños de agua tibia.

La gente sabía que teníamos problemas, pero decidí no revelar la magnitud de nuestras dificultades financieras a la opinión pública colombiana. Como dije en mi discurso de investidura: "No hemos venido a quejarnos, sino a trabajar". No tenía ningún interés en dedicar mi presidencia a culpar de nuestros problemas a la herencia que recibí de mis predecesores. Quería que los colombianos se concentraran en el futuro y no en el pasado. Dedicarnos a lanzar recriminaciones solo retrasaría nuestra recuperación. El optimismo y el trabajo resuelto, enjundioso, eran nuestro mejores aliados. Pero esas emociones tenían que estar arraigadas en la realidad y por eso debíamos encontrar soluciones rápidas, audaces y concretas.

Pocos días después de la visita del ministro Junguito a mi oficina, decidimos implementar un "impuesto de seguridad", que sería una solución importante a nuestro problema. Este impuesto se distribuiría únicamente entre las personas de altos ingresos y correspondería al 1,2 por ciento de los activos líquidos. Su destinación era, exclusivamente, para la expansión de nuestro Ejército y de las fuerzas policiales. Tenía dudas sobre el daño potencial que podría causar un nuevo impuesto en el ámbito de los negocios en Colombia, pero decidí que los beneficios superaban con creces los costos: por un lado, obtendríamos créditos destinados para el mejoramiento de nuestra seguridad, sin tener que sacar dinero de otras áreas importantes como la salud y la educación; por el otro, mostraríamos a los colombianos que los ciudadanos con mayor capacidad económica estaban dispuestos a pagar para que el país fuera más seguro. Este era también un mensaje importante para el mundo: cuando viajaba al extranjero, hubo quien me preguntara por qué debían ofrecer ayuda militar o económica a Colombia si sus ciudadanos no hacían sacrificios suficientes. Esta iniciativa nos dio una respuesta incompleta, pero convincente.

Tomamos varias medidas para asegurarnos de que el impuesto justificara los riesgos. La ministra de Defensa Ramírez, el ministro de Hacienda y yo hablamos frecuentemente con los representantes del sector empresarial colombiano, para explicarles nuestros objetivos con todo detalle; les ofrecimos, además, la posibilidad de monitorear el modo como gastábamos el dinero que recibíamos de ellos. La opinión pública también era importante: explicamos a todos los colombianos que la distribución del impuesto recaería sobre "la gente acomodada" que quería ayudar a Colombia en su lucha contra los violentos. Finalmente, y lo más importante: a finales de 2002 y en los años subsiguientes, implementamos reformas para estimular la inversión —como los incentivos tributarios y los contratos de estabilidad en las normas—. Así, pues, gravamos la riqueza para financiar la seguridad y, al mismo tiempo, impulsamos la inversión para expandir la economía y generar empleo. José Roberto Arango, asesor de confianza, jugó un papel determinante para concebir y aprobar esta política.

Pero estas reformas no eran suficientes para solucionar los problemas de nuestra economía; en los meses siguientes implementaríamos otras, de gran importancia, en la Constitución, en la ley y en la administración. De alcance estructural en temas pensionales, laborales, de formación vocacional, de transferencias a las regiones. Desmontamos el subsidio general y regresivo a la gasolina y fortalecimos los subsidios en servicios públicos focalizados a los más pobres. Reformamos más de 460 entidades del Estado para hacerlas eficientes y austeras. En la presidencia procuramos originar importantes señales de austeridad.

Sin embargo, el "impuesto de seguridad" fue el primer paso y marcó la pauta para los próximos ocho años al demostrar la necesidad de la solidaridad ciudadana para contar con un país seguro. Tiempo después algunas personas me dijeron que habían solicitado préstamos para poder pagar el impuesto, pero que lo hicieron con el pleno convencimiento que ofrecerle a nuestro gobierno los fondos necesarios redundaría en su mayor beneficio a largo plazo. De hecho, fue casi como una inversión: un país más seguro conducía a un crecimiento económico más rápido, lo que a su vez permitía expandir las actividades empresariales en el mediano plazo y, simultáneamente, expandir las coberturas sociales. Por eso no me sorprendí cuando, en 2006, recibí una llamada telefónica de uno de los hombres más ricos de Colombia, Carlos Ardila Lülle, para preguntarme si podíamos aplicar el impuesto por segunda vez.

No me sorprendí porque para ese año de 2006 habíamos alcanzado resultados concretos en nuestra política de seguridad; pero debo reconocer que incluso en los días oscuros e inciertos de finales de 2002 nunca recibí una sola queja sobre el impuesto; una demostración más del espíritu patriótico y solidario de mis conciudadanos. El "impuesto de seguridad" recaudó cerca de 800 millones de dólares, suma que hizo posible muchos de los éxitos que alcanzamos.

14

Primero vi las imágenes en la televisión: caravanas de entre cien y doscientos carros que circulaban por las carreteras colombianas con todo el orgullo y la pompa de un desfile navideño. Algunos viajeros agitaban con alegría los brazos por fuera de las ventanillas y gritaban: "¡Colombia! ¡Colombia!". Otros ondeaban banderas colombianas y cantaban el himno nacional. Vimos a la gente salir de sus vehículos para tomarse fotos con los soldados que los escoltaban, los abrazaban con una amplia sonrisa mientras hacían signos de paz. Muchos paraban para almorzar a un lado de la carretera, llenos de felicidad y de incredulidad por lo que estaba sucediendo.

Era cierto: Colombia recuperaba el control de sus carreteras.

Durante esos primeros meses, visitamos un tramo de la carretera cerca de San Jacinto, un pueblo cercano a Cartagena con muchos problemas. Una mujer vino corriendo, me abrazó y exclamó:

—Presidente, ¡gracias por devolverme mi tienda!

Miré alrededor, pero no vi nada.

—¿Dónde está su tienda? —le pregunté, confundido.

—Es la carretera —contestó ella, sonriendo.

Me explicó que para ganarse la vida vendía hamacas y otros productos artesanales a un lado de la carretera, pero que debido a la violencia, por varios años el flujo de vehículos se había reducido al mínimo. "Fue una época de mucha pobreza", me dijo. Ahora otra vez pasaba mucha gente y ella había instalado de nuevo su "tienda".

Esta historia se repetía en todo el país y trajo alegría a muchas familias colombianas que otra vez pudieron disfrutar de nuestros paisajes y sitios turísticos sin temor. También reactivó las pequeñas economías locales: gasolineras, negocios de artesanías y pequeños restaurantes al lado de las carreteras, instalaciones hoteleras en el campo, entre otras.

Estábamos decididos a no permitir que este avance provisional nos obnubilara. La seguridad es como la escala de satisfacción de las necesidades básicas: después de un progreso no se quiere mirar hacia atrás, sino exigir el siguiente paso. Era posible que los grupos armados atacaran estos símbolos incipientes de esperanza en un intento de revertir nuestro progreso y demostrar su poderío. En los "puentes" —fines de semanas extendidos por un día festivo—, cuando el flujo de viajeros era mayor, permanecía muchas veces despierto hasta la madrugada: hablaba constantemente con nuestros comandantes militares y de la Policía para supervisar y coordinar la respuesta a probables amenazas en las carreteras. También recibía, a cualquier hora de la noche o del día, llamadas en mi teléfono celular —su número siempre fue público— de viajeros que me avisaban de la presencia de algún bloqueo de las FARC o de baches en las carreteras, congestiones en los peajes y hasta el daño de una llanta del carro. Sin importar la hora del día, o lo pequeña que fuera la denuncia, siempre que pude contesté el teléfono. Hacía, además, seguimiento a la denuncia: por ejemplo, llamaba al ministro de Transporte y le sugería que estudiara la posibilidad de vender los tiquetes de peaje por anticipado o abrir más casetas. Pero guardaba las proporciones; no recuerdo haber ido a cambiar llantas.

Recuperar el control de las carreteras fue como una liberación en masa de un secuestro colectivo. Y tuvo un efecto multiplicador que superó nuestras expectativas más optimistas. El programa de las caravanas se llamaba: *Vive Colombia, viaja por ella.* Los colombianos se contaban con orgullo unos a otros de sus viajes y se maravillaban de lo mucho que el país estaba cambiando. La economía comenzó a dar muestras de recuperación gracias a la reanudación del tráfico de camiones y del comercio entre las ciudades. Los soldados y policías colombianos que se habían sentido rechazados durante mucho tiempo por algunos sectores de la sociedad, comenzaron a sentirse más apreciados. Y todos empezamos a caminar un poco más erguidos, atreviéndonos a esperar que la suerte de nuestro país cambiara.

Se trataba de un "éxito inicial", tal y como lo habíamos esperado: frágil, fácilmente reversible, pero era algo que los ciudadanos podían ver con sus propios ojos y sentir en sus corazones. Esto, a su vez, abrió una puerta.

15

Tal vez el aspecto más importante de recuperar el control de nuestras carreteras fue que los ciudadanos se sintieron más cerca de Colombia y de su Estado. Después de tantos años de sentirse excluidos o separados del Gobierno, ahora los colombianos tenían un interés personal en nuestros asuntos en general y en nuestra seguridad en particular. Crear este tipo de conexión había sido un objetivo fundamental desde cuando fui gobernador: la seguridad tenía que ser un esfuerzo de toda la comunidad, y no solo un trabajo para los miembros de las fuerzas de seguridad. Por eso, cuando buscamos extender el alcance de la paz de otras formas innovadoras que no afectaran nuestro limitado presupuesto, siempre tuvimos presente esta lección.

Uno de estos programas de bajo costo —cuya hábil implementación se debió a la ministra de Defensa Ramírez y al alto mando militar— fue el llamado "Soldados de mi Pueblo". Consistía en reclutar personas en toda Colombia para que, en su ciudad o municipio de origen, sirvieran en el Ejército. Durante mucho tiempo, este tipo de servicio había tenido una mala imagen entre los estamentos militares debido a que algunos comandantes creían que los soldados no trabajarían tan duro —o podían ser atacados por los grupos armados— si estaban muy cerca de sus casas. Nosotros creíamos precisamente lo contrario: que los soldados podían proporcionarnos información valiosa a través de sus conexiones sociales y familiares, y hacer que los habitantes del pueblo tuvieran un vínculo emocional más profundo con nuestras Fuerzas Armadas. "Estos hombres no solo están cuidando al país", dijo un sargento del Ejército en Pacho (Cundinamarca), según fue citado por la prensa internacional. "También están cuidando a sus familias". El programa tuvo un éxito enorme: a mediados de 2005 había más de 27.000 Soldados de mi Pueblo en veintiocho de nuestros treinta y dos departamentos, encargados de garantizar la seguridad en muchas zonas que antes habían sido completamente inseguras.

Aun así, queríamos que participara un mayor número de civiles. Dimos paso, entonces, a otra iniciativa importante: "Lunes de Recompensa", un programa bastante explícito. Todos los lunes, en los municipios y ciudades pagábamos pequeñas recompensas en efectivo a los ciudadanos a cambio de información valiosa sobre los movimientos de los terroristas, delitos menores o cualquier otra información útil. Otros programas similares ofrecían recompensas y a veces una pequeña suma mensual, a quienes nos ayudaran con información que nos permitiera proteger los lugares o bienes —como oleoductos y torres de energía eléctrica— que solían atacar los terroristas. Al final de nuestra presidencia, más de cuatro millones de personas en todo el país —aproximadamente uno de cada diez colombianos— suministraban algún tipo de información al Estado. Y si bien por desgracia hubo casos en que los bandidos descubrieron y asesinaron a informantes, en general les brindamos una buena protección. Nos tomábamos muy en serio su seguridad: en cada ciudad o municipio había un alto funcionario encargado de garantizar la eficiencia del sistema de seguridad y de controlar el acceso a la lista de informantes para impedir que cayera en las manos equivocadas.

Este trabajo de inteligencia, apoyado en fuentes humanas, fue muy valioso y dio a nuestras Fuerzas Armadas una mayor perspectiva. En efecto, en los últimos tiempos algunos comandantes militares venían privilegiando la tecnología —de los dispositivos de escucha y otros similares— en detrimento de fuentes humanas efectivas y tradicionales (que, en última instancia, serían quienes nos llevarían hasta los secuestrados y nos permitirían desmantelar el liderazgo de los grupos armados, entre otros avances necesarios). Impulsamos la combinación de la inteligencia técnica con la información humana, distribuimos mejor el recurso humano existente y aumentamos la disponibilidad de soldados y policías. Un caso patético de mala asignación del recurso humano lo advertimos en Cartagena: algunos oficiales de la Marina se habían atrincherado en el corazón de la ciudad, mientras los paramilitares, el ELN y las FARC causaban estragos en las afueras. Solicitamos, entonces, que la Armada trasladara su puesto de mando a los municipios de El Carmen y San Jacinto. Los resultados no tardaron en llegar: San Jacinto era el mismo lugar donde la mujer tenía de nuevo su "tienda".

Aplicamos esta política en todas partes. Dije a los generales que quería verlos en traje de fatiga tanto como fuera posible; es decir, que los quería en la primera línea entre sus hombres y no en uniforme de gala en sus sedes. Eliminamos incluso la guardia de honor militar que, tradicionalmente, recibía al presidente cuando su avión aterrizaba en una ciudad colombiana. En uno de nuestros primeros viajes, mientras descendíamos del FAC-001 y veíamos la gran cantidad de soldados que nos esperaban con banderas, Lina me dijo:

—Si tenemos en cuenta la realidad del país, este despliegue resulta ridículo.

Estuve de acuerdo y dije al capitán Amaya y a Alicia Arango:

—Este gobierno va a viajar tanto por todo el país, que si ponen una guardia de honor en cada llegada y salida no quedará soldado o policía disponible.

Los soldados fueron enviados al campo.

Pasaba tanto tiempo como podía entre las tropas. Tal como lo había hecho como gobernador y como candidato a la presidencia, visité en cada día de Navidad y de fin de año a soldados y policías destacados en sitios de comunidades pobres. Compartíamos natilla y buñuelos, y los invitaba a brindar con los mejores deseos para el próximo año. Asistí a todas las ceremonias de promoción oficial, a las graduaciones de escuelas militares y a las inauguraciones de cuarteles. En muchas ocasiones pernoctamos en las instalaciones militares y policiales: en las madrugadas trotábamos con todo el personal y al lado de muchos de ellos nadábamos en nuestros mares y ríos. Cada río, cada pedazo de mar de Colombia, es un espectáculo. Abandonar sus aguas, después de un buen baño, es renunciar a un inmenso placer de la naturaleza. El día que los lectores conozcan el río Vaupés, que crucé a nado, o el Guatapurí, recordarán este libro. Siempre me ha impresionado la integración de Abraham Lincoln con el ejército que preservaba la unidad norteamericana, su comunicación permanente con los generales y soldados y sus estadías con ellos en las tiendas de campaña. El corazón nos jalaba para acudir a los hospitales a visitar a los heridos.

El mandato legal del Estado democrático colombiano se extendió tanto a una calle como al dosel de alguna selva. Ocupamos áreas como la Comuna 13, un suburbio de Medellín que durante mucho tiempo había estado controlado por las FARC, el ELN, los paramilitares y otros narcotraficantes. Pero el primer año de nuestra presidencia fue como una pelea de boxeo: lanzábamos dos golpes, y los *narcoterroristas* respondían con otro. Era claro que si queríamos seguir avanzando, necesitaríamos más ayuda material.

16

Fueron muchos los países que ofrecieron sus condolencias a Colombia en los años trágicos de nuestra violencia. Pero solo un país dio un paso adelante para ofrecernos una ayuda militar real y tangible que nos ayudara a resolver nuestros problemas. El pueblo colombiano siempre le estará agradecido a los Estados Unidos, y a sus presidentes Bill Clinton, George W. Bush y Barack Obama, por suministrarnos muchos de los recursos necesarios para derrotar el terrorismo y extender el alcance del Estado democrático. Hice muchos amigos y aliados en Washington durante nuestra presidencia y tuve buenas relaciones con republicanos y demócratas por igual. Por lo tanto no es fácil olvidar, después de tantos años, como empezó todo: con malos auspicios, por decir lo menos. De hecho, mi primer viaje a la capital de Estados Unidos, después de mi elección, fue como acercarse a una sierra circular.

Llegué a Washington como presidente electo, y con muy pocas conexiones en las altas esferas del poder, en junio de 2002. Me sentía un tanto atípico. Aunque me esmero en la gramática y el vocabulario del inglés y lo edito a medida que lo expreso, mi pronunciación tiene el acento fuerte de mi tierra antioqueña. Mantengo a la mano diccionarios de inglés y español. Preparo con juicio las exposiciones académicas y políticas en inglés, pero en los cócteles me siento embotado. Los únicos grandes amigos que tenía en Estados Unidos eran Luis Alberto Moreno —el talentoso y dedicado embajador de Colombia en Washington—, el profesor Fisher de Harvard, Sandra Ceballos, Francisco Sánchez y pocas personas más. Era para sentirme extraño en Washington.

En los meses previos a mi elección, un flujo constante de colombianos fue a las oficinas del Congreso y del Departamento de Estado a propagar las habituales acusaciones sin fundamento acerca de mí: que apoyaba a los paramilitares, que no me importaban los derechos humanos y otras del mismo talante. Muchas de estas mentiras se repitieron en varios lugares. Así, por ejemplo, la primera vez que apareció mi nombre en el *Washington Post* fue en diciembre de 2000 cuando un artículo señaló, sin más explicaciones, que "los medios de comunicación colombianos han vinculado a Uribe con los paramilitares". Eso fue todo. No hubo una información independiente, atribuciones específicas, ningún intento de buscar una reacción de mi parte; solo un ataque a mi buen nombre basado en fuentes vagas, y repetido como si fuera un hecho comprobado. Tres meses después, fui de nuevo mencionado en ese periódico: "Uribe, quien es visto como el candidato presidencial más favorecido por los grupos paramilitares y quienes los apoyan".

Ese día de junio de 2002, al llegar a Washington como presidente electo de Colombia, coincidió con la publicación, por parte del Gobierno estadounidense, del pedido en extradición de cabecillas paramilitares colombianos. Los funcionarios de la embajada no pronunciaban palabra, pero el susto se veía en sus rostros. Para responder al asedio de periodistas que me preguntaban si los iba a extraditar, mi única respuesta fue "Colombia es un país de leyes".

Dos años antes se había puesto en marcha el Plan Colombia por parte de los presidentes Clinton y Pastrana. En Estados Unidos tuvo apoyos definitivos, que siempre agradeceremos, como el del presidente de la Cámara Denny Hastert. Era el reconocimiento a la corresponsabilidad que deben asumir los países industrializados generadores de alta demanda de narcóticos. No obstante mis diferencias con el plan de paz del presidente Pastrana, no vacilé en apoyar el Plan Colombia. Recuerdo que antes de mi elección viajé a Ecuador y encontré allí encendidas protestas contra este programa: me parecía ver a las FARC provocando desplazamientos de colombianos al territorio hermano so pretexto de las fumigaciones, todo para desestabilizar el Plan Colombia. Y no ahorré esfuerzos para explicar a los medios de comunicación ecuatorianos las bondades.

Pensé que la eficacia del Plan necesitaba un giro en la política de seguridad de Colombia. Estados Unidos, con el presidente Bush a la cabeza, aceptaron que combatir al narcotráfico sin enfrentar a carteles como la FARC, los paramilitares y el ELN era inútil. Nos ayudaron con inteligencia y logística, pero nunca hubo tropas norteamericanas que operaran en combates en Colombia, todo el esfuerzo recaía en nuestros soldados y policías.

La primera visita a Washington fue de construcción de confianza: dije exactamente lo mismo que le había dicho a mis compatriotas colombianos durante la campaña que me condujo a la victoria. Como aún no había asumido la presidencia, este viaje no contemplaba una reunión con el presidente Bush, pero sí con varios miembros de su gabinete, entre ellos el secretario de Defensa Donald Rumsfeld, el secretario de Estado Colin Powell y Condoleezza Rice, asesora de Seguridad Nacional. Estaba en la oficina de Rice, en la Casa Blanca, cuando el presidente Bush decidió visitarnos.

Me estrechó la mano y sonrió amablemente. Intercambiamos bromas por un momento, pero ninguno de los dos era dado a las conversaciones triviales. Entonces, fiel a su estilo, el presidente Bush me miró y fue directo al grano:

—Señor Presidente, ¿cómo piensa hacerle frente a las FARC?

—¿Cuál es su recomendación? —le respondí.

Por un momento, el presidente Bush pareció sorprenderse. Tal vez pensó que intentaba esquivar su pregunta. No era así: solo estaba ansioso por escuchar sus puntos de vista. Había pasado menos de un año desde los ataques del 11 de septiembre de 2001 y admiraba al presidente Bush como líder y por la forma como había llevado a cabo sus políticas. En ese momento de la historia, quizás nadie en el mundo entendía la lucha contra el terrorismo tan bien como él.

La sorpresa, si la hubo, duró solo unos segundos, al cabo de los cuales el presidente Bush explicó que después del 11 de septiembre el mundo había cambiado y que el terrorismo era la principal amenaza a la seguridad de todos los países. Agregó que los anteriores gobiernos colombianos habían llevado a cabo una política de apaciguamiento hacia los grupos armados mediante la concesión de territorio a las FARC y otras medidas, lo que favoreció su crecimiento. Para concluir dijo que creía que esa postura debía cambiar.

—Señor Presidente —dije entonces—, eso es exactamente lo que vamos a hacer.

Y a continuación le hablé de los principios de la Seguridad Democrática y de cómo íbamos a enfrentar a los terroristas en nuestro país.

En aquella primera conversación se pusieron las bases para lo que en adelante fue una relación productiva y de confianza con el presidente Bush. Fueron muchas las reuniones con él, en la Casa Blanca, en foros regionales, mientras recorríamos su rancho en Texas a bordo de su camioneta e, incluso, en las dos oportunidades en que visitó a Colombia.

Casi al final de una de las primeras conversaciones, mientras le explicaba nuestras intenciones, me pareció que el presidente Bush se sentía un poco incómodo. Como si algún pensamiento lo inquietara sin atreverse a expresarlo. Solo más tarde supe lo que pensaba.

Al salir de la reunión, el presidente Bush llamó a su embajadora en Bogotá, Anne Patterson, una gran amiga de Colombia.

—Tenemos que ayudar a Colombia —le dijo—. Pero para hacerlo, tenemos que ocuparnos de otra misión: ayudar a mantener con vida a Uribe.

17

—¡Señor Presidente, tenga cuidado! Hay un criminal muy poderoso en Caucasia, tanto como Pablo Escobar. Su alias es "Macaco", y está diciendo a la gente que lo va a matar porque usted está pisando muy duro, porque está causando demasiados problemas.

Estaba en mi despacho con algunos colaboradores, mientras una fuente nos proporcionaba esta información a través del altavoz del teléfono. Colgué, fruncí el ceño, me dirigí a Luis Carlos Restrepo, nuestro Alto Comisionado para la Paz, y le pregunté:

—¿Quién es este "Macaco"?

Cuando asumí la presidencia, nadie sabía el verdadero alcance que tenían los tentáculos de la delincuencia en nuestro país. Vastas zonas de Colombia estaban bajo el dominio total de los narcoterroristas. Por eso, a medida que ampliábamos el alcance del Estado y nos trasladábamos a zonas del país que el Gobierno no controlaba desde hacía varias décadas —si alguna vez lo había hecho— me sorprendió la magnitud de los paramilitares. En 2002, su número estimado oscilaba entre 10.000 y 14.000. Eran muchos más: en su primera conversación con el comisionado Restrepo, el cabecilla paramilitar Carlos Castaño afirmó que solamente él tenía 14.000 bajo su control.

En varias partes del país, los paramilitares controlaban, o habían penetrado, segmentos de nuestras instituciones —tribunales, gobiernos locales— e infiltrado algunos individuos en nuestras fuerzas de seguridad. Seguían el camino de la izquierda armada, que también trataba de infiltrarse en el Estado como parte de su doctrina de la "combinación de formas de lucha". Salvatore Mancuso, otro cabecilla paramilitar, llegó a afirmar que el 30 por ciento del Congreso de Colombia tenía algún tipo de vínculo con los paramilitares. Esta declaración conmocionó a nuestra sociedad y los vínculos entre políticos y cabecillas paramilitares se conocieron como el escándalo de la "parapolítica". Aunque los colombianos sabían quiénes eran algunos de estos líderes paramilitares —como Mancuso y Carlos Castaño—, pronto surgieron nuevos nombres: Rodrigo Tovar Pupo, alias "Jorge 40", Julián

Bolívar y Carlos Mario Jiménez, alias "Macaco". A estos últimos los oí mencionar por primera vez al llegar a la presidencia.

Una de las organizaciones que los paramilitares lograron penetrar antes de nuestro periodo presidencial fue el Departamento Administrativo de Seguridad (DAS), la agencia de inteligencia del Estado. Conocedor de los graves problemas que enfrentaba esta institución y de la mala reputación que le acarreaban —a pesar de los esfuerzos por solucionarlos de muy buenos agentes—, había pensado que debía cerrarse y comenzar de cero una nueva agencia de inteligencia. Ni dentro ni fuera del Gobierno tuve apoyo para cerrarla, sino solo para reformarla. Las reformas fueron insuficientes. En retrospectiva, pienso que me equivoqué al no seguir mi primer instinto. A todo lo largo de nuestro gobierno se acusó al DAS de acciones ilegales o incorrectas. Por eso, hacia el final de mi periodo presidencial decidimos presentar la legislación que permitía cerrarlo. Fue aprobada poco después de dejar el cargo.

No solamente yo, también las Fuerzas Armadas, los analistas, la ciudadanía, ignorábamos el tamaño de las organizaciones terroristas y la magnitud de su penetración en nuestra democracia. En una tercera parte de Colombia avanzaba el control paramilitar, en otra el guerrillero, y la restante estaba en riesgo. A pesar del ataque del día de la posesión, las autoridades de Bogotá negaban la existencia en la ciudad de estos grupos, que como las milicias de la FARC y dos organizaciones paramilitares hacían enorme daño en la ciudad.

Perseguimos a los jefes paramilitares con el mismo vigor con el que perseguimos a los principales cabecillas de las FARC y el ELN. Lo decía con mucha claridad en cada discurso, en cada entrevista y en cada conversación privada: nuestro gobierno no haría distinciones entre los grupos criminales, todos estaban por igual sujetos a ser arrestados y enjuiciados, y sus actividades no serían toleradas. El Estado colombiano tenía que recuperar el control del país. Por otra parte, jamás consideramos la posibilidad de coordinar con los paramilitares operaciones contra las FARC u otro grupo armado ilegal, y esto por una razón: no estábamos dispuestos a causar los enormes daños que sufrirían nuestras instituciones democráticas a cambio de un rápido —y muy dudoso— progreso militar. Todos los grupos criminales son igualmente corrosivos para el Estado de Derecho.

Por eso, cuando me enteré de la existencia de Macaco, di la orden de perseguirlo y llevarlo ante la justicia tan pronto como fuera posible. En privado, solicité a un pequeño círculo de funcionarios de seguridad que intentaran conseguir una orden de arresto. Pocos días después, los abogados de Macaco fueron a la oficina de Restrepo y le preguntaron:

—¿Por qué el presidente ha ordenado la captura de Macaco si él está dispuesto a negociar?

Fue una de las primeras ocasiones en que me di cuenta hasta dónde los grupos ilegales habían penetrado algunos segmentos de nuestras instituciones. Poco después, cuando confiscábamos los bienes obtenidos de forma ilegal a través del narcotráfico, supimos que la hacienda opulenta que Macaco tenía en Caucasia estaba muy cerca de una instalación militar. La ley nos llamaba a confiscar su hacienda, y así lo hicimos. No fue sino hasta nuestro gobierno que, gracias a una política indiscriminada y unánime de recuperar el monopolio exclusivo del poder, los Macacos de Colombia comenzaron a sentir una presión intensa y sostenida.

Eran muchos, y esto constituía un dilema. Además de los paramilitares, las FARC tenían aproximadamente 18.000 integrantes, el ELN 6.000, y ambos varios miles de milicias urbanas. Estábamos decididos a acorralar a todos estos criminales y especialmente a sus cabecillas. Al mismo tiempo sabíamos que una clásica "victoria militar" sobre un número tan grande, difuso y poderoso de delincuentes no era posible, incluso si triplicábamos o cuadruplicábamos el tamaño de nuestras Fuerzas Armadas (algo que no podíamos hacer). Decidimos, entonces, que nuestra mejor opción era seguir una estrategia en varios frentes: desplegaríamos nuestras tropas para recuperar el territorio en nombre de la democracia colombiana, y buscaríamos el modo de convencer a tantos militantes rasos como pudiéramos para que depusieran las armas. Dicho de otra manera: perseguiríamos a los grupos armados ilegales y a sus cabecillas con toda nuestra determinación, pero seríamos generosos con quienes estuvieran dispuestos a reincorporarse a la sociedad civil.

Nuestra oferta se extendía a *todos* los grupos armados ilegales: ofrecíamos un camino hacia la paz siempre y cuando abandonaran sus actividades criminales. Las FARC rechazaron la oferta de inmediato. El ELN, por su parte, mantuvo una serie de negociaciones —iniciadas con el gobierno anterior— que se realizaban en Cuba.

Sin embargo, las políticas de nuestro gobierno en materia de seguridad mostraron señales de progreso desde los primeros meses de mi mandato y las cosas empezaron a cambiar. Los criminales se dieron cuenta de que íbamos en serio y que las condiciones habían cambiado radicalmente: los perseguiríamos a todos sin importar su ideología o afiliación. Comprendieron, entonces, que sus únicas opciones eran pasar el resto de su vida huyendo y enfrentados constantemente a la posibilidad inminente de ser arrestados o dados de baja, o hablar con nosotros y, posiblemente, negociar alguna vía intermedia. A medida que la realidad de esa elección se hacía más evidente, algunos grupos —de paramilitares y, también, importantes elementos de las guerrillas— empezaron a optar por la desmovilización.

Era obvio que habíamos llamado su atención. Pero encontrar una solución que convenciera a estos delincuentes de renunciar voluntariamente a las armas y a sus ganancias provenientes del tráfico de drogas —que en muchos casos ascendían a varios millones de dólares al año— representaba un desafío considerable. Años atrás, los acuerdos de este tipo, en Colombia y en otros países, habían concedido amnistías e indultos a quienes se comprometieron a desmovilizarse. Pero el mundo había cambiado y, en la mayoría de los casos, esto ya no era posible: estaba prohibido explícitamente por la Constitución Política de Colombia y la legislación complementaria, así como por los tratados internacionales (sobre todo en relación con delitos atroces y de lesa humanidad). Tendríamos que estudiar otras soluciones.

¿Cómo equilibrar las necesidades de la justicia y la paz en un país como el nuestro? Medité profundamente sobre este asunto, pasé noches enteras discutiéndolo con Restrepo y con los miembros del Congreso colombiano, quienes tendrían que aprobar cualquier acuerdo. Recurrí a la experiencia personal y consulté muchos libros de historia.

Al final, decidimos implementar varias estrategias. Durante mi estadía en Oxford, en abril de 1998, había observado con gran interés la firma del Acuerdo del Viernes Santo, un paso histórico en el largo proceso de paz de Irlanda del Norte. Según este acuerdo, a los responsables de delitos graves se les concedía una especie de libertad condicional, pero no el indulto. La distinción, solo en apariencia técnica, es muy importante: significaba que los delincuentes recuperarían su libertad, pero seguirían sufriendo las consecuencias de la pena, tanto a los ojos de la sociedad como en los asuntos prácticos. Para el caso de Colombia, esta estrategia de conciliación significaba que la persona nunca podría ocupar cargos de elección popular y que si alguna vez cometía otro delito, sería detenida de nuevo y acusada de delitos aún más graves.

Para los cabecillas —para los Macacos de Colombia— de los grupos ilegales las condiciones eran más onerosas. Tenían que confesar sus crímenes, desmantelar sus organizaciones y entregar sus fortunas personales para indemnizar a sus víctimas. También tendrían que cooperar plenamente con las investigaciones estatales. Si cumplían todas estas condiciones, la pena en prisión sería menor a la que tendrían sin este acuerdo. En caso contrario, se enfrentarían a penas más severas y, posiblemente, al castigo que más les asustaba: la extradición a Estados Unidos.

Para algunos estos términos eran demasiado indulgentes, dado el alcance de las masacres cometidas por los narcoterroristas en los últimos años. Puse todo mi corazón en el debate y pasé muchas noches en vela sopesando los diversos argumentos. En última instancia, sabía que mi mayor responsabilidad era la de poner a Colombia en una ruta de acceso a la seguridad y a la paz sostenibles. Para eso había llegado a la presidencia.

En 2005, el Congreso aprobó la legislación que codificaba los términos para la desmovilización, conocida como la Ley de Justicia y Paz. Colombia había tenido muchas leyes de paz, pero esta era la primera que exigía justicia, impedía la impunidad y se ocupaba de la protección y reparación de las víctimas que antes no reclamaban por temor o porque lo encontraban inútil. Un gran número de colombianos la aprovecharon y las ceremonias de desmovilización de cientos o miles de personas fueron actos relativamente comunes. En 2006, al final de nuestro primer mandato, más de 43.000 miembros de diversos grupos armados ilegales se habían desmovilizado.

Entre tanto, los cabecillas iniciaron su largo proceso de entrega. Para poder participar con éxito en nuestra oferta, tendrían que cooperar plenamente con nuestras investigaciones y poner fin a todas sus actividades criminales. La tentación de regresar a sus vidas de opulencia e impunidad —a la fastuosidad de sus haciendas en las afueras de los cuarteles militares— siempre estaba presente. Y, para algunos de ellos, la tentación sería demasiado difícil de soportar.

18

Hacia finales del primer año de nuestro gobierno tuvimos señales tangibles de progreso: los secuestros se redujeron en un tercio y en todo el país los asesinatos disminuyeron en un 21 por ciento. Los mayores avances se dieron en las zonas controladas totalmente por nuestras tropas; es el caso, por ejemplo, del área metropolitana de Medellín. Habíamos incrementado las fuerzas de seguridad en más de 25.000 efectivos y realizado importantes operaciones militares contra los grupos armados en zonas como Cundinamarca, el área metropolitana de Cartagena y en las montañas que rodean a Bogotá. A medida que la seguridad mejoraba, la inversión regresaba a Colombia y nuestra economía mostraba nuevas señales de vida: durante el primer trimestre de 2003, el PIB tuvo un crecimiento del 3,8 por ciento. Por otra parte, nuestro gobierno tenía una tasa de aprobación por encima del 70 por ciento: testimonio de la confianza que los colombianos sentían hacia nuestras políticas.

"Los programas de Uribe les han dado por primera vez un rayo de esperanza a los cuarenta y dos millones de habitantes de este país", informó el *New York Times* poco después de mi primer aniversario como presidente. Las encuestas mostraron que el 60 por ciento de los colombianos creía que había cumplido mis promesas de campaña. Otros señalaron, correctamente, que apenas habíamos empezado a resolver nuestros problemas. "Lo mejor que ha hecho el presidente es recordarnos que sí podemos salvar el Titanic con el trabajo en equipo y con mucho sacrificio", decía un editorial de *El Tiempo*. "Son días de arado intensivo, de siembra difícil, de cosechas pacientes y de podas dolorosas".

A pesar de todos nuestros progresos y de la voluntad política que nos animaba, la capacidad de los grupos armados para sembrar el terror seguía siendo formidable. Las FARC rechazaron nuestra oferta de conversaciones y continuaron masacrando soldados y personas inocentes con la misma dosis de crueldad. En total, más de 11.000 personas fueron asesinadas en Colombia en el primer semestre de 2003, entre ellos Guillermo Gaviria Correa, Gilberto Echeverri Mejía y los nueve soldados cerca de Urrao. El flagelo del secuestro todavía era terrible: el número de secuestrados pasaba de mil en ese mismo semestre. Un estudio publicado por el *World Markets Research Center*, a mediados de 2003, señalaba a Colombia como el país con mayores probabilidades de sufrir un ataque terrorista en todo el mundo. No; no habíamos logrado la Colombia que todos soñábamos. Ni siquiera estábamos cerca.

Sabíamos que muchos de los peores ataques de las FARC eran coordinados directamente por un comité de siete personas, el llamado "secretariado". Pero a pesar de las intensas labores de nuestras Fuerzas Armadas y de nuestra red de informantes, teníamos pocas pistas valiosas sobre el paradero de hombres como Manuel Marulanda o Raúl Reyes, quienes seguían ordenando ataques con impunidad y con un desprecio cada vez mayor por la vida civil.

Un viernes por la noche, en febrero de 2003, estaba reunido con los altos miembros militares. De pronto nos llegó la noticia: El Nogal, un club social muy conocido en el norte de Bogotá, había sido objeto de un ataque. Acudí de inmediato al lugar de los hechos con la ministra de Defensa Ramírez y con varios comandantes de las fuerzas de seguridad. Lo que vimos superó nuestras peores expectativas.

Las FARC habían puesto un carro bomba a las ocho y cuarto de la noche, cuando sabían que El Nogal estaría más concurrido. En el momento de la explosión, se celebraban un matrimonio, una clase de ballet y una fiesta infantil. La carga explosiva —una mezcla de nitrato de amonio, aceite combustible y TNT— pesaba más de 350 libras. La explosión fue tan ensordecedora que algunas personas del barrio pensaron que se había estrellado un avión. Los escombros quedaron esparcidos por la calle y cayeron sobre los techos de los vehículos que pasaban. Se encontraron pedazos del carro bomba a cinco cuadras de distancia. Los bomberos tardaron dos horas en controlar el incendio. Parecía como si la fachada del edificio se hubiera derretido, y algunos medios extranjeros compararon este ataque con el bombardeo del edificio federal de Estados Unidos en Oklahoma City, ocurrido una década atrás. El saldo final fue de treinta y seis muertos, entre ellos seis niños, y más de ciento sesenta heridos. Algunos medios de comunicación lo calificaron como el peor ataque a una ciudad colombiana desde la época de Pablo Escobar.

El sentido simbólico de este atentado no podía ser más claro. El Nogal era un lugar de reunión favorito de varios ministros y colaboradores de nuestro gobierno y de la comunidad empresarial de Bogotá. "El mensaje para el señor Uribe", escribió el *Wall Street Journal* al día siguiente, "es que si la guerrilla no puede circular libremente por la zona rural de Colombia ni aterrorizar a los campesinos, ellos van a atacar a los dirigentes del país". El presidente Bush emitió una declaración en la que calificaba el ataque como un "acto de barbarie del terrorismo". Los países centroamericanos se reunieron en Panamá, denunciaron el ataque y consideraron a las FARC como un grupo terrorista. Kofi Annan, el Secretario General de la ONU también condenó "este atentado cruel".

Lo primero que vimos al llegar esa noche al lugar de los hechos fue la acera ensangrentada y a las familias llorando, abrazadas en medio del dolor. Hablamos con ellas para ofrecerles nuestra solidaridad y condolencias. Mientras los rescatistas excavaban entre los escombros, algunos periodistas y otras personas nos instaron a renunciar a nuestras políticas, con el argumento que las acciones terroristas eran demasiado crueles para soportarlas.

Poco después de medianoche pronuncié un discurso televisado desde la escena del atentado: en él reconocía nuestro dolor y sufrimiento, pero insté una vez más al país a no darse por vencido en su lucha contra el terrorismo. "Yo sé que los violentos están haciendo todo lo posible para doblegar la voluntad del pueblo colombiano", dije. "A pesar de todo el dolor que sentimos, pido a todos nuestros compatriotas que no cedan ante el terrorismo y que lleguemos a una decisión: derrotar a los violentos y capturarlos a todos".

Al día siguiente miles de manifestantes en toda la ciudad salieron a las calles. La consigna era: "Bogotá llora, pero no se rinde". La frase fue pronunciada por nuestro ministro del Interior, Fernando Londoño, y repetida por muchos otros colombianos —entre ellos yo— tras el carro bomba terrorista contra El Nogal. Lina participó en la marcha, acompañada por el vicepresidente Santos. La manifestación fue una clara señal de que el pueblo colombiano no sería disuadido en su búsqueda de la seguridad. No, Bogotá no se rindió, Colombia tampoco.

Hice otra petición esa noche del atentado de El Nogal que recibió menos atención de los medios, pero era igual de importante. Pedí enfáticamente que "el mundo democrático nos ayudara a derrotar el terrorismo". Dije que había países "que reciben el dinero de los terroristas... que toleran las drogas y el lavado de activos... que reconocen a los terroristas como interlocutores legítimos y los animan a cometer crímenes atroces contra el pueblo de Colombia".

Concluí el discurso con un claro llamamiento a la acción: "Por favor", dije, "no más tolerancia ni complicidad".

Lograr esta petición sería difícil y polémico. Pero estábamos hartos de tragedias. No podíamos ignorar más la realidad. Era el momento de actuar y de hacerlo con valentía.

QUINTA PARTE

Responsabilidad

"Todo lo que el hombre hace como mero individuo, frente a la sociedad, por conservarse aunque sea a costa de ella, es malo, y es bueno cuanto hace como persona social, por la sociedad en que él se incluye, por perpetuarse en ella y perpetuarla".

MIGUEL DE UNAMUNO, *DEL SENTIMIENTO TRÁGICO DE LA VIDA*

1

Una noche, luego de una reunión cerca de Medellín, invité a los asistentes a una caballeriza cercana para ver algunos caballos. Recuerdo que había un semental que me llamó la atención pues tenía la elegancia y el paso suave requerido en los caballos colombianos de exhibición. Me sentí inspirado. Me volví hacia el grupo y dije:

—Voy a montar a caballo alrededor de la pista mientras sostengo una taza de café, ¡y no voy a derramar ni una gota!

El presidente Hugo Chávez de Venezuela sonrió.

—¿Realmente puedes hacer eso, Uribe?

—Apostemos unos cuantos barriles de petróleo y veamos —le dije con una sonrisa.

El presidente Chávez rio con ganas y aceptó mi propuesta. Los asistentes murmuraron.

Llamamos al jinete y nos trajo el caballo. Mientras me montaba, pedí a mis escoltas que me trajeran una taza de café. Estaba llena hasta el borde.

—Muchachos, ¿cómo pueden hacerme esto? —dije en voz baja, sonriendo—. ¡Ni que fueran de la oposición!

Bebí un pequeño sorbo para darme apenas un pequeño margen de error y comencé a montar a caballo alrededor de la pista. Después de dos vueltas, terminé sin haber derramado ni una gota, tal como había anunciado.

Con una amplia sonrisa, el presidente Chávez aplaudió.

—¡Uribe! —gritó—. ¡Tú... eres como un centauro!

Nos reímos mucho. Todavía me debe los barriles de petróleo.

Durante los ocho años de mi mandato presidencial, las relaciones con el presidente Chávez fueron casi siempre cordiales, espontáneas y cálidas. Incluso en las ocasiones en que no estábamos de acuerdo. Siempre pensé que nuestras disputas no eran de naturaleza personal: ambos éramos presidentes e interactuábamos entre Estados. Y jamás perdí de vista que, en muchos sentidos, nuestros países eran como una familia. Si surgía algún problema con el Gobierno venezolano, siempre hacía un gran esfuerzo para destacar los lazos de hermandad entre nuestras dos naciones, que nunca debían ponerse en peligro.

Traté también de ayudar al presidente Chávez y al pueblo venezolano en muchas ocasiones. En mi primer mandato, nos reunimos en ocho ocasiones. En algunos casos, cuando el presidente Chávez intensificaba sus críticas a Washington —hasta niveles casi insostenibles—, me pedía que hablara en su nombre con el presidente Bush para ayudar a calmar las tensiones, y así lo hice. Durante la crisis económica venezolana de 2003, ayudamos a nuestros vecinos con alimentos, productos manufacturados y, por increíble que parezca, con gasolina colombiana tras la escasez de combustible en Venezuela ocasionada por las huelgas masivas. Del mismo modo, cuando en los años 2007 y 2008 estalló la crisis alimentaria mundial, algunos empresarios colombianos me pidieron detener o al menos reducir las exportaciones de alimentos a Venezuela, pues estaban preocupados por la posibilidad de una fuerte inflación en ese país. Me negué a hacerlo. Lo manifesté públicamente y dije al presidente Chávez: si a Colombia le sobra un litro de leche, lo compartiremos con Venezuela. Siempre he pensado que el comercio internacional no puede ser únicamente un intercambio utilitario: tiene que existir también un elemento de solidaridad y de fraternidad.

Pero mi mayor responsabilidad como presidente era lograr la seguridad, la prosperidad y el imperio de la ley para el pueblo colombiano, y queríamos la plena cooperación de nuestros vecinos para alcanzar estos objetivos. Como mínimo, necesitábamos que se abstuvieran de dar refugio a los terroristas y demás criminales responsables de muchos de los ataques más sangrientos perpetrados en territorio colombiano. Me preocupaba que todas nuestras iniciativas de seguridad fueran en vano si los narcoterroristas podían cruzar la frontera y encontrar un refugio seguro en Venezuela, desde donde seguirían planeando y realizando ataques contra Colombia con total impunidad.

Al asumir la presidencia recordé la declaración de "neutralidad" entre Colombia y las FARC que, en 1998, hizo el presidente Chávez en Oxford. Me preocupaban, también, algunas señales que indicaban que su retórica tenía consecuencias reales: en febrero de 2002 —seis meses antes de mi toma de posesión—, el jefe de la fuerza de contrainsurgencia del presidente Chávez renunció después de declarar que "el Gobierno venezolano protegía a la guerrilla colombiana"; en ese mismo año, desde el lado venezolano del río Arauca nuestras fuerzas de seguridad destacadas cerca de la frontera fueron atacadas con veinte morteros de fabricación casera —cilindros de gas rellenos de tornillos, clavos, cristales rotos y excrementos humanos—. Pero no era el primer ataque ni sería el último: con frecuencia los terroristas de las FARC y el ELN utilizaban el territorio del país vecino para malograr la persecución de nuestras tropas. En marzo de 2003, apenas seis semanas después del atentado a El Nogal, los terroristas entraron desde Venezuela, detonaron un carro bomba en un concurrido centro comercial en la ciudad fronteriza de Cúcuta y huyeron cruzando de nuevo la frontera. Siete personas murieron y varias docenas quedaron heridas.

En aquellos años, cuando le preguntaban al presidente Chávez sobre los terroristas colombianos que operaban en Venezuela, siempre respondía que su gobierno tomaba las medidas apropiadas al enterarse de su presencia, y que, por otra parte, Venezuela no podía controlar cada rincón de sus 2.200 kilómetros de frontera con Colombia. En ocasiones también nos culpaba por no hacer más para evitar que la violencia se propagara a su país. Después del atentado terrorista en Cúcuta, señalé que el ELN y las FARC habían "engañado al pueblo y al gobierno de Venezuela", tras "esconderse al otro lado de la frontera y... disfrazarse como buenos ciudadanos".

Albergábamos dudas. Varios informes de inteligencia indicaban la existencia de campos de entrenamiento de terroristas en lugares relativamente abiertos en territorio venezolano. Varios miembros de las FARC desmovilizados, o capturados, nos dijeron que habían recibido entrenamiento en explosivos y tácticas militares por parte de soldados del país vecino. Con mucha diplomacia, abordé estos asuntos en mis primeras reuniones con el presidente Chávez, lo invité a poner fin a su "neutralidad" y apoyar de forma explícita al nuevo gobierno democráticamente elegido de Colombia.

En una de mis primeras visitas como presidente en ejercicio a Venezuela, me esperaba el presidente Chávez en el aeropuerto para la recepción protocolaria. Luego de los saludos de rigor, le dije:

—Presidente, por favor acepte mi poncho como un regalo. ¡Es mucho mejor que una toalla de Marulanda!

Me refería, por supuesto, al cabecilla de las FARC y a su conocida toalla roja que siempre llevaba colgada al hombro. El presidente Chávez se rio: los dos sabíamos que el regalo tenía un significado profundo.

En noviembre de 2004, durante una rueda de prensa tras concluir una reunión, los periodistas le preguntaron directamente al presidente Chávez si él o algún miembro de su gobierno apoyaba a las FARC. Su respuesta fue inequívoca:

—¡Es una gran mentira! —exclamó—. Nosotros no apoyamos a las FARC.

Un mes más tarde recibimos información de inteligencia segura sobre el paradero de uno de los más altos dirigentes de las FARC: Ricardo González, alias "Rodrigo Granda". Vivía en una casa confortable de dos pisos y piscina en un sector elegante a dos horas aproximadas al suroriente de Caracas. El *New York Times* señaló que varios generales del Ejército venezolano también vivían en el sector.

2

Granda era una figura poco común dentro de las FARC. No solía vestirse con ropa de combate y no era conocido por participar en operaciones militares. Se proclamaba a sí mismo como el "ministro de Relaciones Exteriores" de ese grupo, y viajaba por el mundo vestido de civil. Según los informes, desde 1994 Granda había viajado a por lo menos dieciséis países, entre ellos la Libia de Muamar Gadafi, en busca de apoyo financiero y material para las FARC. Era el rostro, en apariencia civilizado, del grupo en el extranjero: un papel clave de la organización terrorista para engañar y buscar apoyo político.

Pero no se trataba de ningún "diplomático": era un criminal de carne y hueso. Según la Policía colombiana, Granda había ayudado a orquestar varios secuestros en los últimos años y era un enlace clave en el comercio de narcóticos de las FARC. Había concertado reuniones entre ese grupo y otras organizaciones criminales, como el cartel de Tijuana en México. Estaba profundamente involucrado en el contrabando de armas, y había participado en un negocio histórico realizado en 1999, en el que las FARC adquirieron 10.000 fusiles de asalto a través del Perú. También participaba en los esfuerzos para exportar el terror de las FARC a otros países. Las autoridades paraguayas acusaron a Granda de prestar la asesoría y el apoyo logístico que condujo al secuestro y posterior asesinato de Cecilia Cubas, hija de un ex presidente de ese país, en 2004. En otras palabras, Granda era una figura fundamental en el suministro de armas y en la financiación de uno de los grupos terroristas más conocidos del mundo. Llevábamos varios años buscándolo.

La inteligencia colombiana supo que Granda estaría en Caracas para asistir a dos reuniones de conocidas organizaciones de izquierda, que se llevarían a cabo en diciembre de 2004: el Primer Encuentro Mundial de Intelectuales y Artistas en Defensa de la Humanidad y el Segundo Congreso de los Pueblos Bolivarianos —una convención auspiciada por el gobierno del presidente Chávez—. Para nosotros, una información concreta de esta naturaleza tenía muy pocos precedentes: rara vez sabíamos con antelación dónde iban a estar los altos dirigentes de las FARC. Y hasta ese momento, ningún cabecilla principal de esa organización había sido capturado.

Las opciones que teníamos no eran fáciles. Después de dos años en la presidencia, sabíamos que informar al Ejército o a la Policía de Venezuela a través de los canales tradicionales era un riesgo, pues incluso si el presidente Chávez no estaba enterado sobre el refugio a las FARC en su país —como nos lo aseguró—, teníamos información confiable que algunos elementos de sus fuerzas de seguridad sí estaban al tanto; por ello, Granda podía ser alertado y volvería a desaparecer en la clandestinidad. Por otra parte, desde hacía más de un año habíamos emitido una orden internacional de arresto contra él, sin ningún resultado; y varios informes de medios de comunicación señalaban que Granda disfrutaba de los privilegios de la ciudadanía venezolana y que incluso había votado en una elección local reciente. No aparecía una institución legítima para capturar a Granda en Venezuela. Tendríamos que encontrar la manera de arrestarlo.

A través de nuestras redes de inteligencia comunicamos el paradero de Granda a algunos miembros de las fuerzas de seguridad venezolanas que simpatizaban con nuestra lucha contra los terroristas. Poco después, funcionarios venezolanos contactaron a nuestras autoridades en Bogotá y manifestaron aceptar nuestro programa de recompensas para capturar a Granda.

La oferta fue considerada con cuidado. Sabía que una operación como ésta podría disgustar a las autoridades venezolanas y crear problemas diplomáticos. Había trabajado mucho para cultivar buenas relaciones con todos nuestros vecinos y otros países de América Latina, convencido de su importancia para nuestra seguridad y prosperidad económica a largo plazo. Sin embargo veía con enorme preocupación cómo a un conocido terrorista se le permitía operar abiertamente y asistir a reuniones políticas —que en este caso eran auspiciadas por el mismo Gobierno— en la capital de un país vecino, en contravía de varias resoluciones de las Naciones Unidas —entre ellas la número 1373, aprobada en septiembre de 2001— que prohíben dar refugio a organizaciones terroristas. Por otra parte, el uso de recompensas en dinero para capturar a los terroristas era compatible con las prácticas y el derecho internacional (Estados Unidos ofrecía, en ese momento, hasta 25 millones de dólares por información que condujera a la captura de Osama Bin Laden), y nos encontrábamos ante una oportunidad única, incluso histórica, pues, como ya lo dije, por primera vez teníamos información concreta sobre el lugar donde se encontraría un importante cabecilla de las FARC para así proceder a su detención.

Llevaba largos años viendo cómo las FARC realizaban matanzas de civiles, como las de El Nogal y Cúcuta. Había llorado con las familias de las víctimas, había visto la sangre derramada cuando todavía estaba fresca. Y sabía que, para poder dar el siguiente paso significativo con el fin de mejorar la seguridad de Colombia, tendríamos que desmantelar la cúpula de las FARC. Detener a Granda serviría para demostrar a todos los cabecillas que, sin importar el lugar donde se encontraran, tendrían que rendir cuentas por sus crímenes. Luego de hacer un balance final, tomé la decisión: asumiría la tormenta que tal vez se crearía en el mundo de la diplomacia y los reclamos de quienes se sintieran ofendidos. El paso que íbamos a dar era legal y contribuía de manera significativa a nuestra meta de crear una Colombia más segura. Podía tolerar unos cuantos días de titulares de periódicos sensacionalistas, pero no un entierro más.

Antes del operativo, el ministro de Defensa Jorge Alberto Uribe Echavarría —con quien no tengo parentesco— me llamó para expresarme las preocupaciones diplomáticas que deberíamos sopesar, le contesté: "Ministro, yo asumo toda la responsabilidad".

Luego de asistir a una de las reuniones programadas en Caracas, Granda conversaba con un periodista en una cafetería cercana. Era la tarde del 13 de diciembre. De pronto sonó su teléfono celular. Granda pidió permiso y salió a la acera para recibir la llamada. Pocos minutos después estaba en un carro, esposado, rumbo a la frontera con Colombia y a una cárcel de alta seguridad en nuestro país.

3

Durante tres semanas fue escasa la comunicación con Caracas. Emitimos un comunicado para hacer pública la detención de Granda y en Venezuela casi nadie protestó. Días después, luego de una reunión confidencial con periodistas de alto nivel en Bogotá, uno de ellos violó el acuerdo de confidencialidad y publicó gran parte de lo que se había dicho. Aun así, no oímos nada de Caracas. Por último, llamé al presidente Chávez la víspera de Año Nuevo para ofrecerle mis mejores deseos para el próximo año: estaba tranquilo —aunque, estoy seguro, conocía todos los pormenores del caso—.

—Uribe, estoy escuchando algunos rumores por ahí —fue la declaración más directa que hizo.

El 3 de enero todo cambió de repente.

Altos dirigentes de las FARC emitieron un comunicado que disgustó mucho al presidente Chávez y que respondía, de manera involuntaria, a muchas de nuestras preguntas sobre la relación de Venezuela con las FARC. En él se quejaban de la detención de Granda y criticaban al Gobierno venezolano por haberla permitido. Sin ironía ni vergüenza, las FARC afirmaban que Granda estaba en Venezuela "con la aprobación de las autoridades gubernamentales", y pidieron a la administración de Chávez "que definiera su posición" con respecto a la posibilidad de las FARC para operar en su país. El comunicado concluía con la exigencia de garantías de seguridad para las FARC en futuras reuniones en Venezuela.

Después de sufrir, ante la izquierda internacional, este reclamo público, el presidente Chávez respondió con brusquedad y desató una verdadera crisis: llamó a consulta al embajador de Venezuela en Bogotá; trasladó tropas hacia la frontera con Colombia; en sus discursos se refirió a la captura de Granda como "una violación a la soberanía [venezolana]"; culpó a las políticas "imperialistas" de Estados Unidos por el incidente, práctica que era habitual en él. Finalmente, tras optar, al menos en apariencia, por ignorar el contenido del comunicado de las FARC, el presidente Chávez negó que su gobierno hubiera dado jamás refugio a Granda o a cualquier otro líder terrorista, y en una alocución televisada exigió una disculpa de nuestro gobierno:

—De lo contrario, señor Presidente, mi amigo, esto solo se convertirá en la ley de la selva —dijo sugestivamente.

No iba a disculparme por la acción legítima de Colombia, pero tampoco quería causar daños innecesarios a nuestras relaciones con el Gobierno de Venezuela y su pueblo. Me negué a participar en una guerra verbal: en las declaraciones públicas me limité a hacer un recuento conciso de nuestras acciones, y manifesté mis esperanzas para una solución rápida y definitiva.

—El problema de Granda no es con Venezuela, sino con las FARC —dije—. Nuestro interés con Venezuela es tener una relación constructiva y positiva.

En un nuevo comunicado, las FARC "denunciaban" la captura de Granda como un "secuestro" y una "grave transgresión del derecho internacional". A pesar de estar acostumbrado a la propaganda de las FARC, no pude menos que sorprenderme ante su hipocresía: provenía de una organización que año tras año secuestraba a miles de personas, masacraba a la población civil, traficaba con estupefacientes y todos los días, de numerosas maneras, violaba flagrantemente las leyes de Colombia.

Mientras buscábamos el modo de desactivar la crisis, algunas personas propusieron de nuevo la solución típica: que, como un gesto simbólico, solicitara la renuncia del comandante de la Policía Nacional encargado de la operación. Y hasta hubo quien dijera que los comandantes de la Policía eran como los "fusibles": cuando se queman, era responsabilidad del presidente cambiarlos. Me negué a hacerlo y afirmé que una medida como la propuesta socavaría la confianza de nuestras fuerzas de seguridad. Tomé el camino contrario: asumí toda la responsabilidad, felicité a la Policía, di las gracias al director de la Institución y busqué opciones para normalizar las relaciones. También llamé por teléfono a líderes de la región —entre ellos a los presidentes Luiz Inácio Lula da Silva de Brasil y Alejandro Toledo de Perú—, para explicarles la lógica de nuestras acciones y pedir su ayuda para bajarle el tono a la confrontación.

Pero el presidente Chávez continuó agravando la crisis. Ordenó el cierre parcial de la frontera, lo que tuvo un efecto inmediato y negativo en el comercio bilateral. Fue un duro golpe para nuestro país: Venezuela era nuestro segundo socio comercial, y nuestras exportaciones son intensivas en mano de obra. La crisis en Venezuela fue menor: sus exportaciones consistían principalmente en materias primas y combustibles derivados del petróleo, que podía vender a otros países con relativa facilidad. Un tiempo después supe que el presidente Chávez había declarado que "haría arrodillar a Uribe" mediante la restricción del comercio. Me mantuve firme: no venderíamos nuestros intereses nacionales a cambio de dinero. Varios grupos empresariales manifestaron su apoyo a nuestro gobierno: sabían que nuestra prosperidad económica en el futuro estaba directamente relacionada con nuestra capacidad de derrotar al terrorismo y que dar marcha atrás podría proporcionarnos un beneficio económico a corto plazo, pero nos saldría muy caro con el paso del tiempo.

El 23 de enero, casi dos meses después de la captura de Granda, el presidente Chávez convocó una manifestación de decenas de miles de sus partidarios en Caracas. Salió triunfante entre toques de diana y dijo que el incidente de Granda "era un nuevo ataque del imperialismo de Estados Unidos", que "provenía de Washington, y no de Bogotá"; según informes de prensa, insultó incluso a la Secretaria de Estado Condoleezza Rice, acusándola de "analfabeta".

—Me han dicho que ella sueña conmigo —dijo el presidente Chávez a la multitud.

Entonces algunos empezaron a cantar:

—¡Chávez tiene novia! ¡Chávez tiene novia!

—¿Debo proponerle matrimonio? —preguntó a la multitud en tono jocoso.

—¡Noooooo! —fue la respuesta.

Para muchos analistas políticos era claro por qué el presidente Chávez actuaba de esta manera. Los enfrentamientos —con Estados Unidos, conmigo o con otros países y líderes mundiales— eran un teatro político para reunir a su base de apoyo en Venezuela y en el extranjero. Lo entendía, pero me era imposible pasar por alto el problema de fondo: el apoyo a los terroristas era extremadamente grave. Los dos éramos presidentes y había muchas vidas en juego.

El caso Granda se agravaba a medida que pasaba el tiempo y no encontraba el modo de resolverlo. Hasta que una noche, después de las doce, mi teléfono sonó inesperadamente.

4

—¿Uribe?

—¿Sí?

—¡Aaaah! ¡Sabía que ibas a estar despierto! ¡Eres un ave nocturna como yo! Era la voz de Fidel Castro.

El presidente Castro y yo nos llevábamos muy bien —para sorpresa de algunos—, y en los últimos años habíamos hablado en varias ocasiones. A pesar de nuestras diferencias ideológicas, lo he tratado siempre con respeto y guardo gratitud por la franqueza del mensaje que me envió a través de Gabriel García Márquez, en 1997, sobre las verdaderas intenciones de las FARC durante el llamado proceso de paz. Unos años antes, en el transcurso de nuestro primer encuentro descubrimos que compartíamos una pasión común por los detalles más íntimos del Gobierno: si bien abordábamos las cosas desde perspectivas diferentes, los dos éramos estudiantes apasionados de todo lo relacionado con la política. En el año 2003, con ocasión de la ceremonia de posesión del presidente Nicanor Duarte de Paraguay, compartimos mesa en el almuerzo y durante varias horas intercambiamos con entusiasmo ideas sobre temas como cooperativas de productos lácteos y el enorme potencial de Colombia para generar electricidad. Tiempo después, el príncipe de España —sentado entre nosotros dos en ese almuerzo— recordó aquella conversación con una sonrisa perpleja:

—Felicitaciones —me dijo—. Las dos personas en el mundo que tienen más información almacenada en sus cabezas son Fidel Castro y tú.

Aquella noche de 2005, el presidente Castro llamaba en carácter de pacificador. Al oír su voz comprendí la importancia de la llamada: el presidente Chávez tenía en él un modelo a seguir, y su influencia en Venezuela era enorme.

Pero antes, el presidente Castro quería hablar de historia. Expresó su interés permanente en Colombia —no era la primera vez— y en cómo había evolucionado a lo largo de muchas décadas. Por esos extraños giros del destino, Fidel Castro, un joven de 21 años, asistía en Bogotá a una conferencia de estudiantes latinoamericanos el día que fue asesinado Jorge Eliécer

Gaitán (1948), acontecimiento que provocó la escalada infame de La Violencia. Diez años después, cuando el nombre de Castro se hizo conocido, esta coincidencia alimentó teorías conspirativas sobre un complot comunista internacional: pero Castro no era comunista en 1948 y, finalmente, los historiadores concluyeron que no tuvo ninguna participación en ese hecho. Sin embargo, esta experiencia marcó a Castro, tal y como suelen hacerlo los acontecimientos más importantes de la juventud, y era evidente que le agradaba conversar con alguien que no solo conocía a Colombia, sino que también había estudiado en detalle gran parte de su obra.

—Presidente Uribe —dijo—, yo sé que durante tu juventud leíste todo lo que escribí. ¡Pero ahora soy una persona mucho mejor de lo que era en esa época!

Soltó una de sus risas cordiales y siguió hablando.

Escuchaba en la cama mientras Lina dormía a mi lado. Habló durante más de treinta minutos, interrumpiéndose solo para preguntar:

—¿Todavía estás ahí, Uribe?

Justo antes del amanecer abordó el motivo de su llamada. Tenía una idea para resolver la situación: ambas partes debíamos concentrarnos no en lo que había sucedido, sino en el futuro; Venezuela se comprometería a mejorar el patrullaje de sus fronteras, y Colombia declararía su intención de no realizar otra operación como la de Granda.

Tenía algunas dudas: no debíamos cerrar nuestras opciones para el caso de descubrir a otro cabecilla terrorista escondido a la vista pública en no importa qué país. Sin embargo pensé que después de este incidente, quizás nuestros vecinos no estarían muy dispuestos a brindar un refugio a las FARC.

Al final, la propuesta del presidente Castro abrió el camino a una solución temporal. Pocos días después de nuestra conversación, Lina y yo recibimos, en nuestra casa de Rionegro, una visita secreta del Viceministro de Relaciones Exteriores de Cuba y de su embajador en Bogotá. Traían una carta del presidente Castro, en la que —con una redacción impecable— exponía en detalle el marco para desactivar la crisis. Di mi opinión a los cubanos y al día siguiente viajaron a Caracas con la respuesta.

El 16 de febrero, dos meses después del arresto de Granda, fui a Caracas a reunirme con el presidente Chávez en el palacio presidencial de Miraflores. El objetivo era mostrarle al mundo que la situación entre nuestros países había regresado a la normalidad. El embajador de Venezuela regresó a Bogotá y el comercio binacional se reanudó. En su declaración a la prensa, el presidente de los venezolanos dijo que habíamos "decidido darle vuelta a la página, para aclarar las cosas". Y en su mayor parte tenía razón.

Con enorme amabilidad, el presidente Chávez nos enseñó el palacio presidencial; luego almorzamos en su pequeño despacho, acompañados por el vicepresidente venezolano José Vicente Rangel y Carolina Barco, talentosa ministra de Relaciones Exteriores de Colombia. Siempre he considerado fundamental contar con la presencia de testigos en las conversaciones delicadas, pero en esta oportunidad la conversación fue casi como una charla entre amigos: el presidente de los venezolanos habló largo y tendido sobre su pasión por Simón Bolívar, y me pidió ayuda para construir una mejor relación entre Venezuela y la administración Bush. Hablamos más de seis horas. Cuando surgió el caso Granda, el presidente Chávez dijo, casi justificándose:

—Yo no protejo a las FARC. Pero algunos de mis seguidores simpatizan con ellas, y no puedo hacer nada al respecto. Por favor, comprenda Presidente. ¡No es mi culpa!

Ese día me fui de Caracas aliviado porque todo este episodio había terminado. Al mismo tiempo presentía que pronto estaríamos lidiando de nuevo con esos mismos problemas. ¡Tenía razón!

5

Cerca del final de mi primer mandato, la transformación de Colombia era indiscutible: entre 2002 y 2006, los secuestros se redujeron cerca de un 80 por ciento —puede ser más si se tienen en cuenta los casos no reportados— y los homicidios en un 40 por ciento; por otra parte, la economía crecía a un ritmo saludable. Surgía entonces entre los colombianos la pregunta de cómo continuar por el camino que habíamos abierto. Después de cuatro años nuestra presidencia llegaba a su fin, y si bien en el pasado la reelección presidencial fue permitida, la Constitución de 1991 la prohibió por consideraciones políticas a corto plazo.

La opinión pública sobre la posibilidad de ser reelegido fue contundente: las encuestas mostraban que mi tasa de aprobación era superior al 70 por ciento, y que cerca de dos tercios de la población colombiana estaban a favor de introducir una enmienda ala Constitución que permitiera mi postulación a un segundo mandato. Otra razón estaba en juego: desde 1991 varios proyectos de reforma constitucional habían propuesto la posibilidad de la reelección presidencial.

Era consciente de los peligros que acarrea la concentración del poder en un solo hombre y, al mismo tiempo, pensaba que necesitaba más tiempo para consolidar las transformaciones de nuestras políticas económicas y de seguridad. Temía que, tal y como había sucedido después de mis tres años como gobernador de Antioquia, todo lo logrado desapareciera. En medio de mis reflexiones, recordé el comentario de Raúl Reyes en 2003: "El grave problema de Uribe es que solo le quedan tres años, y las FARC tienen todo el tiempo del mundo". Estaba decidido a no permitir que las FARC y los demás narcoterroristas interrumpieran sus actividades hasta que mi presidencia terminara, y luego contraatacaran con renovado vigor. Creía que prolongar mis políticas por cuatro años más sería devastador para ellos.

Finalmente, el Congreso aprobó la enmienda que permite la reelección presidencial, y la Corte Constitucional la declaró conforme a la Constitución. Se introdujo una rigurosa Ley de Garantías con una serie de obligaciones que debía honrar el presidente en plan de candidato a una nueva elección. En

2006 me postulé de nuevo a la presidencia, y fui reelegido con más del 62 por ciento de los votos, cuarenta puntos porcentuales por encima de mi rival más cercano: Carlos Gaviria Díaz, mi antiguo profesor universitario. El amplio margen bastó para asegurar otra contundente victoria en la primera vuelta.

Años después, cuando le preguntaron a Ingrid Betancourt cuál había sido el momento más difícil de las FARC, respondió que cuando el Congreso y la Corte Constitucional decidieron autorizar la reelección. Ya no esperaban a que termináramos nuestro mandato: la nueva y dura realidad transcurriría con mucha rapidez para las FARC.

6

Con el tiempo, la captura de Rodrigo Granda demostró ser un hecho importante para Colombia: la información de inteligencia que obtuvimos fue muy útil, y los cabecillas de las FARC no estaban tranquilos. Pero el siguiente gran avance en nuestra lucha contra los narcoterroristas fue el que, en términos retrospectivos, dio comienzo a la cadena de acontecimientos que transformarían a nuestra nación para siempre. También fue mucho más gratificante, debido en parte a la forma y al lugar en que ocurrió.

Los Montes de María, una cadena de montañas bajas que nace cerca de la costa caribeña al sur de Cartagena y se extiende unos 150 kilómetros formando una paralela con el mar, es una de las zonas más peculiares de Colombia. Exuberante, con muchos árboles de aguacate y tierras fértiles, a través del tiempo ha constituido una encrucijada geográfica y cultural: refugio para los esclavos fugitivos en la época colonial; escenario para los esfuerzos de varios gobiernos de hacer una reforma agraria; crisol artístico que ha producido luminarias como el querido músico y compositor colombiano Lucho Bermúdez.

Por desgracia, las mismas características que hicieron de los Montes de María un lugar rico y pródigo, también los convirtieron en un paraíso terrenal para los grupos narcoterroristas. A partir de los años setenta, esta zona se convirtió en un corredor de tránsito de drogas entre las montañas cercanas a Medellín y el Golfo de Morrosquillo —donde la cocaína recién procesada era embarcada en las lanchas rápidas para ser llevada a Centroamérica, las islas del Caribe y otros destinos lejanos—. Los pantanos, matorrales y selvas hacían de éste un lugar perfecto para instalar campamentos secretos, donde los terroristas podían permanecer varios años alejados de la "civilización". Al asumir la presidencia, el control de los Montes de María estaba dividido por partes iguales entre los grupos paramilitares en el norte, y las FARC y el ELN en el sur. Enriquecidos con el tráfico de drogas, sumieron en la mayor pobreza a la gran mayoría de sus antiguos habitantes: a pesar de la prodigiosa fertilidad de la zona, la producción agrícola se derrumbó a medida que los grupos armados se dedicaban al secuestro y a la extorsión, a bloquear las carreteras y a obligar a miles de campesinos indefensos a abandonar sus tierras.

Entre tanto, el Estado colombiano apenas se atrevía a entrar a los Montes de María. La seguridad, las carreteras, las escuelas y la atención sanitaria de la zona eran casi inexistentes.

Empezamos entonces a trabajar. Una de mis primeras grandes iniciativas, implementada en septiembre de 2002, fue crear una "zona de rehabilitación y consolidación" en quince municipios de los Montes de María. La Infantería de Marina y la Policía se hicieron presentes, de manera masiva, en la región. Cada día, sin falta, llamaba por teléfono a los comandantes de la zona para conocer de nuestros progresos. Les pedí que estuvieran atentos a los últimos informes sobre secuestros, asesinatos y otros delitos en el área, y escuchaba sus observaciones y peticiones generales. También llamaba periódicamente a coroneles, tenientes y a cualquier otra persona de la cadena de mando para pedirles sus puntos de vista sobre las condiciones del lugar. Esto produjo cierta incomodidad entre algunos líderes militares, pero al pedir las opiniones de nuestros hombres y mujeres en las trincheras, buscaba obtener una idea precisa de los avances logrados y enviar un mensaje claro: ningún nivel en la jerarquía estaba exento de una rigurosa rendición de cuentas.

Los progresos se dieron de manera gradual, con interrupciones y con un costo humano enorme. En los primeros años, perdimos en los Montes de María a valerosos miembros de nuestras fuerzas de seguridad, y muchos fueron víctimas de las minas terrestres antipersona que las FARC habían sembrado en toda la región. Pero la perseverancia dio sus frutos, y para finales de 2004 nuestras fuerzas habían recuperado una parte considerable del territorio y controlaban casi la totalidad de las vías, incluyendo la carretera principal que va a Cartagena. Los terroristas, que por años circularon en sus lujosas camionetas a plena luz del día, se vieron obligados a internarse en lo más profundo de la selva y a huir constantemente.

Al mismo tiempo avanzamos con otras formas "más blandas" de poder. Mediante programas de nutrición infantil, apoyo a las madres comunitarias (iniciativa que venía desde la presidencia de Virgilio Barco), un estipendio mensual a las madres de niños pequeños y el fortalecimiento de la presencia del Instituto Colombiano de Bienestar Familiar (ICBF), demostramos a los habitantes de los Montes de María que el Estado colombiano había vuelto para quedarse. La inversión comenzó a regresar a la región y, como una muestra del compromiso de todo nuestro gobierno, realizamos varios de los consejos comunitarios sabatinos y consejos de seguridad abiertos al público.

Cuando los pobladores sintieron que podían confiar en nosotros y hablar con la Policía sin correr el riesgo de ser asesinados, empezaron a ofrecernos datos de inteligencia sumamente valiosos. A la par, el acoso constante de las fuerzas de seguridad y nuestro programa de desmovilización provocó deserciones masivas en los grupos ilegales, y algunos de los antiguos miembros de estas organizaciones se convirtieron en informantes del Gobierno. En 2005, el bloque paramilitar conocido como Héroes de los Montes de María depuso las armas, y dos años más tarde se desintegró el ERP, una facción del ELN responsable de muchos de los secuestros en la región.

Montes de María era, en muchos sentidos, un microcosmos de lo que intentábamos hacer en todo el país. Y nuestro esfuerzo tuvo una recompensa justa: dimos la bienvenida a cientos de miles de colombianos con el cálido abrazo del Estado.

No sabíamos aún que una nueva victoria estaba próxima.

7

Todo secuestro es cruel, y el de Fernando Araújo —un político encantador e ingeniero civil de carrera— no fue la excepción.

Hacía poco había renunciado como ministro de Desarrollo en el gobierno del presidente Pastrana cuando fue secuestrado, el 4 de diciembre de 2000, mientras trotaba en Cartagena, su ciudad natal. De inmediato se convirtió en el "trofeo" más valioso de las FARC. Durante los primeros siete meses de su cautiverio, Araújo fue amarrado a un árbol en represalia —según dijeron sus captores— por resistirse al secuestro. Cuando por fin le quitaron las cadenas, fue sometido por cinco años al aislamiento. Algo totalmente inhumano. No había otros secuestrados en el campamento donde lo retenían y tenía prohibido hablar con sus carceleros —solo podía dirigirles la palabra para pedir permiso de ir al baño—. Esta sentencia de confinamiento solitario duró 2.224 días, un período de tiempo que dadas las circunstancias resulta inconcebible.

Pero las FARC no tardarían en descubrir que Araújo era indomable. Hombre astuto y recursivo, no desfalleció en ningún momento, y quizás por eso, sospecho, las FARC le impusieron la mordaza: de algún modo sospechaban que si le permitían hablar, sus palabras le darían un pasaporte hacia la libertad. Y en cierto sentido, tenían razón.

Desde los primero días de su cautiverio, Araújo pidió a las FARC que le permitieran hacer videos ocasionales de "pruebas de supervivencia", para informar a su familia que seguía con vida y que su salud era relativamente buena. Durante varios años sus captores se negaron, pero a medida que nuestras campañas militares aumentaban la presión sobre los grupos armados, cambiaron de opinión.

Debilitados y huyendo, las FARC comenzaron a evaluar nuevas formas de aprovechar los activos más valiosos que les quedaban: Araújo, Ingrid Betancourt, los tres contratistas estadounidenses y decenas de miembros de la Policía y de las Fuerzas Armadas colombianas. Con la divulgación de videos que mostraban la condición de los secuestrados, las FARC esperaban poder manipular a la opinión pública, con el fin de aumentar la presión sobre nuestro gobierno para que accediéramos a negociar un canje de rehenes por prisioneros de nuestras cárceles, y a concederles la condición de "grupo beligerante".

A finales de 2005, los secuestradores dijeron a Araújo que escribiera un guión para su primera prueba de supervivencia en varios años. El borrador sería sometido a la aprobación del "secretariado" de las FARC, el grupo de siete personas que dirigía esa organización. Araújo redactó debidamente su guión y poco después fue aprobado. El 11 de diciembre, exactamente una semana después de su quinto aniversario en cautiverio (y, casualmente, dos días antes de la captura de Granda en Caracas), Araújo pudo finalmente hablar.

En el video se veía muy delgado pero saludable; vestía una camisa blanca y limpia que le habían prestado las FARC: en las pruebas de supervivencia siempre intentaron que sus secuestrados se vieran tan pulcros como fuera posible. Estaba sentado en una silla debajo de una bandera verde de las FARC, mientras tres terroristas uniformados y con fusiles de asalto permanecían detrás con expresión severa. Tenía un loro verde en el hombro. Hablando despacio pero con fuerza, alentó a nuestro gobierno a "mostrar toda la voluntad necesaria" para llegar a un acuerdo de intercambio de prisioneros con las FARC. Asimismo, le aseguró a su familia que estaba bien. "A papá y mamá, que estoy bien, que los quiero mucho", dijo. Yo nunca veía estos videos porque me causaban una gran indignación, pero nuestras agencias de inteligencia estudiaron minuciosamente cada una de sus palabras. Muy a pesar nuestro, encontraron pocas que fueran interesantes. Y por eso todos nos sorprendimos cuando la familia Araújo se puso en contacto con nosotros y nos dijo que, en el video, el exministro había revelado el lugar en el que se encontraba.

Nos explicaron que Fernando y su hermano habían estudiado en la universidad con un hombre de Ovejas —un pequeño pueblo de los Montes de María—, que hablaba de un modo peculiar: tendía a omitir los pronombres posesivos, un hábito del que Araújo y otros se burlaban con afecto. Al decir "papá y mamá" en lugar de "mi papá y mi mamá" en el video, Araújo imitaba la forma de hablar de su antiguo compañero, y de este modo ingenioso —que solo su hermano pudo descifrar— comunicaba su ubicación.

Fernando Araújo estaba en los Montes de María.

En los meses siguientes aumentamos considerablemente nuestras campañas militares y de vigilancia en esa región. El llamado frente 37 de las FARC, que tenía a Araújo en su poder, se movía constantemente para evitar los ataques aéreos y las redadas de nuestras tropas. Por su parte, Araújo había hecho todo lo posible para escuchar cualquier mensaje que le enviaran. Se le permitió conservar un radio —su único contacto real con el mundo— a cambio de escribir resúmenes de noticias para que los integrantes regulares de las FARC pudieran discutir los temas importantes del día.

—Les encantaban todas las noticias sobre ataques terroristas contra países occidentales —informó Araújo luego de su liberación—, y todo lo que tuviera que ver con Hugo Chávez.

Una noche de septiembre de 2006, mientras escuchaba uno de los programas radiales en los que las familias colombianas hablaban a sus seres queridos secuestrados, Araújo oyó el mensaje que había estado esperando:

—Papá y mamá muy bien —le dijo su hermano, como si le hiciera un guiño a través de las ondas radiales—. Los primos, Alfonso, María José, Guillermo y Ana María esperan más noticias tuyas.

Ana María, la prima, estaba casada con el almirante Guillermo Barrera, comandante de la Armada Nacional de Colombia. Araújo supo, entonces, que su mensaje había sido comprendido y difundido por su hermano, y que nuestras Fuerzas Armadas sabían el lugar donde se hallaba.

El significado era claro: iríamos por él.

8

Descubrir la ubicación de Fernando Araújo no fue la única ventaja inesperada que obtuvimos al recobrar el control sobre los Montes de María.

Pocas ciudades del mundo son tan fascinantes y hermosas como Cartagena: puerto fundado por los navegantes españoles en 1533 que fue, durante varios siglos, un bastión importante del imperio español de ultramar. Su centro colonial, declarado Patrimonio de la Humanidad por la UNESCO, se caracteriza por sus calles empedradas, sus balcones adornados con buganvillas rojas y rosadas, y por sus iglesias y museos imponentes con vista al mar Caribe. El casco antiguo de la ciudad está rodeado por murallas de piedra de doce kilómetros de extensión. Su arquitectura es un documento de cómo fue la vida en las colonias españolas durante los siglos XVII y XVIII. Posteriormente, la inmigración de italianos, judíos, franceses y libaneses le dio un carácter cosmopolita, haciendo que fuera mucho más vibrante y única.

Pero desde la década de los noventa eran pocos los extranjeros y los colombianos que visitaban Cartagena. Y aunque tenía la reputación de ser una de las ciudades más seguras de Colombia, para los responsables de la promoción turística no parecía suficientemente segura. En efecto, durante los años noventa y principios de la década del 2000, hubo varios atentados terroristas dentro de los límites de la ciudad que llamaron la atención de los medios: un frustrado ataque de las FARC con una bomba antes de la visita del presidente de Estados Unidos Bill Clinton y el secuestro de Fernando Araújo en sus calles (ambos en el año 2000); en agosto de 2002 —solo dos días antes de mi posesión—, el edificio de la gobernación fue atacado con explosivos.

Los problemas de Cartagena eran el símbolo de un problema nacional: por muchos años los visitantes extranjeros habían evitado a Colombia en sus viajes de turismo y de negocios, algunas compañías aseguradoras internacionales se negaban a cubrir los riesgos de viaje a nuestro país, las guías de viaje más importantes —como Fodor's y Frommer's— no lo tenían entre sus publicaciones.

Estábamos decididos a traer extranjeros a Colombia para que disfrutaran su belleza, e invirtieran. Era una de mis obsesiones, así que decidimos trazar unas metas específicas y audaces. Emprendí una misión personal para convencer a los grandes operadores de cruceros como Royal Caribbean para que regresaran a Cartagena.

Los cruceros son una modalidad turística particularmente lucrativa. Aunque, por lo general, los pasajeros de los barcos no pasan la noche en la ciudad, cientos o incluso miles de turistas permanecen en ella durante el día, van a restaurantes, compran recuerdos y gastan su dinero de otras formas. Nuestros datos mostraban que cada pasajero de crucero podría gastar entre 100 y 150 dólares diarios durante su permanencia en Cartagena. Los pasajeros de cruceros eran también, y por regla general, más conservadores en la elección de destinos turísticos que muchos otros turistas, y sus márgenes de riesgo eran bajos.

Al inicio de nuestro gobierno sabíamos que no podíamos lograr este objetivo, pues la situación de seguridad aún no lo permitía. Para el año 2004, sin embargo, habíamos hecho progresos significativos en Cartagena; entre otras razones, porque habíamos retomado el control de los Montes de María, al sur de la ciudad. Muchos de los delincuentes que habían aterrorizado a Cartagena durante la década anterior venían desde estos montes para delinquir y regresaban allí después de cometer sus fechorías, lejos del alcance de las autoridades. Cuando logramos el control de las carreteras que salían y llegaban a esta zona, los delitos cesaron en buena medida. Era otro ejemplo del efecto multiplicador de nuestras políticas de seguridad.

Luis Alberto Moreno, nuestro embajador en Estados Unidos, organizó una reunión personal con altos ejecutivos de la industria de cruceros. Viajé a Miami y conté nuestra historia. Dijeron que nuestro progreso parecía impresionante. En poco tiempo, una emisaria de la industria de cruceros —Michelle Paige, directora ejecutiva de Florida Caribbean Cruise Association— vino a echarle un vistazo a la nueva Colombia.

Nuestro gobierno estaba dispuesto a hacer todo lo que fuera necesario para crear las condiciones que permitieran atraer nuevos inversionistas para, así, crear empleos y elevar el nivel de vida de los colombianos. Tan importante era la redistribución de riqueza como su creación, con los estímulos se creaba más riqueza que al derramarle nuevos impuestos permitía más seguridad y más política social. Y no solo el turismo tenía un enorme potencial de crecimiento, también sectores como la producción de software, de biocombustibles, el turismo médico, la fabricación de medicamentos y productos cosméticos y la externalización de procesos empresariales, entre otros, serían claves para el futuro de Colombia si podíamos crear la confianza y encontrar los inversores adecuados.

Establecí una regla con Alicia Arango —secretaria privada de la presidencia, inteligente, leal y de gran diligencia—: todos los inversionistas extranjeros que fueran a Bogotá se reunirían conmigo en la Casa de Nariño. A la par, creamos una base de datos de los inversionistas, para hacer el seguimiento de sus actividades a través del tiempo y permanecer en contacto con ellos antes y después de hacer su inversión. Al igual que en otros campos, el seguimiento era absolutamente clave.

Por lo general, los avances en la seguridad fueron el hilo conductor que trajo a los inversionistas de nuevo a Colombia. Pero sabíamos que no era suficiente: si bien la seguridad equilibraba las reglas de juego con otros países emergentes, no hacía nada por sí sola para crear ventajas competitivas. Bajo la dirección de los tres ministros de Finanzas —Roberto Junguito, Alberto Carrasquilla y Oscar Iván Zuluaga— y con el apoyo de líderes como Jorge Humberto Botero y Luis Guillermo Plata —nuestros ministros de Comercio, Industria y Turismo—, tomamos medidas audaces para que nuestra economía fuera más atractiva para los inversionistas. Desde el primer año de nuestro gobierno introdujimos incentivos tributarios, generales y sectoriales a las inversiones en activos productivos. En el país, en proceso de integración a la economía mundial, la inversión, con tecnología competitiva, es condición esencial para generar empleos de buena calidad y con afiliación a la seguridad social.

Para reforzar la confianza de inversión, se aprobó la ley que permite al gobierno firmar pactos de estabilidad a veinte años con los inversionistas.

Trabajábamos por la seguridad, la inversión y la política social. Sin embargo, era necesario un Estado austero, esto es, menos costoso, menos burocrático, más comprometido con el ciudadano y más eficiente. Por eso reformamos más de 460 entidades públicas.

Nunca pensé que con el obstáculo de la equivocada izquierda radical, pudiéramos pasar de un país condenado a producir menos de 250 mil barriles diarios de petróleo, a la aplaudida Colombia que se dirige a los dos millones. Fue fundamental reformar a Ecopetrol, empresa de petróleos —gracias al valor de los ministros y presidentes de la empresa como Isaac Yanovich—. Su esquema laboral y pensional fue modificado. Se abrió a la capitalización privada de un 20 por ciento, que en proceso democrático y de júbilo, permitió la suscripción de acciones por parte de casi medio millón de colombianos.

El riesgo de impopularidad no nos llevó a renunciar a reforma alguna. Solo faltaron aquellas para las que no nos alcanzó el tiempo. Aplicamos nuestro lema de no hacer demagogia, pero sí mantener un diálogo pedagógico permanente con los ciudadanos, lo que permitió introducir las reformas sin mayor rechazo popular.

Pero estas reformas, de resultados a largo plazo, no nos alejaban de nuestros objetivos inmediatos. Cuando Michelle Paige llegó a Colombia, el ministro Plata se reunió con ella en Cartagena. Al día siguiente me uní a ellos y seguimos en el avión presidencial a San Andrés, el bello archipiélago colombiano del Caribe y destino potencial de cruceros. El ministro Plata me reportó que la señora Paige no mostraba interés por Colombia pero que en una cena, la noche anterior, le habló con emoción de caballos y de su identificación conmigo en el amor a esos animales. En pleno vuelo le hice un comentario sobre caballos y la señora transformó en emoción la seria expresión de su cara. Le dije que los caballos no aceptan maltrato ni melindres, que como la política exigen pleno equilibrio. Luego del recorrido por la isla principal de San Andrés, de nuevo en el avión, volví al tema de los caballos y me manifestó que quería conocer alguno criollo colombiano.

Por la Patria no hay esfuerzo grande, pensé. Pedí a los pilotos que antes de llegar a Bogotá aterrizáramos en Rionegro. Tenía la regla inflexible de no usar el avión presidencial para fines personales o recreativos, pero aquí había un interés de la Patria.

Aterrizamos en Rionegro y nos dirigimos a la residencia de nuestra familia que se encontraba cerrada. Logramos conseguir algunas comidas típicas en restaurantes del vecindario. Ofrecí a los visitantes chicharrones y arepas y yo mismo les serví un trago de aguardiente. Temo ingerir licor, pero no he sido mal comprador ni mal anfitrión. Saqué de la caballeriza a Juguete, un pequeño azabache de paso fino. Lo monté sin silla y a pelo lo exhibí.

Más tarde regresamos al tema de los cruceros y me comprometí de palabra a coordinar personalmente la seguridad para el desembarque de los turistas de cruceros en Cartagena, San Andrés y Santa Marta.

Me dio la impresión que el estado de ánimo de la señora Paige ya era favorable a incluir a Colombia como parada de cruceros.

Poco tiempo después, la señora Paige nos invitó a St. Kitts para reunirnos con varios altos ejecutivos de la industria de cruceros. Uno de ellos era Richard Fein, el presidente ejecutivo de Royal Caribbean Cruises. Al final de la reunión habíamos logrado que Royal Caribbean regresara a Cartagena. Otras compañías no tardarían en seguir su ejemplo. Los logros tangibles en nuestra política de seguridad, el énfasis que pusimos en la importancia que tenía su negocio para nosotros y la prueba —de primera mano— de los esfuerzos que hacía nuestro gobierno para recibir más inversiones fueron definitivos.

Hacia el final de nuestra presidencia, y a medida que la seguridad mostraba una mejora significativa, pusimos en marcha una nueva campaña publicitaria para el turismo hacia Colombia: "El único riesgo es que te quieras quedar". La cantidad de visitantes extranjeros —turistas y empresarios— pasó de 1,1 millones en 2002 a 1,9 millones en 2006, y a casi 2,8 millones en 2010, un aumento del 154 por ciento. Nos trazamos el objetivo de mejorar la posición de Colombia en Doing Business, la encuesta anual del Banco Mundial que clasifica a los países de acuerdo a una variedad de factores: desde la simplicidad de su régimen fiscal a su apertura al comercio. Al final de nuestro gobierno, éramos el primer país latinoamericano en esta lista y ocupábamos el puesto treinta y siete entre 183 países, por delante de España, Portugal y Taiwán. La inversión extranjera directa aumentó de un promedio de casi dos mil millones de dólares anuales antes de nuestra presidencia, a más de ocho mil millones durante los últimos años de gobierno. Aún más importante: la inversión nacional aumentó de diez mil millones en 2002, a aproximadamente cincuenta y siete mil millones en 2010.

Le cumplí mi promesa a la señora Paige: me hice responsable de la seguridad de los turistas que regresaron a Cartagena y a otros sitios turísticos como la Sierra Nevada, la costa del Pacífico y Medellín. Cuando Cartagena fue sede de la convención anual de la Organización Mundial del Turismo, en 2007, pronuncié el discurso principal y di el número de mi teléfono celular a los 2.000 asistentes, invitándolos a llamarme si tenían algún problema. Las únicas llamadas que recibí fueron de delegados que querían expresar su gratitud.

En diciembre de 2009, tres cruceros llegaron el mismo día a Cartagena con más de 10.000 visitantes, en su mayoría extranjeros. Desde las cuatro de la mañana empecé a llamar al director de la Policía y a la alcaldesa de la ciudad para pedirles que me enviaran periódicamente información actualizada sobre la seguridad. Cuando anocheció, y la mayoría de los pasajeros estaban de nuevo a bordo de sus barcos, recibimos una queja de un par de alemanas molestas porque les habían cobrado 50 dólares por hacerles trenzas en el cabello. La Policía investigó su denuncia. Sin embargo era obvio que vivíamos una situación muy diferente a la de apenas nueve años atrás, cuando las personas eran secuestradas en las calles de Cartagena y llevadas a la selva, donde permanecían largos años.

9

Instaba constantemente a las Fuerzas Militares a hacer todo lo que estuviera a su alcance para rescatar a Fernando Araújo y a todos los secuestrados. En mis conversaciones diarias con los comandantes, siempre preguntaba por Araújo y si sabían algo más del lugar donde se encontraba. Pero, por razones que no eran del todo claras en ese momento, la búsqueda de Araújo resultó especialmente problemática. En los primeros años de su cautiverio pusimos en marcha varias operaciones para rescatarlo, y cuando llegábamos las FARC ya se habían ido o nos esperaban para emboscar a nuestras fuerzas. Al parecer, sabían exactamente cuándo iríamos y por qué medios.

Entre tanto no cerramos la puerta a una solución negociada para la liberación de los secuestrados. El 14 de diciembre de 2005 —tres días antes que las FARC divulgaran la prueba de supervivencia de Araújo— aceptamos formalmente una propuesta para las conversaciones, presentada por mediadores de Francia, España y Suiza. La delegación internacional propuso despejar 180 kilómetros cuadrados cerca de El Retiro, un caserío en el suroriente de Colombia, para servir de sede a las negociaciones formales. El objetivo declarado era alcanzar un acuerdo en virtud del cual las FARC liberarían a Araújo, a Ingrid Betancourt y a otros cincuenta secuestrados, y nuestro gobierno consideraría la liberación de alrededor de 500 prisioneros de las FARC que se hallaban en nuestras cárceles, con la única condición que abandonaran ese grupo y se fueran a vivir a otro país, o que aceptaran participar en uno de nuestros programas formales de reinserción.

La posibilidad de este acuerdo sorprendió a quienes consideraban a nuestro gobierno como de "línea dura", poco o nada dispuesto a negociar. No era así: siempre declaramos nuestra voluntad de hablar con las FARC bajo ciertas condiciones; lo que no podíamos tolerar bajo ninguna circunstancia era una zona de despeje similar a la que hubo en el Caguán durante el gobierno anterior y que sirvió a este grupo para reconstruir su capacidad militar mientras fingían estar interesadas en la paz.

Esta nueva propuesta contemplaba el retiro de las Fuerzas Armadas y de los militantes de las FARC de una zona relativamente pequeña y escasamente poblada. Y aunque pensábamos que el Estado colombiano debía ampliar constantemente su cobertura en lugar de reducirla, estábamos dispuestos a intentarlo: pusimos nuestras objeciones a un lado y dimos prioridad a la vida de los secuestrados. Los mediadores internacionales nos aseguraron que su propuesta tenía buenas probabilidades de éxito.

—Confieso que esto es una concesión por parte de nuestro gobierno —dije en una conferencia de prensa el 14 de diciembre—. Pero lo hacemos porque entendemos la angustia, el dolor y el sufrimiento de tantos colombianos cuyos familiares están secuestrados.

Nuestro consentimiento contó con la aprobación inmediata y entusiasta de muchas familias de los secuestrados. La madre de Ingrid Betancourt declaró:

—[Uribe] ha dado un paso importante, y esperamos que los rebeldes hagan lo mismo.

Cuando llegó el momento de la verdad, las FARC demostraron, una vez más, sus verdaderas intenciones. Para decepción de la delegación internacional y nuestra, durante dos días las FARC guardaron silencio, pero el 16 de diciembre respondieron como acostumbraban: lanzaron una gran ofensiva en el nororiente del país, cerca de la frontera con Venezuela. Resultado de ella fue el secuestro de tres civiles en los alrededores de Sardinata, el incendio de buses y camiones en la carretera que conduce a Durania y la voladura de torres de energía que dejó a más de 300.000 personas sin luz eléctrica. Pero su respuesta aún no había terminado: el 17 de diciembre atacaron un puesto militar cerca de la frontera con Panamá: mataron a ocho agentes de policía y secuestraron a otros veintinueve; Reuters describió este ataque como "uno de los mayores golpes contra las fuerzas de seguridad en varios años". Diez días después, en el Parque Nacional La Macarena —situado en el otro extremo del país—, cerca de 300 guerrilleros de las FARC emboscaron una unidad del Ejército dedicada a erradicar lo único que les importaba: sus cultivos de coca; veintinueve soldados murieron y Reuters volvió a considerar este ataque como "el golpe más duro contra los militares en varios años". Viajamos de inmediato al lugar de la tragedia y prometimos regresar al cabo de algunas semanas para supervisar la erradicación manual de los cultivos de coca, compromiso que cumplimos.

Por fin, el 30 de diciembre de 2005 las FARC confirmaron oficialmente lo que ya era claro: no tenían ningún interés en las conversaciones. Con falsedad, declararon que nunca habían recibido la propuesta de los mediadores internacionales y Raúl Reyes, el segundo al mando de ese grupo, afirmó que nunca aceptarían un canje de secuestrados mientras yo fuera presidente. Era un intento claro, cínico e ineficaz para influir en las elecciones del año siguiente.

A pesar de estos reveses no nos dimos por vencidos. Diez meses más tarde aceptamos otro intento de entablar conversaciones.

En octubre de 2006, poco después de ser reelegido como presidente, ofrecimos de nuevo retirar nuestras tropas de la zona que rodea a Florida y Pradera, dos municipios del suroriente colombiano, con el propósito de crear un "corredor" para que las FARC liberaran a los secuestrados. Esta propuesta la hicieron también los negociadores europeos, quienes nos aseguraron que las FARC habían acordado liberar por lo menos a un secuestrado. Abrimos el corredor pero nadie llegó, y unos pocos días después un terrorista de las FARC vestido como oficial de la Marina hizo explotar una camioneta contra una escuela militar en el norte de Bogotá. La bomba hirió a diez personas y obligó a la evacuación de más de 2.000 estudiantes.

Estábamos indignados. Las FARC abusaban una y otra vez de nuestra buena fe. Demostraban, también, que interpretarían cualquier oferta de compromiso como una señal de debilidad y, en consecuencia, la aprovecharían para fortalecer su poder criminal. Era claro, pues, que no tenían un interés genuino en las negociaciones. El día después del ataque a la escuela militar, declaramos la imposibilidad de abrir negociaciones con las FARC para un posible canje de secuestrados.

—No podemos continuar con la farsa —dije.

Poco después avanzamos con un nuevo plan para el rescate militar de Fernando Araújo.

10

Luego de recibir su ingeniosa prueba de supervivencia, buscamos a Araújo en los matorrales y en los pantanos de los Montes de María por espacio de un año. Instalamos micrófonos ocultos y otros equipos de vigilancia de alta tecnología para seguir los movimientos del Frente 37 de las FARC. Pero, como sucede a menudo, fue la inteligencia humana la que finalmente nos permitió determinar su ubicación exacta: un informante nos dijo que Araújo estaba en el área de las Aromeras Norte, en un campamento bajo la custodia de aproximadamente 200 hombres. Teníamos que actuar con mucha rapidez, pues sabíamos que cuando las FARC se encontraban bajo una gran presión, no permanecían muchos días en el mismo campamento.

Era el momento de llamar a don Alberto Araújo Merlano, padre del ex ministro, para informarle que pronto emprenderíamos un rescate militar.

Programamos la operación para el día de Año Nuevo de 2007. A medida que afinábamos los detalles, la sombra de la masacre de Urrao en 2003 se cernía sobre nosotros. Hicimos todo lo que estaba a nuestro alcance para no repetir esa tragedia y superar a las FARC con número de tropas y despliegue de fuerzas: cerca de 1.800 miembros de la Armada Nacional, la Fuerza Aérea, el Ejército y la Policía de Colombia participarían en esta misión. Veinticuatro veces más hombres de los que habíamos desplegado en Urrao; estarían apoyados por varios helicópteros Black Hawk, un comando de la Armada y varios aviones. Como medida de precaución, en los días previos a la operación aumentamos la frecuencia de los vuelos de helicópteros en la zona, para que las FARC se acostumbraran a su presencia y evitar así la confusión que llevó al asesinato de Gaviria, Echeverri y demás secuestrados. Conformamos también un equipo especial de francotiradores de larga distancia, cuyo objetivo era acercarse al campamento y neutralizar a los guardias de Araújo en la fase inicial del rescate.

Un día antes de la operación de rescate, estaba en el aeropuerto de Rionegro. Íbamos a pasar el 31 de diciembre en Bojayá, el pequeño pueblo cuya iglesia había sido devastada por las FARC en 2002, con un saldo de 119 civiles muertos, entre ellos muchos niños. Luego del ataque, el pueblo había quedado destruido y habíamos hecho de su reconstrucción una prioridad, como parte de nuestro compromiso con las zonas más afectadas de Colombia. Esperábamos a que pasara el mal tiempo para abordar el helicóptero, cuando Juan Manuel Santos, el nuevo ministro de Defensa, me dijo que tenía que hablar urgentemente conmigo. Había surgido una complicación: por información de inteligencia se supo que la columna de las FARC que tenía a Araújo se preparaba para ir a otro sitio, probablemente esa misma tarde, y si no iniciábamos la operación de rescate veinticuatro horas antes de lo estipulado corríamos —según nos alertó el general Freddy Padilla— el riesgo de fracasar. Por otro lado, continuó el ministro Santos, algunos de los preparativos de última hora —entre ellos, la llegada del equipo especial de francotiradores— aún no se habían completado.

Reuní a otros altos funcionarios y pedí sus opiniones sobre cómo debíamos proceder. La mayoría recomendó cancelar el intento de rescate. Era indudable que los fantasmas de Urrao estaban presentes en sus recuerdos. Sin embargo, había seguido de cerca el progreso de nuestras Fuerzas Armadas en los últimos cuatro años, y conocía muy bien los grandes avances hechos en aspectos como la preparación, la potencia de fuego y las operaciones especiales. Al mismo tiempo pensé en los cinco años que habíamos tardado para recibir pistas concretas sobre la ubicación de Araújo, y los intentos fallidos de discutir una plataforma de negociación con las FARC, los cuales demostraron que este grupo nunca entregaría voluntariamente a los secuestrados que consideraban de alto valor. No dudé al tomar la decisión. Me di vuelta y miré al general Padilla:

—Proceda —le dije—. Proceda bajo mi responsabilidad.

11

Poco después de las diez de la mañana llamé por teléfono a don Alberto
Araújo Merlano, para informarle que nuestro intento de rescatar a su hijo
estaba en marcha un día antes de lo previsto.

—Los helicópteros llevan veinte minutos en el aire —le dije—. Todos
estamos rezando para obtener un buen resultado.

Sentí el dolor de don Alberto a través del teléfono, su conflicto entre un
patriota estoico y un padre afligido. Me agradeció con palabras breves y
prudentes, y me dijo que esperaría el resultado de la operación.

Durante gran parte de esa mañana no supimos mucho de los acontecimientos: debido a los defectuosos servicios de telefonía celular en Bojayá,
nuestro único medio de comunicación era un teléfono satelital. Pero antes de
terminar la mañana recibimos noticias: los helicópteros lanzaron un cohete
para aturdir a los terroristas y segundos después los soldados irrumpieron en
el campamento. Recibimos luego el reporte sobre las víctimas y, por último,
el informe de los comandantes en el sitio:

El campamento estaba asegurado, pero Araújo no estaba por ningún lado.

12

Encontramos varias de las pertenencias de Araújo en el campamento: prueba de que se encontraba allí en el momento de la incursión. Pero no sabíamos a ciencia cierta qué había pasado: ¿Había escapado en medio de la confusión del operativo?, ¿las FARC lograron huir con él?, ¿lo habían asesinado y ocultaron su cuerpo? No teníamos modo de descartar alguna de estas posibilidades. Había desaparecido también Gustavo Rueda Díaz, alias "Martín Caballero", líder de esa columna de las FARC, cuyas pertenencias y el cuerpo sin vida de su pareja confirmaban que también estaba en el campamento al momento de la incursión militar. ¿Había escapado hacia la selva con su valioso secuestrado?

Hicimos lo único que podíamos hacer: emprender una búsqueda masiva. Acordonamos la zona que rodeaba el campamento con miles de soldados. A continuación, tratamos de estrechar el cerco con la esperanza de encontrar a Araújo. Sabíamos que se trataba de una carrera contra el tiempo: si había escapado, las FARC lo perseguirían con tanta urgencia como nosotros.

Pasó un día, luego dos, tres, y cuatro. No perdíamos las esperanzas, pero el sacrificio humano de la operación aumentaba: Tayron Almanza Martínez, uno de nuestros valientes infantes de marina, fue asesinado y dos soldados más resultaron heridos.

Llamaba al padre de Araújo varias veces al día para asegurarle que estábamos haciendo todo lo que estaba a nuestro alcance para encontrar a su hijo. Estas llamadas me partían el corazón. Solo él conocía los operativos que realizábamos. Al guardar el secreto de la operación, confiábamos en que las FARC pensaran que se trataba de una incursión más del Ejército. Gracias a la disciplina de las Fuerzas Armadas y del círculo íntimo que me rodeaba, pudimos evitar que la prensa se enterara.

A través de los comandantes que se encontraban en la zona, seguía los movimientos de las tropas de día y de noche. Quería estar seguro de que no se presentaban vacíos en el anillo de nuestras fuerzas de seguridad. Expresaba mi total confianza en sus capacidades, y pedía que me informaran tan pronto tuvieran noticias, sin importar si eran buenas o malas.

Durante cinco días recé para que este buen hombre, este símbolo de todo lo que era bueno y resistente de Colombia, tuviera la astucia y los recursos para encontrar su camino a la libertad.

13

Durante los años de cautiverio Fernando Araújo elaboró un plan de escape. Estaba seguro que en algún momento tendría que huir de sus secuestradores o ser asesinado por ellos. Sabía por la radio y por las conversaciones de sus captores que las FARC ejecutaban a los secuestrados antes de permitir su liberación. Conocía los detalles de la masacre de Urrao, y también el caso de Consuelo Araújo Noguera (con quien no tenía parentesco), ex ministra de Cultura, secuestrada por las FARC en 2001 y asesinada con dos balazos en la cabeza cuando no pudo seguir el paso de sus verdugos. Por eso, luego de escuchar el mensaje radial codificado de su hermano, Fernando Araújo comprendió que su rescate era posible e intensificó su preparación física y mental: sabía que ningún secuestrado había logrado escapar de las FARC, pero también que no tenía más camino que intentarlo.

Araújo era un atleta excelente y durante el cautiverio hizo todo lo que estaba a su disposición para mantenerse en forma. Para congraciarse con las FARC, cumplía todas las órdenes y se mostraba dócil para, así, tranquilizar a sus secuestradores y evitar que lo encadenaran de nuevo, lo que le impediría escapar rápidamente a la primera oportunidad. Se preparó, también, para lo peor. Escribió en su diario: "Entiendo lo que está haciendo conmigo la familia". Era su forma de decir que estaba de acuerdo con nuestra decisión de llevar a cabo un rescate militar, aunque pereciera en el operativo.

Araújo escuchó los helicópteros cuando iniciamos la operación de rescate. Pero como por varios días los había escuchado —tal y como lo habíamos planeado—, ni él ni las FARC les prestaron mucha atención. Era domingo y siguió escuchando un programa radial, pero de pronto percibió algo inusual en el sonido de los helicópteros. Miró hacia el cielo a través del dosel de la selva, y con sigilo para que los dos terroristas de las FARC que lo custodiaban con rifles de asalto a unas diez yardas de distancia no lo notaran, empacó su diario y sus pocas pertenencias.

Iniciamos el asalto con una bola de fuego y un destello de luz anaranjada. Inmediatamente Araújo se tiró al suelo y empezó a arrastrarse con sus manos y rodillas mientras las balas sonaban a su alrededor. Sabía que si se levantaba y corría, recibiría una lluvia de balas por la espalda. Miró de reojo y vio cómo uno de sus carceleros disparaba hacia el cielo mientras gritaba y señalaba los cascos de bala que caían al suelo. Siguió arrastrándose varios cientos de yardas, deteniéndose solo una vez para recuperar el radio, su posesión más querida y única ventana al mundo en sus seis años de cautiverio.

Araújo había observado que cuando una columna de las FARC llegaba a un nuevo campamento, lo primero que hacía era buscar una salida de emergencia; la ruta de escape que tomaría de ser atacada por el Ejército. En este caso, la ruta escogida por las FARC conducía hacia el sur, así que planeaba huir —si la ocasión se presentaba— en la dirección opuesta.

Siempre arrastrándose logró llegar hasta más allá de las letrinas, abiertas en el borde del campamento. Sorprendido de estar aún con vida, se puso de pie y se dirigió al norte, con la esperanza de llegar a un pueblo cercano llamado El Guamo. En las horas siguientes, Araújo caminó tan rápido como pudo pero sin correr para, así, percibir el entorno. En más de una ocasión vio los helicópteros a través del follaje de la selva, saltó y agitó los brazos frenéticamente para llamar su atención, pero no tuvo suerte debido al espesor de la vegetación. Al caer la noche, siguió caminando con la esperanza de ir hacia el norte, pero comprendió que el trayecto sería muy largo.

Durante cinco días Araújo recorrió pantanos con el fango hasta los hombros, siguió a jabalíes con la esperanza de encontrar alimentos y sobrevivió gracias al agua de los cactus. Tuvo que abandonar su marcha hacia el norte cuando se encontró con una maraña de espinas tan gruesas que no había manera de cruzar o de bordearla. Al quinto día encontró a un hombre que iba montado en un burro. Le preocupó que fuera un integrante de las FARC, pero estaba tan exhausto y hambriento que decidió probar suerte. Con amabilidad, el hombre lo llevó a San Agustín, un pueblo cercano.

Al principio los habitantes del pueblo se mostraron renuentes a ayudar a ese extraño quemado por el sol, barbado y de aspecto enfermizo que venía del monte. Hasta que finalmente alguien le señaló una calle donde dos soldados realizaban un patrullaje, sin presentir que el premio mayor en cuatro décadas de lucha contra las FARC estaba a punto de caer, literalmente, en sus brazos. Araújo corrió —por primera vez en seis años— gritando su nombre, y mientras los soldados daban por radio la magnífica noticia a sus superiores, no podía dejar de mirar por encima del hombro, temeroso de que las FARC aparecieran en cualquier momento y se lo llevaran de nuevo.

Miró la selva un buen rato sin poder creer lo que estaba sucediendo. Durante su cautiverio había tenido sueños recurrentes en los que era libre, pero se despertaba devastado al descubrir que aún seguía secuestrado. Como si adivinara su pensamiento, uno de los soldados le puso la mano en el hombro, sonrió y le dijo amablemente:

—No se preocupe, doctor Araújo. Ya nadie se lo va a volver a llevar.

14

Cuando, días después, Araújo fue a la Casa de Nariño, me estrechó la mano, sonrió y me dijo:

—Señor Presidente, quiero que sepa que nunca estuve secuestrado.

Me sorprendí, y le pregunté:

—¿Qué quiere decir?

—Me infiltré en las FARC —contestó con un guiño—. Mi misión era aprender todo lo que pudiera.

Bromeaba, pero su sentido del humor anunciaba algo muy importante: después de vivir más de seis años entre las FARC había adquirido una información invaluable. Este hombre brillante había observado de cerca todas las tácticas, cada movimiento, cada aspecto de la doctrina de las FARC y sus operaciones cotidianas. Me habló de muchas cosas en los días y semanas siguientes. Entonces convoqué a los altos mandos militares y pedí a Araújo que repitiera los puntos centrales de sus observaciones:

1) Desde el comienzo de nuestro gobierno, la vida había cambiado para las FARC. En las primeras épocas de su cautiverio (entre 2000 y 2001), a plena luz del día los cabecillas circulaban en sus lujosas camionetas Toyota por las carreteras de los Montes de María, llevándolo atrás en muchas ocasiones. Cuando nuestras Fuerzas Armadas llegaron a la zona, las FARC dejaron de moverse en vehículos, y huían constantemente.

2) Las FARC habían infiltrado ciertos sectores de las Fuerzas Armadas. Aunque yo seguía teniendo plena confianza en la integridad general de nuestras fuerzas de seguridad y en sus comandantes, Araújo confirmó lo que algunos habían sospechado: que los terroristas sabían con mucha antelación cuándo emprenderíamos operaciones terrestres y aéreas en los Montes de María. Nos informó que varias horas, o incluso días, antes de nuestros ataques aéreos, las FARC trasladaban su campamento —a veces a solo 500 metros del sitio original— y luego regresaban cuando el bombardeo había terminado.

3) Las FARC sacaban provecho de la duración de algunas de nuestras ofensivas militares. Esto es: los militares desplegaban sus recursos en una nueva área con un calendario definido, digamos de dos meses. Las FARC, que sabían perfectamente cuánto duraría la ofensiva, conseguían suministros para esos dos meses y se movían en círculo de un campamento a otro; luego, una columna borraba los rastros e instalaba minas antipersona para matar o mutilar a las tropas colombianas que los persiguieran. Al cabo de los dos meses, la vida de las FARC volvía a la normalidad.

4) En términos generales, la estrategia de los ataques aéreos no parecía ser eficaz. Araújo informó que, entre los muchos bombardeos que vio o escuchó durante sus seis años de cautiverio, ninguno había alcanzado su objetivo. Aunque estos ataques hacían huir a las FARC y, ocasionalmente, los intimidaban, sostuvo que nunca había visto a un terrorista de las FARC herido, y mucho menos muerto, como consecuencia de uno de estos ataques. Teníamos que hacer un cambio de algún tipo.

Mientras hablábamos, entendí de lleno y por primera vez el gran avance que suponía la fuga de Araújo. Nuestras Fuerzas Armadas ya sabían algunos de estos detalles. Sin embargo, oírlos de una manera lúcida y autorizada en la boca de un hombre que había pasado los últimos seis años viviendo y respirando la vida cotidiana de las FARC, era algo totalmente nuevo. Aún no lo sabíamos, pero las contribuciones de Araújo serían esenciales en la cadena de victorias resonantes que no tardaríamos en lograr.

Durante los primeros dos años de gobierno hicimos muchos intentos fallidos para rescatar a Fernando Araújo. Hubo un tiempo largo y angustioso en que no tuvimos información. Finalmente recuperamos el hilo conductor y gracias a la voluntad de hierro de Araújo, a la ayuda de su familia, a la dedicación de nuestros comandantes y a la confianza de los civiles que nos informaron, pudimos crear las condiciones de su liberación. Tantos años de dolor se transformaron en felicidad cuando el ministro Santos apareció en las pantallas de los televisores con Araújo, exhausto pero libre.

15

Faltaban muy pocas semanas para las elecciones de 2006, cuando mis asesores me dijeron:

—Tenemos un serio dilema.

Durante los dos años anteriores habíamos negociado un Tratado de Libre Comercio con Estados Unidos con la esperanza de fortalecer nuestra iniciativa para crear empleos de alta calidad en Colombia. Si bien las administraciones de los presidentes Clinton y Bush habían soñado alguna vez con una gran zona de libre comercio que abarcara la mayor parte del hemisferio occidental, me correspondió ayudar a convencer al presidente Bush que, ante la resistencia de países como Venezuela y Brasil, el mejor camino para la integración regional en el futuro inmediato era a través de acuerdos bilaterales.

Nos preparábamos, pues, para un Tratado de Libre Comercio entre Estados Unidos y Colombia —luego lo haríamos con otros países y bloques comerciales en todo el mundo, como la Unión Europea y Canadá—, y muchas personas trabajaban arduamente en las negociaciones, entre ellas Luis Guillermo Plata, Jorge Humberto Botero, Luis Alberto Moreno, Carolina Barco, Diego Palacio, Andrés Felipe Arias, María Consuelo Araújo y Hernando José Gómez.

El dilema que tenían mis asesores en 2006 era el siguiente: se acercaban las elecciones y era candidato para un segundo periodo presidencial, pero las encuestas mostraban que el tratado de libre comercio no era popular en Colombia: por un lado, existía entre algunas personas una profunda desconfianza hacia Estados Unidos; por el otro, ciertos sectores económicos y políticos tenían reservas sobre los términos del acuerdo. En estas circunstancias, quizás sería prudente esperar hasta después de las elecciones para avanzar en las negociaciones con Estados Unidos, pues —sugerían algunos de mis asesores políticos— probablemente el tratado de libre comercio sería utilizado por mis oponentes para ganar popularidad.

Mi respuesta fue contundente: seguiríamos adelante con las negociaciones, y cumpliríamos con la agenda trazada, cuyo paso inmediato era el cierre final del Acuerdo.

Nunca he estado dispuesto a poner mis consideraciones electorales o políticas por encima de los mejores intereses del país. El tratado comercial con Estados Unidos era bueno para Colombia, sin importar que pudiera ser malo para mí a corto plazo. Consideraba, además, que si queríamos que el tratado tuviera éxito a largo plazo, tenía que ser negociado de la forma más transparente posible, sin ocultarle nada al pueblo colombiano. Así que las elecciones eran una oportunidad para que los electores tuvieran en cuenta todos los temas, y votaran en consecuencia.

En lugar de posponer el tratado o camuflarlo, decidimos lo contrario. Eso sí, era necesario explicarlo más y ganar respaldo de opinión a través de un nuevo esfuerzo pedagógico. Mis asesores preguntaron a los canales de televisión si tendrían interés de permitir un debate sobre el tema, en el que de un lado estarían el presidente y los ministros, y del otro todos los ciudadanos que quisieran llamar, sin filtro alguno. RCN televisión aceptó pero en horas de baja sintonía: los compromisos adquiridos no le permitían suspender su programación habitual. Preguntamos qué no era *primetime*, y respondieron que entre las diez de la noche y las seis de la mañana. Pero para nosotros sí lo era, y aceptamos.

RCN decidió llamar al programa "La Maratón del TLC: Uribe responde". Suministramos un número de teléfono gratuito y una dirección de correo electrónico para que los colombianos hicieran preguntas, y di órdenes estrictas de no monitorear ni cancelar las llamadas entrantes debido a su contenido. Estuve acompañado por gran parte de mi gabinete y por el negociador del tratado.

La gran mayoría de las preguntas fueron bastante atinadas. Respondimos inquietudes ciudadanas sobre el efecto del tratado en nuestra producción de maíz, si habría regímenes arancelarios especiales para la agricultura, si Colombia podría comenzar a exportar pulpa de madera como lo hacía Chile, etcétera. Alguien me preguntó por correo electrónico: si usted fuera un empresario colombiano, ¿qué tipo de negocio haría si el tratado con Estados Unidos es aprobado? Contesté que exportaría biocombustibles producidos a partir de la caña de azúcar, la yuca o la palma africana colombiana. También compartí con sinceridad mis dudas sobre el tratado; por ejemplo, reconocí que me preocupaban los posibles efectos que tendría sobre la producción de arroz y aves de corral. Como era previsible, algunos líderes políticos me llamaron para hacerme preguntas hostiles y uno de mis rivales en las elecciones presidenciales me retó a someter el tratado comercial a un referendo popular. Respondí que la Constitución que él mismo ayudó a redactar en 1991 daba al presidente una jurisdicción clara sobre asuntos de política exterior, lo que hacía el referendo innecesario.

A las dos de la mañana, RCN hizo un rápido corte comercial mientras comíamos un poco de arroz con pollo. Luego continuamos el debate.

Al comienzo de nuestra presidencia, el comercio de Colombia era muy limitado. Si bien los gobiernos anteriores habían abierto nuestro mercado de manera unilateral, y el país gozaba de preferencias comerciales —temporales— con Estados Unidos y Europa, los únicos tratados de comercio formales que teníamos eran con la Comunidad Andina (integrada por Colombia, Venezuela, Perú, Ecuador y Bolivia) y con el G-3 (Colombia, Venezuela y México). Al final de nuestra presidencia, habíamos negociado tratados de libre comercio con cuarenta y cinco países, entre ellos la Unión Europea, Chile, varios países de Centroamérica y Mercosur —el bloque de comercio suramericano, del que Brasil es el miembro mayor—, Suiza y sus aliados. Con China e India negociamos tratados de protección de inversiones. Con Japón reanudamos el vigor de las relaciones comerciales que se había debilitado por los secuestros. Dejamos iniciadas negociaciones con Corea, Panamá y otros. El acuerdo con Honduras, El Salvador y Guatemala se firmó en Medellín. No pudimos avanzar con Costa Rica, pues la prioridad del país hermano era sacar adelante un referendo para ratificar su acuerdo con Estados Unidos. Nos reunimos con todos los jefes de Estado de los países de la asociación del Pacífico para pedirles que levantaran la moratoria e incluyeran a Colombia. Nuestro canciller Bermúdez abrió las puertas para el Arco del Pacífico con México, Perú y Chile. Fui a muchos de esos países para abordar todos los temas de una manera detallada y transparente, tal y como lo hice en la televisión colombiana aquella noche de 2006. En 2009 viajé a Canadá y me dirigí a su parlamento, donde varios legisladores me esperaban con algunas preguntas espinosas: querían estar seguros antes de aprobar el Tratado de Libre Comercio con nuestro país. Lo aprobaron unos meses más tarde.

El Tratado de Libre Comercio entre Colombia y Estados Unidos fue aprobado por la administración Bush en 2006, pero su aprobación en el Congreso norteamericano aún tardaría unos años.

Tuve una relación positiva con muchos miembros del Partido Demócrata en Washington —entre ellos con la entonces senadora Hillary Clinton y con el Senador Christopher Dodd—, pero cuando en 2006 este partido asumió el control de las dos cámaras del Congreso de Estados Unidos la aprobación final del acuerdo comercial con Colombia se retrasó (la misma suerte correrían los tratados comerciales con Panamá y Corea del Sur). Según la opinión de muchos analistas estadounidenses, este retraso se debió a la oposición de los demócratas a varias de las iniciativas del presidente Bush. Sin embargo, algunos miembros de este partido justificaron su oposición al tratado con Colombia mediante el argumento de la violencia contra dirigentes sindicales. Pero ese argumento había perdido gran parte de su fuerza.

Desde la campaña para mi primer periodo presidencial, hice hincapié en que la Seguridad Democrática fuera sinónimo de seguridad para todos, y este todos incluía, como es obvio, a los opositores de nuestro gobierno y a los miembros más vulnerables de la sociedad. Y no solo habíamos avanzado en materia de seguridad, también lo habíamos hecho en otras direcciones: creamos nuevas unidades del sistema judicial dedicadas a la investigación de violaciones a los derechos humanos, y gracias al liderazgo del vicepresidente Francisco Santos hicimos progresos sustanciales en diferentes campos. La seguridad de los maestros, alcaldes y concejales mejoró notablemente; el número anual de personas desplazadas se redujo, y de diez periodistas asesinados en 2002 se pasó a uno en 2010.

También logramos avances significativos con respecto a los dirigentes sindicales. Los líderes del movimiento obrero organizado habían sido perseguidos durante muchos años en Colombia, a menudo por los paramilitares. En efecto, en los años setenta, las guerrillas marxistas introdujeron la "combinación de las diferentes formas de lucha". Asesinaban, secuestraban y penetraban sectores de la sociedad como estudiantes y organizaciones de trabajadores. Los paramilitares empezaron a asesinar trabajadores acusándolos de colaboradores de las guerrillas, y éstas lo hicieron en venganza, llamando traidores a sus víctimas. Durante nuestro gobierno, el número de muertes de sindicalistas pasó de doscientos, en 2002 (año en que asumí la presidencia), a cerca de veinte en 2010. Avanzamos, también, en la superación de la impunidad: pasamos de una persona condenada judicialmente por el asesinato de trabajadores, a más de doscientas. La cifra de muertes aún era alta, pero hacíamos nuestros mejores esfuerzos para lograr que ninguna persona fuera asesinada. Estos avances fueron reconocidos por la Organización Internacional del Trabajo:

justo antes del final de nuestro gobierno, y por primera vez en más de veinte años, Colombia salió de su lista de países sancionados.

En resumen: teníamos muchos desafíos en el campo de los derechos humanos y en las múltiples áreas de nuestra seguridad, pero hacíamos todo lo posible para estar a la altura de esos desafíos. Tenía pues razón la secretaria de Estado, Condoleeza Rice, cuando escribió en sus memorias: "Sí, Colombia tuvo una historia de violencia con los trabajadores, pero el nivel de violencia que enfrentan los sindicalistas ya es menor que el de la población en general, debido en parte a la protección especial de los dirigentes sindicales. El hecho es que la oposición al Tratado de Libre Comercio entre Estados Unidos y Colombia era un proteccionismo sutilmente disfrazado".

Al final, el Congreso norteamericano aprobaría el acuerdo comercial con Colombia —junto con el de Corea del Sur y de Panamá— en 2011, cuando el presidente Bush y yo habíamos terminado nuestros mandatos.

No todos quedaron satisfechos con el tratado; pero al responder aquella noche con paciencia, atención y buena fe logramos despejar las dudas de muchos ciudadanos. Y, lo más importante, mostramos a los colombianos que seríamos absolutamente transparentes sobre los riesgos de cualquier tratado y sobre sus beneficios. Podían estar seguros que actuábamos en su propio interés y con responsabilidad: lo que es la esencia misma de la democracia.

A las seis y dos minutos empecé a recoger las notas que había llevado. Mientras lo hacía, los locutores me preguntaron si me sentía cansado.

—¿No se sienten ustedes entusiasmados? —respondí—. Esto es importante. No, no; hay que eliminar la palabra "cansado" del diccionario de Colombia cuando se trata de oportunidades como ésta.

La cadena televisiva mostró una toma de la capital.

—Esta es una imagen de Bogotá —dijo uno de los locutores.

—Uy, ya salió el sol —señaló el otro locutor—. No nos habíamos dado cuenta.

Y entonces decidimos continuar una hora más con el debate. Siempre es necesario recorrer la milla adicional.

Pasaron alrededor de nueve meses antes que las sugerencias de Fernando Araújo dieran buenos resultados. Al comienzo del segundo periodo presidencial, nuestra creciente relación con Estados Unidos comenzaba a dar frutos: el Congreso de este país prorrogó el mandato del Plan Colombia, que ahora incluía a las FARC y a todos los grupos de narcotraficantes, y contábamos con la colaboración de la administración Bush y miembros de los partidos Demócrata y Republicano para ampliar la cooperación entre nuestros dos ejércitos en varios campos.

Algunas versiones exageran o distorsionan el papel que tuvo el Plan Colombia en la transformación de nuestro país. En el transcurso de los ocho años de nuestro mandato, el presupuesto gastado por Colombia en defensa fue muy superior a la ayuda militar recibida por parte de los Estados Unidos. Muchos policías y soldados colombianos dieron sus vidas —el país conservará una gratitud eterna hacia ellos y sus familias—, y la labor de los ministros de Defensa —Marta Lucía Ramírez, Jorge Alberto Uribe, Camilo Ospina, Gabriel Silva y Juan Manuel Santos— fue fundamental. En una palabra: la transformación del país se debió principalmente a la sangre y al dinero de Colombia.

No obstante, es cierto que las contribuciones de los Estados Unidos en áreas claves como la recopilación de inteligencia, el entrenamiento militar y recursos para mejorar nuestra Fuerza Aérea tuvieron una gran importancia. Una medida fundamental fue la reactivación del programa de interdicción aérea llamado Air Bridge Denial, suspendido desde antes de nuestra presidencia por el presidente Bush luego de una tragedia ocurrida en Perú. Este programa, que permitía a las autoridades norteamericanas rastrear las aeronaves sospechosas de transportar estupefacientes y, una vez detectadas, alertar de su presencia a los militares colombianos, comenzó a operar de nuevo en Colombia en 2003, y para el 2007 los vuelos sospechosos de transportar drogas en el espacio aéreo colombiano habían disminuido en un 86 por ciento —según datos del Gobierno estadounidense—. En imágenes satelitales vimos el "antes" y el "después" del programa, y pudimos apreciar la disminución del tráfico aéreo de narcóticos en nuestro cielo y su aumento en el de Venezuela.

Pero sin duda la colaboración más importante —la que marcó un punto de quiebre en nuestra lucha contra los terroristas— fue la autorización del gobierno Bush de vender municiones inteligentes a Colombia. Las municiones dirigidas con GPS y otros sistemas de seguimiento avanzados nos permitieron mejorar en gran medida la precisión de nuestros ataques, y demostraron ser la mejor forma de abordar la observación de Araújo según la cual las FARC no se habían visto afectadas por nuestros ataques aéreos, en buena parte porque carecían de precisión.

La primera vez que utilizamos armas inteligentes fue en un exitoso ataque aéreo realizado el primero de septiembre de 2007 contra Tomás Medina Caracas, alias "el Negro Acacio", jefe del Frente 16 de las FARC y quien desempeñaba un papel protagónico en sus actividades de narcotráfico. Nuestros misiles dieron en el blanco y Medina fue dado de baja. Alrededor de ocho semanas después, gracias a un golpe de suerte, tuvimos la oportunidad de usarlos por segunda vez y abatir al secuestrador principal de Araújo.

Siempre he pensado que no se deben personalizar en exceso las amenazas terroristas que enfrentaba Colombia. Con satanizar a los individuos se logra muy poco y puede ser contraproducente, pues alcanzan una mayor notoriedad tanto en la vida como en la muerte. Sin embargo, es justo decir que en los veinticinco años que militó en las FARC, Gustavo Rueda Díaz, alias "Martín Caballero", cometió un sinnúmero de crímenes: además de planear el secuestro de Araújo y de supervisar personalmente las condiciones de su cautiverio, sembró de manera indiscriminada minas antipersona y cuando un soldado o Policía moría al pisar una de estas minas, según nos contó Araújo, Caballero recortaba el nombre de su uniforme y lo hacía colocar en su gorra. De acuerdo con nuestras Fuerzas Armadas, las cuadrillas de la costa del Caribe, bajo el mando directo de Caballero, fueron responsables de la muerte de 420 civiles y 218 policías y soldados, de la voladura de alrededor cincuenta torres eléctricas y de numerosos ataques contra el oleoducto Caño Limón-Coveñas. Se sospecha, también, que Caballero fue el autor del atentado infame en Barranquilla durante nuestra campaña de 2002, que dejó cuatro personas muertas. Araújo describió a este sujeto como "robusto, disciplinado, muy estudioso, pero cínico y psicópata".

Con gran habilidad, Caballero logró escapar del campamento de las FARC durante el operativo de rescate de Araújo; no así su compañera y su hijo mayor, quienes murieron. En los meses siguientes capturamos a su primo, a sus otros dos hijos y a su sobrina, reclutados por este criminal para engrosar las filas de las FARC. Era obvio que lo estábamos obligando a huir.

En octubre de 2007 —diez meses después de la fuga de Araújo—, un informante (a quien pagamos el equivalente de $850.000 dólares) nos dio la ubicación de Caballero. Teníamos que tomar muchas precauciones: gracias a Araújo sabíamos que este criminal parecía enterarse siempre de los ataques aéreos que íbamos a realizar y escapaba a última hora. Sin embargo confiábamos en que la presión constante que ejercíamos sobre él, desde nuestra incursión la víspera de Año Nuevo, hubiese disminuido su capacidad de comunicación, y que gracias a las nuevas tecnologías las cosas fueran diferentes. Pero no había manera de saberlo a ciencia cierta.

El 24 de octubre, Caballero estaba en un campamento en una zona conocida como las Aromeras Sur, en las cercanías de Carmen de Bolívar. Realizamos un ataque aéreo con armas inteligentes que arrasaron el campamento: dimos de baja a Caballero y a diecinueve terroristas más.

Cuando nuestras tropas llegaron al lugar, encontraron el cuerpo de Caballero y su teléfono celular, apagado. El ministro de Defensa Santos informó más tarde que al examinar el contenido del teléfono, se encontró un nuevo mensaje de texto: Tenga cuidado que le van a caer. Si llega a recibir el mensaje unos pocos minutos antes, el resultado de la operación podría haber sido diferente.

La lección era clara: a pesar del progreso logrado, todavía teníamos mucho trabajo por hacer. Si nuestro objetivo era desmantelar el liderazgo restante de las FARC y rescatar a los demás secuestrados, tendríamos que mejorar aún más la calidad de todas nuestras instituciones y llevar ante la justicia a quienes colaboraban con los criminales, sin importar dónde se encontraran.

Una noche, el ministro de Defensa Santos y el general Padilla entraron a mi oficina con algunas de las peores noticias de nuestra presidencia: tenían pruebas de soldados delincuentes colombianos que estaban secuestrando a civiles inocentes, los asesinaban y luego los hacían pasar como miembros de grupos armados ilegales.

En algunos casos, estos soldados vestían los cadáveres con uniformes de las FARC y trasladaban los cuerpos a las zonas donde operaban. El eufemismo para referirse a esta práctica abominable se conoció como "falsos positivos". Algunas personas señalaron que los soldados que participaban en estas prácticas lo hacían para inflar el llamado "conteo de cuerpos" de sus divisiones, y así demostrar avances en materia de seguridad. Aunque se habían presentado denuncias de falsos positivos desde los años ochenta —y otros informes de abusos cometidos por los militares—, los casos presentados por Santos y Padilla sugerían que esta práctica podría haber sido más generalizada dentro de nuestras Fuerzas Armadas de lo que habíamos creído.

Al enterarme de estas denuncias, me sentí mal físicamente. Los asesinatos eran una violación de todos los principios que sostenían a nuestro gobierno y de todas las órdenes que había dado a las Fuerzas Armadas. Desde el primer día en la presidencia, di instrucciones explícitas: no toleraríamos las violaciones de los derechos humanos o de los principios democráticos. Nuestro mensaje era siempre el mismo, en público y en privado: nunca permitiríamos prácticas ilegales, y mucho menos ignoraríamos cualquier tipo de abusos. Cuando me mostraban evidencias de conductas delictivas en cualquier institución gubernamental, siempre actué con decisión y transparencia para que los responsables rindieran cuentas por sus actos. Las democracias no toleran los abusos cometidos contra sus ciudadanos y este incidente no sería la excepción.

En el pasado habíamos tenido algunos casos de presunta criminalidad de nuestras fuerzas de seguridad. Y desde el primer momento establecimos un precedente claro: actuaríamos con celeridad y sin consideraciones políticas o de imagen pública. En 2006, pocos días antes de la elección presidencial, nos enteramos de un incidente particularmente abominable ocurrido en Jamundí: un grupo de soldados fue acusado de matar a varios policías colombianos que perseguían a traficantes de drogas, quienes al parecer estaban bajo la protección de esos mismos soldados. Horrorizado, tomé la decisión, con Camilo Ospina —nuestro ministro de Defensa en ese momento—, de solicitar que el caso fuera investigado por la justicia penal ordinaria y no por los tribunales militares. Reaccionamos de la misma forma expedita tras las supuestas atrocidades cometidas en Guaitarilla, Cajamarca y otros lugares.

Por otra parte, desde el inicio de nuestro gobierno se había aprobado una norma según la cual, cada vez que una misión militar diera de baja a un supuesto terrorista, nuestros soldados no podían mover el cuerpo hasta que un fiscal o funcionario del sistema judicial civil llegara al lugar de los hechos. El propósito de esta norma era, a la vez, proteger los derechos humanos y fortalecer la reputación de las Fuerzas Armadas dando absoluta transparencia a sus actividades. Paradójicamente, las medidas que tomamos desde 2003 no fueron resaltadas por nuestros críticos en Derechos Humanos, pero sí sirvieron para que hubiera excesos de judicialización por parte de la justicia ordinaria, lo cual llevó al estamento armado a quejarse de la eliminación de su fuero militar.

Aquella noche, con el ministro Santos y el general Padilla, acudieron a la reunión jueces y el asesor de derechos humanos. A medianoche, tras haber examinado los puntos clave de las pruebas, decidimos expulsar a los miembros de las fuerzas de seguridad que no habían seguido estrictamente los protocolos implementados con el fin de prevenir tales atrocidades. A las siete de la mañana del día siguiente hablé por la televisión: expliqué los resultados de la investigación a una nación conmocionada y entristecida, y comunicamos nuestra decisión de expulsar de las filas a los responsables. Fueron veintisiete despidos inmediatos en toda la cadena de mando, y en ellos se incluía a tres generales. La decisión era dolorosa —iba contra el amor y respeto que siempre he profesado por las Fuerzas Armadas—, pero necesaria. El periódico *El Tiempo* la calificó como "la mayor purga militar en la historia del país".

—La investigación ha encontrado que algunos miembros de las Fuerzas Armadas podrían estar involucrados en asesinatos, y que se han presentado fallas en los procedimientos, en los protocolos, y en la vigilancia —dije—.

Estos resultados nos obligan a tomar decisiones drásticas. No podemos permitir ninguna violación de los derechos humanos... Para nosotros, la verdad y la transparencia son tan importantes como la eficacia en general para el éxito de la Seguridad Democrática.

No era suficiente con castigar a los culpables. Debíamos tomar medidas para garantizar que nunca se repetirían estos crímenes. Una vez más, pedimos a nuestro sistema de justicia civil que investigara todas las denuncias de falsos positivos; invitamos también a los comandantes militares a asistir a las audiencias públicas que celebrábamos —transmitidas por la televisión— para responder a todas las denuncias por violaciones a los derechos humanos que hiciera la comunidad.

Me reuní con muchas madres de las víctimas para ofrecerles mis disculpas más profundas y conocer más detalles de los crímenes. Me contaron historias desgarradoras: sus hijos habían sido engañados con promesas de empleo y sus cadáveres habían sido encontrados, días después, a cientos de kilómetros de sus hogares. Algunos de estos casos incluían a un hombre sin hogar, a un joven epiléptico y a vendedores ambulantes. Según informes de prensa, una de las víctimas fue un veterano que abandonó el Ejército después de la amputación de su brazo izquierdo y fue asesinado por individuos de la misma institución en la que él había estado y reverenciado. Expresé mis condolencias y mi horror por los crímenes, y me comprometí a llevar ante la justicia a los responsables.

Varias madres me dijeron que sus hijos habían estado involucrados en el tráfico de drogas. Esto se sumó a otras informaciones que relacionaban estos asesinatos con acciones que vinculaban a narcotraficantes con algunos integrantes de las Fuerzas Armadas. Sabíamos de algunos casos: al inicio de nuestro gobierno, en Guaitarilla algunos miembros de nuestras Fuerzas Armadas habrían actuado por dinero que recibieron de los grupos de traficantes de drogas; también de narcotraficantes que pagaban a soldados colombianos para matar a sus rivales y hacerlos pasar como miembros de las FARC o de otro grupo. Un informe de 1994 de la CIA (desclasificado) señalaba que esta práctica se había realizado en Colombia desde por lo menos los años ochenta. Me entrevisté con un testigo en la sede de la ONU en Bogotá, quien me dijo que el objetivo principal de estos asesinatos era que los soldados pudieran dar parte de los progresos que realizaban contra los traficantes de drogas, mientras en realidad protegían a los verdaderos capos. Llegué a la convicción que el narcotráfico había jugado un papel importante en los falsos positivos: otra horrenda consecuencia del tráfico de drogas.

Desde que estalló el escándalo de los falsos positivos, me han preguntado si creo que nuestras políticas contribuyeron de alguna manera a los asesinatos. Rechazo con firmeza esta posibilidad. En primer lugar, la pregunta es producto de la desinformación: la opinión que sostiene que los soldados recibieron un pago adicional u otros incentivos financieros a cambio de un "conteo de cuerpos" más alto, es totalmente falsa. Por otra parte, quienes argumentan que al presionar fuertemente a los comandantes militares creé una cultura en la que podían ocurrir estos abusos, van en contravía de todas las pruebas obtenidas durante nuestro gobierno —tanto anecdóticas como de otro tipo— que demuestran cómo los militares eran menos propensos a cometer abusos en un entorno en que la moral era alta y su institución contaba con el apoyo decidido del Gobierno colombiano. Finalmente, algunos sugieren que nuestra persecución implacable a los grupos armados hizo creer a las fuerzas de seguridad que podían operar con impunidad: esto es totalmente falso, y así lo prueban todas nuestras intervenciones en escuelas militares, ceremonias de promoción de oficiales y discursos a la nación, en las que a la par que se hacía una exigencia de eficacia se daban instrucciones contundentes de transparencia y de respeto a los derechos humanos bajo la advertencia que ninguna conducta criminal —dentro o fuera de los estamentos militares— sería tolerada.

Como era nuestra obligación, reaccionamos a los casos de falsos positivos: facilitamos a la población civil la denuncia de estos delitos, e implementamos la aplicación de salvaguardias para eliminar el número de abusos de las Fuerzas Armadas y llevar a los criminales ante la justicia. Nuestros datos muestran que los casos de falsos positivos aumentaron en los años noventa, alcanzaron su apogeo en los años inmediatamente anteriores a nuestra presidencia, y luego disminuyeron. En la actualidad otros casos están siendo procesados por el sistema judicial colombiano y varias de las acusaciones han resultado falsas (en muchos casos varios años después de los hechos). Una de ellas involucró a miembros de la Cuarta Brigada del Ejército con sede en Medellín: los implicados fueron exonerados ocho años después de haberse presentado los cargos. Pero, muy a mi pesar, muchos otros casos fueron reales e innegables.

Poco antes de terminar el gobierno, el delegado de la Alta Comisionada de Naciones Unidas para los Derechos Humanos me visitó y me dijo que traía buenas noticias: que en los últimos dieciocho meses solo había recibido cuatro quejas y únicamente una parecía seria. Le repliqué: "No son buenas noticias, necesitamos cero casos, la permanencia de la Seguridad Democrática depende de su credibilidad, la que a su vez se funda en la eficacia y en la transparencia".

18

La fuga de Fernando Araújo destruyó la idea de invulnerabilidad que rodeaba a las FARC y a sus campamentos de secuestrados. Apenas cuatro meses después, Jhon Frank Pinchao, un policía colombiano que llevaba casi nueve años en la selva en poder de las FARC, logró escapar durante un descuido de sus captores, en medio de un aguacero torrencial. Pinchao elaboró un salvavidas con una jarra de plástico y durante varios días flotó por ríos llenos de lodo. Sobrevivió comiendo palmitos y huevos de aves que encontraba en el suelo. Por la noche metía hojas en su ropa para evitar las picaduras de insectos, y movía sus brazos y piernas durante las tormentas para evitar la hipotermia.

Pocos días después, la Policía interceptó comunicaciones radiales de las FARC en las que se decía que uno de sus secuestrados había escapado en algún lugar en los departamentos de Guaviare o Vaupés. No decían exactamente dónde se había producido la fuga, pero suponían que el prisionero trataría de huir por el río. Nos enfrascamos en una carrera frenética contra las FARC para intentar localizarlo primero. Despachamos helicópteros y policías a la zona, y pusimos a todos nuestros activos de inteligencia en estado de máxima alerta. Diecisiete días después de su odisea, y de forma casi milagrosa, una unidad de la Policía encontró a Pinchao: estaba flaco, hambriento y con una infección purulenta en su mano izquierda a orillas del río Apaporis, en el corazón del Amazonas.

La fuga de Pinchao levantó la moral de nuestras fuerzas de seguridad y de toda Colombia. Era la primera vez que un soldado o policía se escapaba de las FARC. Horas después de encontrardo, Pinchao se encontraba en Bogotá dando un abrazo enorme a su hijo de ocho años al que no conocía, una escena que hizo llorar a todos los colombianos. Su fuga tenía una importancia adicional: había estado en el mismo campamento de las FARC con Ingrid Betancourt, los tres contratistas estadounidenses y otros secuestrados. Cuando nos reunimos con él, Pinchao resultó, al igual que Araújo, un tesoro invaluable para nuestra inteligencia.

Nos sorprendió la tenacidad de Pinchao y su lealtad hacia la Policía y las Fuerzas Armadas; dijo que, ni aun en los momentos más difíciles de su cautiverio, había perdido la esperanza de lograr su libertad. Y aunque solo pudo darnos una ubicación general del campamento —que seguramente había sido abandonado desde que escapó, tres semanas atrás—, nos dio nuevos detalles sobre la vida con las FARC y confirmó algunas de nuestras sospechas. Nos contó sobre el estado físico y psicológico de los americanos (que era muy bueno) y de Ingrid (que era mucho menos alentador), sobre la rutina diaria de los secuestrados y nos hizo un dibujo con las instalaciones del campamento. Finalmente, Pinchao confirmó una sospecha inquietante que teníamos en materia de inteligencia: una de las secuestradas había dado a luz durante su cautiverio.

Clara Rojas, fórmula vicepresidencial de Ingrid durante las elecciones de 2002, la había acompañado al territorio que controlaban las FARC, y también fue secuestrada. Tenía treinta y ocho años y no había sido madre. Clara quedó embarazada y las FARC, que prohíben a los milicianos rasos tener hijos y muchas veces obligan a las mujeres a abortar, hicieron con ella una excepción.

Cuando se aproximaba el momento del parto, las FARC debieron actuar con humanidad y liberarla, o al menos llevarla a un hospital o clínica. No fue así: la mantuvieron secuestrada en un campamento en la selva. Al momento del parto, el cabecilla encargado del campamento se dio cuenta que las vidas de la madre y el niño peligraban. Decidió que debía hacerse una cesárea, pero la cirugía no salió bien y el "médico" tuvo que hacer una incisión más grande y extraer al bebé por la fuerza, fracturándole el brazo izquierdo. Rojas tuvo que permanecer cuarenta días en la cama antes de poder caminar de nuevo. Pinchao nos dijo que el niño fue llamado Emmanuel y que nunca se recuperó del trauma que sufrió en el brazo izquierdo. Parecía estar siempre adolorido y contrajo enfermedades típicas de la selva como leishmaniasis, unas llagas causadas por los excrementos de moscas de arena.

Cuando en una conferencia de prensa, Pinchao reveló la situación de Emmanuel a la opinión pública colombiana, la indignación general superó todo lo que habíamos visto antes. Las fechorías cometidas por las FARC habían causado la indignación de muchos colombianos, pero la imagen de un bebé enfermo secuestrado era para indignar incluso a los cínicos y apologistas más desfachatados de nuestra sociedad.

Otros dos eventos trágicos, acaecidos ese mismo año, aumentaron aún más la presión pública sobre las FARC. El primero estaba relacionado con los doce diputados del Valle del Cauca secuestrados por las FARC en Cali durante la ola de violencia inmediatamente anterior a nuestro gobierno. En junio de 2007, los terroristas que los custodiaban entraron en contacto con otra unidad de las FARC: creyeron que eran miembros del ELN y los atacaron. A medida que el combate se intensificaba, el cabecilla dio la orden de ejecutar a los secuestrados; tal como lo habían hecho con Gaviria, Echeverri y los soldados en Urrao. Y así, luego de padecer cinco años de cautiverio en lo más profundo de la selva, once de los doce diputados fueron asesinados. En una artimaña cínica para encubrir su crimen, las FARC culparon al Ejército colombiano por la confusión, y tardaron ochenta días en entregar los cadáveres a la Cruz Roja. Pero su engaño fue puesto en evidencia: una investigación forense demostró que los once diputados habían recibido noventa y cinco disparos, la mayoría de ellos por la espalda. Con dolor y rabia, la sociedad colombiana rechazó esta nueva masacre de civiles inocentes.

Cuando las FARC dieron la noticia del asesinato de los diputados, afirmaron desde Europa, en una página de Internet, que el hecho sucedió por enfrentamiento con el Ejército. Antes de dirigirme al país esperé once horas hasta confirmar que las Fuerzas Armadas no habían tenido enfrentamientos con la guerrilla en esa área y durante esos días. Al revelarse la verdad nuestra buena fe fue premiada.

El segundo evento ocurrió a finales del año: la Policía interceptó un video con mensajes de los secuestrados a sus familias y algunas cartas que Ingrid había escrito a su madre. En las imágenes, todos los secuestrados mostraban las huellas del padecimiento al que eran sometidos, pero el enorme deterioro de condición física de Ingrid causó conmoción. Sus cartas, además, revelaban su sufrimiento: "Es muy difícil para mí seguir esperando", escribió, y agregaba que el sufrimiento de sus hijos por causa de su secuestro, "hace que la muerte parezca una opción dulce... Aquí vivimos muertos".

Incluso para las FARC, que en aquel entonces tenían en las encuestas un índice de aprobación inferior al 2 por ciento, estas revelaciones ante la sociedad colombiana fueron muy difíciles de soportar. Se vieron en la necesidad de hacer algún gesto a fin de salvar las apariencias, y salvar las apariencias ante los ojos de sus apoyos en el extranjero. Esperábamos que hicieran algo significativo. Y no nos sorprendió mucho cuando identificaron a su interlocutor preferido.

19

El helicóptero se disponía a despegar de un parque en el Cañón de Chicamocha, en Santander, cuando sonó mi teléfono.

—¿Uribe?

—¿Sí?

—Presidente, te estoy llamando porque quiero ayudarte.

El presidente Chávez me llamaba desde Caracas; lo acompañaba Piedad Córdoba, senadora colombiana de izquierda con quien Chávez tenía buenas relaciones. Recientemente había autorizado a la senadora Córdoba a fungir como facilitadora para intentar, una vez más, un acuerdo con las FARC y lograr la liberación de los secuestrados. Había viajado a la capital venezolana para reunirse con el presidente Chávez, quien había dado señales de querer participar en las negociaciones.

—Yo puedo ayudarte a llegar a un acuerdo —me dijo el presidente Chávez.

"Si autorizo esto será un riesgo político. Y si no lo autorizo, será un riesgo humano", fue lo primero que pensé.

Para ese momento de nuestra presidencia, sabíamos que el presidente Chávez no siempre pensaba en los mejores intereses de Colombia. Por mi parte, tenía muchas preguntas sobre las implicaciones que tendría su papel en las negociaciones: ¿se trataba acaso de un intento del presidente Chávez para proyectarse como un pacificador en el escenario mundial, después de perder un referendo importante en su país?, ¿se trataba de una táctica para debilitar nuestro gobierno y darle un nuevo protagonismo a las negociaciones, en las que las FARC no parecían tener un interés sincero? Al mismo tiempo, comprendía que el presidente Chávez estaba en una posición privilegiada: era el único jefe de Estado en el mundo que aún tenía alguna influencia sobre los cabecillas de las FARC. Hacía algún tiempo, el presidente Castro me había dicho: "Las FARC ni siquiera me escuchan ya", y si debido a la presión de la opinión popular y de los estamentos militares este grupo buscaba un camino relativamente digno para la negociación, el presidente Chávez podía ofrecerles el alto perfil que necesitaban.

Nuestro gobierno había demostrado que estaba dispuesto a hacer grandes esfuerzos y a considerar todo tipo de opciones que condujeran a la liberación de los secuestrados. A principios de 2007, y como un gesto de buena voluntad, después de haber liberado de la cárcel a algunos integrantes de la FARC, anunció el Doctor Luis Carlos Restrepo, nuestro Comisionado de Paz, que completaríamos un número de 150. Recién posesionado, el presidente Sarkozy me llamó a preguntarme si era cierto que los iba a liberar. Le contesté que sí. Me repitió la llamada y ante la misma pregunta le reiteré que cumpliría la palabra. Me dijo que si podía pedirme algo más. Asentí, y me propuso liberar a Rodrigo Granda, el "ministro de Relaciones Exteriores" de las FARC, cuya captura provocó la crisis con Venezuela. Acepté, con la salvedad que siempre y cuando la ley me lo permitiera. No le pregunté al presidente pero supuse que tendría algún acuerdo con las FARC. Preferí confiar en él, antes que manifestar mi curiosidad. Liberado, Granda regresó con las FARC a sus actividades criminales. Las últimas fotos que conocimos lo mostraban en Venezuela en traje de camuflado y en actividad de delincuente. Ninguno de los secuestrados fue liberado: o no hubo acuerdo, o le incumplieron a Sarkozy.

Sin embargo, estas experiencias no nos detuvieron: la vida de los secuestrados estaba en juego, y cualquier esfuerzo de buena voluntad para liberarlos podría, tal vez, conducir a la solución que desde hacía muchos años anhelaban los colombianos. Así que respiré profundo mientras el presidente Chávez esperaba la respuesta a su oferta. Recordé el sabio consejo del ex presidente Julio César Turbay Ayala, a quien admiré profundamente y quien fuera mi jefe en una ocasión: "Nunca se debe reaccionar al impulso de las primeras impresiones". Y a pesar de mis reservas, le dije que estaba de acuerdo con su participación y que discutiríamos los detalles unos días más tarde, en la cumbre regional que se llevaría a cabo en Santiago de Chile. Una vez allí, le agradecí de nuevo su oferta y le dije que solo le quería pedir una cosa: que realizara la facilitación con la máxima discreción y privacidad. Él sonrió y estuvo de acuerdo.

En retrospectiva, esto era como pedirle a un gato que no persiguiera pájaros.

Lo que siguió fue un verdadero circo. En el transcurso de varias semanas, el presidente Chávez se refirió en varias ocasiones —en su programa semanal televisado a la Nación— al estado de las negociaciones con las FARC. Se reunió en Caracas con Iván Márquez, cabecilla de este grupo, y juntos ofrecieron una conferencia de prensa en las escaleras del palacio de Miraflores; era la primera vez que un cabecilla de las FARC aparecía en público con un jefe de Estado extranjero. Durante una de sus giras mundiales, el presidente Chávez le dijo al presidente Sarkozy que yo estaba dispuesto a reunirme de inmediato con Manuel Marulanda —cabecilla supremo de las FARC—: era una distorsión de lo que le había dicho personalmente al presidente Chávez. A pesar de todo fui paciente, tal vez de manera irracional. Pero cuando me informaron que el presidente Chávez había intentado en varias ocasiones llamar a uno de los comandantes militares de alto rango y que, a través de la senadora Córdoba, finalmente logró comunicarse con el comandante del Ejército —en una violación inaceptable y peligrosa de los protocolos—, decidí que ya era suficiente. Emití una declaración al día siguiente y puse fin al papel del presidente Chávez como mediador. Esto produjo una airada respuesta de Caracas, y la consternación y decepción por parte de las familias de los secuestrados.

A mediados de diciembre de 2007, las FARC parecieron ceder ante el clamor de la opinión pública colombiana. Anunciaron planes para liberar unilateralmente a tres de sus secuestrados más preciados: Clara Rojas, su hijo Emmanuel y Consuelo González de Perdomo, una ex congresista secuestrada desde 2001. Su única condición era que solo entregarían los secuestrados al Gobierno venezolano.

A pesar de todo lo que había ocurrido, no lo pensamos dos veces y aceptamos de inmediato los términos de las FARC. Incluso se autorizó el ingreso de helicópteros venezolanos a territorio colombiano para recoger a los secuestrados. Las FARC anunciaron el 28 de diciembre como el día de la liberación. La delegación encargada de recibir los secuestrados viajó a la ciudad colombiana de Villavicencio, donde se llevaban a cabo las operaciones logísticas requeridas, encabezada por el canciller venezolano Nicolás Maduro, la integraban además camarógrafos, el ex presidente argentino Néstor Kirchner, el director de cine estadounidense Oliver Stone, amigo del presidente Chávez, y representantes de países como Bolivia, Brasil, Cuba, Ecuador, Francia y Suiza.

Todo parecía listo para seguir adelante.

Bajo el calor tropical de Villavicencio, los visitantes internacionales y decenas de periodistas esperaban ansiosamente instrucciones de las FARC: de un momento a otro recibirían por radio las coordenadas del sitio donde serían liberados los secuestrados. Los helicópteros venezolanos, pintados con los símbolos de la Cruz Roja, tal y como se había acordado, estaban listos para despegar. Los minutos se hicieron horas, y el día terminó sin noticias por parte de los terroristas. Finalmente el presidente Chávez recibió una carta de las FARC en la que culpaban del retraso de la operación al mal tiempo y a las malas comunicaciones. Nadie sabía si eso era cierto.

Pasó otro día, y luego otro. Seguíamos sin noticias. Los miembros de la delegación estaban cada vez más nerviosos. Por fin el cuarto día, víspera de Año Nuevo, las FARC emitieron un comunicado culpando del retraso a su chivo expiatorio preferido: yo. Según este grupo, la liberación de los rehenes había sido saboteada por "intensos operativos militares en la zona", por lo cual una entrega en esas circunstancias pondría la vida de todos en "grave peligro". "Tan pronto podamos encontrar un lugar seguro", concluían, "haremos posible el regreso de Clara, Emmanuel y Consuelo".

Los miembros de la delegación y la comunidad internacional en general condenaron enérgicamente el proceder de las FARC. Sin embargo, algunos medios extranjeros se quejaron: Álvaro Uribe, el beligerante de línea dura, se había salido con la suya una vez más. Y el presidente Chávez se enojó, me acusó de "dinamitar" su plan de rescate, y afirmó que la interrupción de las comunicaciones de las FARC se debía muy probablemente a las interferencias radiales realizadas por las fuerzas estadounidenses que operaban secretamente en Colombia.

Nada de esto era cierto. Nuestras Fuerzas Armadas habían suspendido las principales operaciones militares en las zonas donde creíamos que las FARC tenían a los secuestrados y por eso, sospechábamos, debía haber otro motivo que les impedía entregar a las dos mujeres y al niño a la delegación internacional, tal y como lo habían prometido.

A cada minuto que pasaba, nuestros servicios de inteligencia lograban una mayor certeza en cuanto al motivo de la demora.

La situación había alcanzado tales proporciones, que me vi obligado a intervenir. El Alto Comisionado para la Paz Luis Carlos Restrepo, un hombre trabajador y honesto, me llamó desde Villavicencio para preguntarme si podía ir con urgencia y refutar las acusaciones que se hacían contra nosotros. Suspendí mi viaje habitual para pasar el 31 de diciembre con los soldados —irónicamente, tenía planeado ir a los Montes de María— y volé a Villavicencio con el ministro de Defensa Santos y el general Montoya. Cuando llegamos, fuimos acosados por los representantes de la prensa con preguntas indignadas acerca de por qué habíamos "saboteado" la liberación.

Nos reunimos con la delegación internacional en una sala pequeña, sin la presencia de los periodistas. En primer lugar, el general Montoya aseguró a los presentes que el Ejército no había efectuado ninguna operación que hubiera frustrado la liberación. Luego tomé la palabra, y expliqué a la delegación nuestra teoría sobre lo que en realidad había sucedido.

—Creemos que las FARC no han liberado a los secuestrados —dije—, por la sencilla razón que no tienen ya bajo su custodia al niño Emmanuel.

Se hizo un silencio, al cabo del cual el expresidente Kirchner expresó lo que muchos estaban pensando:

—Si eso es así, ¡quedamos como unos boludos!

Desde el momento en que nació, Emmanuel había sido un problema para las FARC. Debido a los traumas sufridos durante las circunstancias brutales de su nacimiento, el niño se enfermaba con frecuencia. Lloraba y se quejaba constantemente, y los terroristas le tapaban la boca o lo sedaban cuando caminaban durante varias horas para evitar que alguna patrulla del Ejército que estuviera en la zona pudiera oír sus gritos. El brazo de Emmanuel, destrozado durante la fallida cesárea, nunca había sanado por completo. Y cuando el niño tenía ocho meses y contrajo una leishmaniasis severa, las FARC se cansaron de esa situación.

A pesar de los gritos del niño y de la tristeza e indignación de Clara Rojas, a principios de 2005 las FARC tomaron a Emmanuel y lo entregaron a una familia campesina en El Retorno, un pueblo al sur del país. Le dijeron al padre de familia que un día volverían por Emmanuel y que, mientras tanto, debía hacerlo pasar como su sobrino. Entonces el niño pasó a ser conocido como Juan David Gómez Tapiero.

Emmanuel ya no estaba en la selva, pero su salud no mejoró. Pocos meses después, el "tío" lo llevó a una clínica cercana, desde donde fue remitido a un hospital en la ciudad de San José del Guaviare. Los médicos se sintieron tan indignados por el avanzado nivel de desnutrición del niño, por las llagas en su cara y por las heridas en su brazo que lo entregaron a la custodia del Estado. Para horror del "tío", a quien las FARC le habían ordenado cuidar del niño aún a costa de su propia vida, Emmanuel fue enviado a un hogar del Instituto Colombiano de Bienestar Familiar (ICBF) en Bogotá. Ninguno de los involucrados —la familia campesina, los médicos, el ICBF— sabía la verdadera identidad del niño, ni que todo el país lo estaba buscando.

Además de las informaciones de Jhon Frank Pinchao, nuestras fuerzas de seguridad sospecharon durante mucho tiempo que una de las secuestradas había dado a luz. Varios años antes, una patrulla del Ejército había descubierto un campamento de secuestrados con una cuna. Circularon posibilidades sobre quién podría ser la madre, hasta que interceptamos mensajes radiales de las FARC en los que una de las partes decía que Clara Rojas se había vuelto "inestable" después de ser separada de su hijo. Esto nos dio dos piezas fundamentales de información: la verdadera identidad de la madre del niño y la posibilidad de que Emmanuel no estuviera bajo custodia de las FARC.

Nuestras agencias de inteligencia habían mejorado notablemente su alcance y sofisticación en los años transcurridos desde que asumí la presidencia y gracias a su labor incansable, a mediados de 2007 obtuvimos una información de gran importancia: la presencia de un niño con problemas en el brazo izquierdo en un hogar del ICBF en Bogotá, cuya descripción parecía coincidir con la que teníamos de Emmanuel. Dos de nuestros agentes, haciéndose pasar por una joven pareja, alquilaron una casa frente al hogar para vigilar al niño. Pero aún no estábamos completamente seguros de su identidad: por un lado, en un video de pruebas de supervivencia que difundieron las FARC en esa misma época, uno de los secuestrados afirmó haber llevado a Emmanuel en sus hombros durante las caminatas (más tarde pudimos concluir que se trataba de una estrategia de las FARC); por otra parte, una pregunta esencial aún no tenía respuesta: ¿por qué las FARC habían ofrecido liberar a Emmanuel si no lo tenían en su poder?

El ministro Santos señaló en su libro *Jaque al terror*, que este operativo era una prueba indiscutible de la pérdida de "comando y control" por parte del liderazgo de las FARC. Es cierto: nuestras ofensivas militares y la interceptación de inteligencia pusieron a las FARC bajo una presión constante e interrumpieron su capacidad para comunicarse. Se explica entonces por qué los cabecillas ignoraban que Emmanuel ya no estaba en su poder o que ya no tenían acceso a él. También es posible que, al anunciar su liberación, las FARC confiaran en su capacidad para recuperar al niño sin importar dónde se encontrara. Sea cual fuera la razón, mientras los observadores internacionales comenzaban a llegar a Villavicencio, supimos que el "tío" de la pequeña localidad de El Retorno buscaba desesperadamente en los hogares adoptivos de Bogotá, donde decía que las FARC lo iban a matar si no encontraba al niño de inmediato. También pudimos detectar en la ciudad la presencia de integrantes de las FARC con idéntica misión.

Ya no podía haber ninguna duda: "Juan David" era Emmanuel.

Después de reunirme con la delegación internacional, salí a la calle y revelé lo que sabía a la prensa:

—Los terroristas no se atreven a cumplir sus promesas porque no tienen al niño —dije a los periodistas asombrados—. El grupo terrorista de las

FARC no tiene ninguna excusa. Han engañado a Colombia y ahora quieren engañar a la comunidad internacional.

La farsa quedó al descubierto. El ex presidente Kirchner y varios observadores regresaron a sus países ese mismo día. No faltó sin embargo quien, al momento de abordar el avión de regreso, buscara todavía la forma de decir que todo había sido culpa de nuestro gobierno:

—¡Qué vergüenza para Colombia! —dijo Oliver Stone a la prensa—. ¡Qué vergüenza para Uribe!

A pesar de estas voces aisladas, el episodio de Emmanuel reveló la verdadera naturaleza de las FARC a los ojos de la comunidad internacional y su engaño fue evidente para todos. Diez días después liberaron a Clara Rojas y a Consuelo González sin delegación y sin fanfarria: solo un par de funcionarios venezolanos y la Cruz Roja Internacional. Dos laboratorios, uno en Colombia y otro fuera del país, realizaron pruebas de ADN para confirmar que Emmanuel era el verdadero hijo de Clara Rojas, y pocos días después, el mundo se alegró al ver reunidos a la madre y al hijo. La separación había durado casi tres años.

Al liberar a Clara Rojas, las FARC intentaban recuperar algo de credibilidad. Pero fracasaron. El siguiente golpe mortal no se los propinó el gobierno, sino el pueblo colombiano.

22

Para el 2008, en el país se había producido una gran transformación: por un lado, los colombianos ya no temían a las FARC; y por el otro, el caso de Emmanuel, la fuga de Jhon Frank Pinchao y de Fernando Araújo, y la mejora significativa en la seguridad de Colombia se habían combinado para producir un cambio importante en la manera como el mundo veía a nuestro país.

Entre las generaciones más jóvenes de Colombia, el miedo había sido reemplazado por otra cosa: asco y repudio. Mediante el uso —relativamente nuevo— de Facebook, un grupo de jóvenes organizó una marcha que llamó "Un millón de voces contra las FARC". El objetivo parecía un sueño imposible. Pero, en una de las primeras manifestaciones globales de cómo los medios sociales pueden reflejar y movilizar la voluntad popular, el rumor se extendió con rapidez. Muchos se sintieron atraídos por los orígenes apolíticos de la marcha y por su lema elegante y condenatorio: "No más secuestros. No más mentiras. No más muertes. No más FARC".

El lunes 4 de febrero de 2008, los manifestantes salieron a las calles, en Colombia y en el mundo, para expresar su rechazo a las FARC. En lugares tan lejanos como Japón y Australia, los manifestantes desafiaron temperaturas bajo cero. En Colombia, la gente llenó las calles: ondeaba banderas y vestía camisetas blancas impresas con el lema de la marcha. Era toda una Nación unida en un solo mensaje. En efecto, la participación fue abrumadora: millones de personas salieron a manifestarse.

Participé en la marcha en medio de la multitud como cualquier otro colombiano. El destino quiso que estuviera en Valledupar, aquella ciudad en el norte del país que había sido asolada por la violencia y la primera que visité luego de asumir la presidencia. Allí, también, la situación había cambiado: en lugar de permanecer atemorizados y en silencio en sus casas, como sucedía en 2002, los habitantes de esta ciudad salieron a las calles.

Al final del día, agradecí a los manifestantes de todo el mundo por unirse a "esta cadena de energía espiritual contra el secuestro y el crimen".

Los narcoterroristas nunca habían estado en condiciones más frágiles. Se habían debilitado militarmente, su mística había desaparecido y el país entero se unió en contra de ellos. Era una situación que unos años antes nadie se habría atrevido a imaginar.

El paso final ahora dependía de nosotros.

SEXTA PARTE

Lealtad

"Cesó la horrible noche".
HIMNO NACIONAL DE COLOMBIA

1

A mediados de 2007, el principal proveedor de alimentos, combustible y otros productos de las FARC en el sur de Colombia era... el Gobierno colombiano.

Gracias a la extraordinaria labor de la DIPOL —nuestra agencia de inteligencia de la Policía—, se había logrado infiltrar casi toda la cadena de abastecimiento del llamado Frente 48 de las FARC. En el transcurso de cuatro años se construyeron almacenes y muelles, se adquirieron lanchas rápidas, camiones, empresas distribuidoras y propiedades en la zona cercana a la frontera con Ecuador. Se instalaron en la región micrófonos, cámaras, dispositivos secretos de seguimiento y otras tecnologías de vanguardia.

Había más de una docena de agentes encubiertos apostados, de forma permanente, en la zona. Pasaban por comerciantes, conductores de embarcaciones y otros oficios. Los detalles completos de su labor nunca fueron revelados al público, pero ésta fue poco menos que heroica, y algunos de ellos pasaron más de tres años allá. Se concentraron principalmente en la inteligencia humana: reclutaban fuentes con mucho cuidado, recopilaban información y la enviaban a la central de mando para su revisión. Poco tiempo después, se contaba con más de doscientos civiles que proporcionaban información. Para determinar su veracidad, cada uno de ellos fue sometido en secreto al polígrafo. Mediante una mezcla de viejas y nuevas tecnologías —que incluía códigos secretos en libros y revistas—, los agentes transmitían los resultados y otros tipos de información al comando central.

En Bogotá, los agentes de la DIPOL trabajaban día y noche para procesar los datos procedentes de esa zona; información que complementaron con más de ochocientas entrevistas realizadas a miembros de las FARC desmovilizados, capturados, o que hacía algún tiempo habían dejado las filas de esa organización. Más de 75.000 piezas de información fueron analizadas de forma exhaustiva.

El único propósito de esta operación masiva era la captura de Luis Edgar Devia Silva, alias "Raúl Reyes", el cabecilla número dos de las FARC y, lo que era de suma importancia, el gurú de las comunicaciones internas de ese grupo.

2

Reyes era la clave. Si lográbamos llegar a él, asestaríamos un golpe mortal a la capacidad operativa de las FARC y tal vez —solo tal vez— despejar el camino para el rescate de los llamados secuestrados de "alto valor", entre ellos Ingrid Betancourt y los tres estadounidenses.

Raúl Reyes era conocido por el pueblo colombiano desde hacía más de una década. Fue uno de los integrantes más notorios de las FARC durante el proceso de paz del gobierno anterior, y era conocido por su empecinada obstrucción al progreso de las conversaciones y por sus declaraciones para justificar el secuestro y el tráfico de drogas. Se refería a los secuestrados como "retenidos", y al pago por su liberación como un "impuesto de guerra". Se le consideraba también como un posible sucesor de Manuel Marulanda, el cabecilla supremo de las FARC, que tenía más de setenta años y cuya salud era precaria, según varios informes. La perspectiva de la nueva generación que tomaría el poder dentro de las FARC no nos ofrecía ningún alivio: Reyes era parte de una facción de línea dura que no tenía interés en la paz; así lo había manifestado en 2003 cuando dijo que las FARC solo estaban esperando a que terminara nuestro gobierno. Mientras Reyes y otros como él siguieran libres, las FARC seguirían siendo una grave amenaza para la paz de Colombia.

"Después de cuarenta y cuatro años de lucha, el secretariado de las FARC, integrado por siete hombres, se mantenía intacto como un sacerdote impío", escribió el periodista estadounidense John Otis en *Ley de la selva*, un libro sobre nuestra lucha contra los terroristas. "Y con Manuel Marulanda y el resto de sus principales comandantes dando órdenes, las FARC, aunque maltrechas, parecían ser capaces de sobrevivir y recuperarse".

Existía otra razón, quizá más importante, para dar con Reyes: su papel en la estructura de comunicaciones de las FARC. A mediados de la década de 2000, Reyes era el canal para casi todas las comunicaciones internas importantes del grupo. Era como un punto medio en el triángulo: si los distintos "frentes" de las FARC querían comunicarse entre sí, por lo general lo hacían a través de Reyes; si Marulanda y el resto del "secretariado" querían dar órdenes a los terroristas en sus campos de operaciones, en general lo hacían por intermedio de Reyes. Por esta razón, creíamos que neutralizar a Reyes nos podría conducir a los frentes que tenían a Ingrid y a los demás secuestrados. En el peor de los casos, sacarlo de su campamento haría que las comunicaciones internas de las FARC se sumieran en un caos total.

En diciembre de 2004 tomé una decisión que pudo haber evitado el abatimiento de Reyes. Recibimos información que varios cabecillas de las FARC estaban reunidos en una casa en Quito, Ecuador. Las FARC se movían constantemente por la capital ecuatoriana, donde eran dueños de varios negocios a través de los cuales lavaban dinero proveniente de las drogas. Nuestra inteligencia supo que Reyes iría a una casa acompañado de Juvenal Ovidio Ricardo Palmera Pineda, alias "Simón Trinidad". Al igual que Reyes, Trinidad había sido uno de los principales negociadores de las FARC durante el proceso de paz. Cuando su farsa se vino abajo, Trinidad reanudó sus actividades como uno de los secuestradores y traficantes de drogas más despiadados de esa organización —con particular celo, años antes sembró el terror en Valledupar, su ciudad natal—. Era hijo de una familia vinculada al sector agropecuario y había realizado algunos semestres de economía en Harvard. Estados Unidos lo buscaba por múltiples cargos de tráfico internacional de drogas. Coordinamos con las fuerzas de seguridad ecuatorianas para capturarlos.

A última hora recibí una llamada urgente del general Jorge Daniel Castro Castro, uno de nuestros mejores comandantes de la Policía.

—Presidente—me dijo—, ¡Trinidad está en la casa, pero todavía no hay señales de Reyes! ¿Debemos esperar o procedemos con la captura?

Nos preocupaba que Trinidad lograra salir de la casa si esperábamos mucho tiempo.

—Es mejor traer un pez pequeño que ninguno —le dije al general para que capturaran a Trinidad.

Gracias a la labor de las fuerzas de seguridad ecuatorianas y al gobierno de Alfredo Palacio, que siempre colaboró con nuestros esfuerzos para luchar contra el terrorismo, la operación fue un éxito. El Gobierno ecuatoriano deportó a Trinidad a Colombia en cuestión de horas. Cuando estuvo bajo nuestra custodia, ofrecí abstenerme de extraditar a Trinidad y a otra militante de las FARC conocida como "Sonia" —detenida en la selva por nuestros comandos—, si las FARC aceptaban liberar a los secuestrados. No tuvimos respuesta, así que enviamos a ambos a Estados Unidos, donde fueron juzgados y condenados.

La captura de Trinidad fue un triunfo para nosotros, y un duro golpe para las actividades de las FARC. Pero un poco más de tres años después, aún no habíamos capturado a Reyes.

Gracias a la ardua labor de nuestros servicios de inteligencia, conocíamos la ubicación general de Reyes: se encontraba en el sur de Colombia y se movía constantemente de un lado a otro de la frontera con Ecuador. Por lo menos en cuatro ocasiones, nuestras Fuerzas Armadas lanzaron operaciones especiales dirigidas a su captura, pero Reyes estaba muy bien protegido. Como todos los cabecillas de las FARC, se movía continuamente y cuando se establecía por poco tiempo en algún sitio, instalaba numerosos campamentos "satélites" en el perímetro circundante, a fin de garantizar su protección. Penetrar estos anillos de seguridad e identificar el campamento central era una labor muy difícil. Hicimos ataques aéreos sin éxito. En una misión apostamos francotiradores en los árboles, listos para abatir a Reyes cuando pasara cerca. Sin embargo, tuvimos la mala suerte que algunos de sus guardias pasaron por debajo del árbol donde estaba uno de nuestros hombres y lo descubrieron. Se produjo un tiroteo y Reyes escapó. Otra operación dejó como saldo la muerte de un capitán del Ejército, baleado por uno de los secuaces de Reyes.

Estas operaciones fueron muy difíciles tanto para los miembros de nuestras Fuerzas Armadas, como para nuestro gobierno. Solo muy pocos sabían la cantidad de vidas humanas y de recursos que destinábamos para derrotar a este hombre. Nuestros intentos fallidos también fueron extremadamente penosos para nuestros agentes de inteligencia situados en la zona: llevaban varios años en la selva, con una identidad falsa y sin poder revelar su verdadera identidad. Su angustia era tal, que nuestros jefes de inteligencia de la Policía los visitaban con frecuencia para asegurarles que estaban prestándole un gran servicio a nuestro país y que sus esfuerzos no tardarían en dar frutos.

Tenían razón.

3

Reyes llevaba muchos años huyendo. Había evadido con éxito a algunos de los soldados y agentes de inteligencia mejor entrenados del planeta. Pero desde el año 2002 nuestras Fuerzas Armadas y los servicios de inteligencia habían mejorado enormemente y, al final, Raúl Reyes era un hombre de carne y hueso. No tenía posibilidades frente a una Nación segura de sí, unida en contra de las FARC y que trabajaba activamente para desmantelarlas.

Sabíamos, pues, que Reyes se movía entre varios campamentos de la zona frontera con Ecuador. Una persona de nuestra creciente lista de informantes nos avisó que en los últimos meses venía utilizando un campamento "especial" para recibir delegaciones de visitantes: periodistas, estudiantes, extranjeros y otras personas, quienes escuchaban sus largos sermones sobre las "virtudes" de la ideología y los métodos de las FARC, que algunos complementaban con entrenamiento en el manejo de explosivos. Uno de los visitantes llamó al campamento de Reyes "una oficina de relaciones públicas de las FARC". Era, en suma, lo más cercano que tenían las FARC a una base fija de operaciones.

A principios de 2008, un grupo de visitantes llegó al campamento preferido de Reyes. Uno de ellos trabajaba para nosotros. Llevaba un dispositivo especial para identificar la frecuencia de la señal utilizada por Reyes para comunicarse con las FARC y se activó al entrar al campamento. A partir de ese momento, cada vez que el cabecilla hablaba con el mundo exterior, su señal era para nosotros como un faro.

Gracias a esta extraordinaria labor de nuestros servicios de inteligencia, ahora teníamos el lugar exacto donde se encontraba Raúl Reyes. Fue un logro histórico. Los comandantes militares y de la Policía y el ministro Santos me dieron la noticia, y pidieron la autorización para lanzar un ataque aéreo. La misión parecía segura y con pocos riesgos, pero había un detalle fundamental: entre los varios campamentos de Reyes, a uno y otro lado de la frontera, éste se encontraba del lado ecuatoriano, a muy corta distancia de Colombia.

4

La noticia sobre la ubicación de Reyes no fue una sorpresa: desde hacía varios años, la frontera con Ecuador era una zona con muchos problemas. El mayor era el tráfico de drogas y los cultivos ilícitos.

Durante la segunda mitad de nuestra presidencia, cuando habíamos logrado reducir el secuestro en todo el territorio de Colombia, las FARC aumentaron su dependencia del cultivo y del tráfico de drogas para obtener ingresos. Se hizo necesario, entonces, incrementar nuestros esfuerzos para erradicar los cultivos: como en otras regiones productoras de coca en nuestro territorio, emprendimos un agresivo programa de fumigación aérea para erradicarlos en el lado colombiano de la frontera. Estas fumigaciones provocaron las quejas del Gobierno ecuatoriano que temía —según dijo— daños al medio ambiente causados por las sustancias químicas llevadas por el viento a su territorio soberano. La evidencia científica iba en contra de estos argumentos. Pero con el único interés de preservar la amistad entre nuestros países, cedimos a los deseos del presidente Palacio y nos abstuvimos de fumigar en una franja colombiana de diez kilómetros a lo largo de la frontera. Al cabo de un año, esa franja del territorio colombiano se llenó de plantas de coca y se convirtió en una de las zonas con mayores cultivos ilícitos del mundo. Llamé al presidente Palacio y le dije que no tenía más remedio que reanudar la fumigación. No le gustó nuestra decisión, pero procedimos con total transparencia.

En enero de 2007 —un año antes de dar con el lugar donde se encontraba Reyes—, Rafael Correa llegó a la presidencia del Ecuador. Joven economista de solo cuarenta y tres años, parecía dispuesto a seguir el camino emprendido por el presidente Chávez. Durante la primera vuelta de la campaña presidencial, declaró que las FARC no eran un grupo terrorista. Dijo incluso que la frontera norte de Ecuador no era con nuestro gobierno, sino con las FARC. Aludía constantemente a la violencia en Colombia, pero de ella culpaba solo a los paramilitares. Declaraciones incendiarias que llevaron a algunos ecuatorianos moderados a pensar que se trataba de un izquierdista radical, razón por la cual durante la segunda vuelta de las elecciones Correa suavizó un tanto su discurso. Pero en Colombia habíamos visto y oído lo suficiente como para preocuparnos. Durante un consejo en Putumayo, cerca de la frontera con Ecuador, me dirigí directamente al presidente electo Correa: repetí por qué las FARC eran una organización terrorista, y sostuve que la democracia colombiana no podía aceptar que legitimara a las FARC en sus discursos. Nos preocupaba que Colombia estuviera a punto de quedar atrapada entre dos gobiernos que simpatizaban con este grupo terrorista.

Como lo había hecho antes con el presidente Chávez, hice un gesto de paz al presidente electo Correa, con la esperanza de obtener su confianza y colaboración en materia de seguridad. Poco antes de su posesión presidencial, nos encontramos en la de Daniel Ortega en Nicaragua; allí el presidente electo de Ecuador me preguntó sobre el tema de la fumigación, y a pesar de nuestra experiencia anterior (cuando dejamos de hacerlo en diez kilómetros de la franja fronteriza) y como un gesto de hermandad y amistad entre nuestras naciones, le dije que haríamos una última ronda de fumigación y luego las interrumpiríamos.

La alternativa a la fumigación aérea era la erradicación manual: tropas colombianas irían a las zonas de cultivo para proteger a los civiles encargados de la destrucción de los cultivos de coca. Esto era más fácil decirlo que hacerlo: los propietarios de la cocaína no eran personas comunes, eran las FARC.

Poco después de iniciar la erradicación manual, las tropas fueron atacadas: cuadrillas de ese grupo que operaban en el lado ecuatoriano de la frontera realizaban incursiones desde sus campamentos, atacaban a nuestros soldados y luego se refugiaban en la "seguridad" del Ecuador. Estos ataques se repitieron en numerosas ocasiones. En una de ellas perdimos dos docenas de hombres. Asumí el triste deber de viajar a la región fronteriza para recibir los cadáveres.

Varias veces pedimos al gobierno del presidente Correa ayuda para un control más eficaz de la zona fronteriza, pero solo tuvimos como respuesta el silencio o la declaración —repetida una y otra vez— que la violencia en la zona era un problema exclusivo de Colombia.

Este era el contexto de nuestras relaciones con Ecuador, cuando supimos que el campamento de Reyes estaba en su territorio, a solo unos cientos de yardas más allá de nuestra frontera. Se sentía tan seguro, que invitaba y recibía personas de todo el mundo, convencido que sería intocable mientras permaneciera en ese país. Si hubiéramos contado con la cooperación del gobierno de Quito para alcanzar la seguridad regional, habríamos solicitado su ayuda para capturar a Reyes; tal y como sucedió unos años antes con Simón Trinidad, en el anterior gobierno ecuatoriano. Pero no era así. Y las evidencias indicaban que, de hacer la solicitud, muy probablemente Reyes sería puesto sobre aviso.

En público y en privado siempre dije que perseguiríamos a los terroristas sin importar dónde se encontraran. Y esta decisión de nuestro gobierno era clara para la opinión pública nacional e internacional: tres años atrás el caso de Rodrigo Granda la demostraba. Conservábamos la esperanza que este episodio sirviera a las FARC para dejar de refugiarse en países vecinos, pero lamentablemente no fue así. Y Reyes era una figura más importante que Granda: era fundamental tanto para las operaciones armadas criminales de las FARC, como para el control de los secuestrados. Por otra parte, estábamos seguros de poder cumplir con una regla de hierro de nuestra administración: no poner en riesgo a civiles inocentes en nuestros ataques aéreos, pues el campamento de Reyes se encontraba en una zona aislada de la selva. Finalmente, todo parecía indicar que podíamos lanzar un ataque sin que nuestros aviones tuvieran que salir del espacio aéreo colombiano.

Así, pues, el mayor riesgo estaba en el campo diplomático. Algunos de mis colaboradores, incluyendo al ministro de Defensa Santos, plantearon sus dudas sobre la operación, por la posibilidad de crear un conflicto con nuestro vecino. Recordé las consecuencias del caso Granda y las dificultades para lograr que las relaciones con Venezuela volvieran a una relativa normalidad. Era obvia la importancia de mantener buenas relaciones con todos los países y, en particular, con nuestros socios regionales; pero aquí estábamos otra vez: uno de nuestros vecinos albergaba a terroristas colombianos de una forma relativamente abierta y con la posible complicidad de algunos agentes del Estado ecuatoriano. Situaciones como ésta no podían continuar, y si era necesaria otra agria confrontación para dar de baja a este asesino y lograr un mayor respeto a largo plazo por la seguridad de Colombia, tendría que ser así. Evoqué una frase de Shakespeare: "Un cielo enrarecido no se despeja sin desencadenar una tormenta".

Discutí una vez más los pormenores del ataque aéreo con los comandantes del Ejército, y sopesamos sus ventajas y desventajas. Se trataba de una operación que abatiría a uno de los terroristas más buscados no solo en Colombia, sino en todo el mundo, y que podía ofrecernos una ruta de acceso a los secuestrados, quienes llevaban más de cinco años en cautiverio. Nuestra inteligencia era excelente. Nuestras capacidades militares estaban a la altura.

—Procedan —dije a los generales—. Procedan bajo mi responsabilidad.

5

A las doce y veinte minutos de la noche hice la primera llamada telefónica al general Padilla:

—Hemos lanzado las bombas, Presidente —me dijo.

—Muy bien, mi general.

Poco después recibí una llamada:

—Hemos dado en el blanco. Los informes preliminares señalan que la operación ha sido exitosa.

—Muy bien, mi general.

Minutos más tarde, después de una nueva conversación con el general Padilla, hablé con el ministro Santos, quien me dijo:

—Presidente, necesitamos su autorización para entrar a territorio ecuatoriano y verificar los resultados de la operación.

Era otro riesgo, y quizás mayor: si bien se trataba de una misión de reconocimiento, no de combate, las fuerzas especiales colombianas entrarían a territorio ecuatoriano. Por otro lado, teníamos que saber a ciencia cierta si Reyes estaba muerto o no. No era el momento de desistir y di la autorización.

Permanecí en mi casa de Rionegro, donde había llegado hacia la medianoche, a la espera de una nueva llamada telefónica. Imaginé el lugar donde se encontraban los criminales y el aspecto que podría tener en ese momento: carpas y selva. Los campamentos en el perímetro de Reyes serían un infierno de pánico y confusión; algunos milicianos rasos correrían al lugar de los hechos para tratar de rescatar a Reyes, si aún estaba con vida. El campamento principal estaría envuelto en llamas y humo, habría restos y escombros esparcidos, árboles destrozados en el suelo y computadores.

Sí, los computadores de Reyes.

Los escombros, las llamas y los computadores trajeron el recuerdo de aquel diciembre de 1992, cuando estuve a un paso de perder la vida a causa de la bomba colocada por las FARC en el Hotel Orquídea Real y mi portátil había sobrevivido a las explosiones sin sufrir daños. Igual sucedió cuando realizamos el ataque —con armas de alta precisión— contra Tomás Medina Caracas, alias "el Negro Acacio": terminada la operación sus computadores seguían funcionando. En esa ocasión, la información encontrada no resultó tan útil. Pero esta vez se trataba de Reyes, el hombre clave de todas las comunicaciones de las FARC.

Cuando el general Padilla me llamó, le hice una petición explícita:

—Mi general, es muy importante que diga a nuestros hombres que busquen los computadores portátiles. ¡Si los encuentran, deberán traerlos a Colombia!

—¡Entendido, Presidente!

6

Hacia las tres de la mañana volvió a sonar mi teléfono.

—Presidente —dijo el ministro Santos—, puedo informarle que Raúl Reyes ha sido dado de baja.

—Gracias, Ministro —contesté.

Pensé de inmediato en los demás cabecillas de las FARC y pregunté:

—¿Y el "Mono Jojoy"? ¿Cuándo va a caer?

7

La primera llamada que hice ese día, poco después del amanecer, fue al presidente Correa.

Al hacerlo, nuestras fuerzas estaban todavía en territorio ecuatoriano; pues aunque el trayecto era relativamente corto, el regreso al país era muy difícil por el espesor de la selva. Esperaba con mi llamada temprana al presidente Correa —antes que la noticia de la operación fuera divulgada—, apelar a su sensibilidad democrática y así limitar, hasta donde fuera posible, la conmoción que sobrevendría.

El presidente Correa reaccionó con calma. "Veo", repitió en varias ocasiones. Le conté lo que había sucedido sin entrar en detalles. Al final de nuestra conversación, me dio en voz baja las gracias por llamar y colgó. Recordé que en el caso Granda, el presidente Chávez también había estado muy tranquilo al principio, hasta que las FARC y sus bases izquierdistas reaccionaron con rabia, empujándolo casi hasta la histeria. Sospeché, entonces, que no sería lo último que escucharía sobre el asunto del presidente Correa.

Seguimos el protocolo habitual en materia de noticias positivas para el pueblo colombiano: el ministro Santos informó a la Nación sobre la operación y la muerte de Raúl Reyes. Esa misma mañana supimos que el Ejército ecuatoriano había movilizado sus fuerzas, y se dirigía rápidamente al lugar de la operación. Por suerte, nuestros hombres lograron regresar a Colombia a tiempo, lo que evitó una posible confrontación.

Durante unas horas todo estuvo en calma. Pero la situación cambió cuando el presidente Chávez se involucró. Aunque la situación nada tenía que ver con Venezuela, su reacción tras la muerte de Reyes pronto adquirió un tono apocalíptico y personal: el presidente Chávez habló por televisión y condenó el "cobarde asesinato" de Reyes, a quien consideraba un "buen revolucionario"; agregó que si las fuerzas colombianas entraban alguna vez a territorio venezolano de ese modo, lo consideraría una "causa de guerra".

—¡No crean que pueden hacer eso aquí! —señaló agitando su dedo ante las cámaras.

Lo que siguió fue una especie de competencia entre los presidentes Correa y Chávez, para ver cuál de los dos podía llegar más lejos. El primero retiró a su embajador en Bogotá, y el segundo expulsó al personal de nuestra embajada en Caracas. El presidente Chávez llamó a nuestras acciones un "crimen de guerra", y el presidente Correa nos denunció por atacar el campamento mientras los terroristas "dormían... en pijama". El modelo que seguían era el establecido en el caso Granda por el presidente Chávez, pero ahora éste iba mucho más lejos: en sus declaraciones a la televisión, ordenó el traslado de diez batallones del Ejército venezolano —que incluían tanques y aviones— a la frontera con Colombia. Entonces el presidente Correa decidió movilizar a las fuerzas ecuatorianas.

La confrontación iba en aumento. En un mensaje transmitido por la televisión colombiana, aclaré al país y a la opinión pública internacional que nuestro objetivo habían sido las FARC y no el hermano país del Ecuador. De nuevo señalé que el bombardeo se llevó a cabo en una zona aislada y sin población civil, con el único propósito de dar de baja a un criminal de la más alta peligrosidad.

—Hemos dado otro paso para derrotar al terrorismo sangriento, que hace cincuenta años era ideológico pero que hoy es un terrorismo de mercenarios y de traficantes de drogas —dije.

Entre tanto, el Ejército de Colombia recibió órdenes estrictas de "no mover un solo soldado hacia la frontera", un mensaje que el ministro Santos transmitió públicamente. Nuestra acción era contra los terroristas, jamás contra los pueblos hermanos de Venezuela y Ecuador. Fernando Araújo —el antiguo secuestrado de las FARC a quien recientemente había nombrado ministro de Relaciones Exteriores— trabajó de manera incansable para comunicar a nuestros socios regionales que el único deseo de Colombia eran la seguridad y la paz.

Nunca creímos en un conflicto inminente con Venezuela o Ecuador: los pueblos de nuestras tres naciones, amantes de la paz, nunca lo habrían permitido. Y, en todo caso, jamás seríamos los agresores. El ruido de sables desencadenado por los presidentes Chávez y Correa era más un intento de representar un papel protagónico ante los ojos de la región, que el presagio de una acción agresiva. Incluso, nuestra inteligencia supo que, mientras partían hacia la frontera, los familiares de algunos soldados venezolanos les habían pedido que hicieran algunas compras en Colombia, si podían. Pero en esta confrontación verbal y de movimientos de tropas, la situación era de alto riesgo: algunos analistas militares señalaron que, debido a las tensiones creadas por la incesante retórica del presidente Chávez, los soldados jóvenes y sin mucha experiencia podrían perder la compostura y realizar algunos disparos.

Sí, el presidente Chávez seguía subiendo el tono a su retórica y a sus actos. Recurrió una vez más al cierre comercial de la frontera, pues sabía que eso le haría más daño a Colombia que a Venezuela. Hizo un minuto de silencio en su programa de televisión para honrar la memoria de Reyes. Utilizó un lenguaje que era fuerte incluso para sus estándares habituales y describió a Colombia como "el Israel de Latinoamérica", un comentario que algunos analistas calificaron como particularmente desagradable por las crecientes asociaciones del presidente venezolano con Hezbollah, Hamas y el presidente iraní Mahmoud Ahmadinejad.

—Todos nosotros vamos a tener que reflexionar —dijo—. ¿Vamos a elegir la guerra o la paz?

De hecho, la reacción del presidente Chávez fue tan desmedida, que hubo quienes se preguntaran abiertamente por la razón de su comportamiento. Según informes de prensa, el presidente ruso Vladimir Putin llamó al presidente Chávez y lo instó a bajar su tono de confrontación y a buscar una solución diplomática. El presidente Sarkozy hizo lo mismo. Un ex embajador de Venezuela ante las Naciones Unidas declaró a la prensa internacional: "Chávez les brinda apoyo efectivo a los narcoterroristas que se refugian en Venezuela y Ecuador, mientras dice al mismo tiempo que un líder democráticamente elegido de Colombia no puede defenderse". Incluso la administración Bush, que desde mucho tiempo atrás había adoptado la política de guardar el mayor silencio posible sobre las acciones del presidente Chávez, con el fin de no provocarlo aún más, se sintió obligada a describir sus acciones como "extrañas". Nadie entendía por qué el presidente Chávez estaba actuando tan a la ligera.

Pero en Colombia sí lo entendíamos. Los presidentes Chávez y Correa debían presentir lo que se avecinaba.

8

—¿Uribe?

La voz en el teléfono era de un importante político colombiano. No revelaré su nombre por respeto a nuestra conversación privada. Me llamaba para hacerme una petición que ya había escuchado en varias ocasiones durante esos días tensos: debía desactivar la crisis con Ecuador y Venezuela pidiéndole al ministro de Defensa Santos su renuncia, como un gesto de contrición por parte de Colombia.

—De ninguna manera —contesté—. Claro que no. La responsabilidad de esta operación fue mía y solo mía.

—¿Y qué tal si renuncia el general Padilla?

Se refería al jefe de las Fuerzas Armadas.

—Absolutamente no.

—Presidente —me dijo exasperado—, se está enfrentando a una crisis sin precedentes. Tiene a dos países vecinos que han cerrado sus fronteras y están al borde de una guerra.

—Hemos actuado a la defensiva para protegernos de los terroristas. No hicimos nada malo —contesté.

Hubo una larga pausa.

—Por lo menos, Álvaro, pídale la renuncia al comandante de la Fuerza Aérea —dijo—. Si él renuncia, podrá decir que todo este incidente fue un abuso por parte de la Fuerza Aérea. Eso sería suficiente para resolver la situación diplomática.

—Como usted dice —repliqué—, quizás esa renuncia podría resolver la situación diplomática. Sin embargo le haría un gran daño al país. Perderíamos la confianza de las Fuerzas Armadas, y sin ella no tendríamos la suficiente seguridad para lanzar operaciones futuras que nos puedan librar de los problemas del terrorismo.

—Está cometiendo un grave error —me advirtió.

—Se trata de un asunto de lealtad —contesté—. La lealtad nos permitió llegar a este punto, y ella nos llevará hacia adelante.

En ese instante no me di cuenta, pero esa conversación resultaría ser uno de los momentos más importantes de mi presidencia. Tanto las Fuerzas Militares —con el general Padilla a la cabeza y los generales Mario Montoya y Jorge Ballesteros como comandantes del Ejército y de la Fuerza Aérea respectivamente— como la Policía —encabezada por su director el general Óscar Naranjo— realizaron una ejemplar tarea por la Patria. Al hablar al país, les agradecí públicamente y asumí toda la responsabilidad por las dificultades diplomáticas.

9

Al final la crisis se desactivó. Pero no se debió a una disculpa o a una renuncia forzada, sino a las palabras del propio Raúl Reyes.

Los archivos encontrados en los computadores que tenía en el campamento no solo estaban intactos, también eran un verdadero tesoro. Los discos duros contenían miles de correos electrónicos enviados y recibidos por Reyes durante un período de varios años. Ofrecían, por lo tanto, un registro histórico casi completo de las actividades más recientes de las FARC: en ellos encontramos detalles explícitos sobre las actividades de este grupo y sus relaciones con Gobiernos extranjeros, entre ellos los de Venezuela y Ecuador, y planes elaborados con el resto de la cúpula de las FARC —incluido Manuel Marulanda— para realizar nuevos ataques contra la población colombiana.

A petición de nuestro gobierno, la autenticidad del contenido de los computadores fue verificada de inmediato por la Interpol. Ronald Noble, su director general, viajó a Bogotá para dar testimonio que los correos electrónicos no habían sido modificados, borrados o alterados.

Algunas de las piezas más relevantes de la información eran:

- Las FARC estaban negociando en el extranjero para obtener 55 kilos de uranio, con el fin de detonar una "bomba sucia" y aterrorizar a la población colombiana.

- En el año 2007, el gobierno del presidente Chávez había prometido a las FARC alrededor de 300 millones de dólares en ayuda directa.

- La campaña presidencial del presidente Correa había recibido al menos 700.000 dólares por parte de las FARC.

- Los cabecillas de las FARC se habían reunido con miembros de alto rango del gobierno del presidente Correa y recibieron permiso para establecer bases permanentes en territorio ecuatoriano.

Eran pruebas inequívocas y acusatorias. Explicaban el comportamiento de los presidentes Chávez y Correa antes y después del incidente de Raúl

Reyes. Un libro publicado en septiembre de 2011 por el Instituto Internacional de Estudios Estratégicos, una organización independiente con sede en Londres, concluyó, entre otras cosas, que el presidente Correa había "solicitado personalmente y aceptado ilegalmente fondos ilegales de las FARC en 2006".

Las unidades de disco duro también contenían información acerca de las actividades de contrabando de drogas por parte de las FARC, de sus esfuerzos por ocultar la verdad sobre la masacre de los diputados del Valle del Cauca, y muchas otras atrocidades.

La contundencia de las pruebas nos impulsaba a darlas a conocer a la opinión pública. Y la oportunidad se presentó: el 7 de marzo de 2008, pocos días después de la operación, los presidentes latinoamericanos asistiríamos a una cumbre regional en Santo Domingo, República Dominicana. Los presidentes Chávez y Correa iban a asistir. El canciller Araújo recibió mensajes de diplomáticos y líderes de la región ofreciéndose a celebrar reuniones privadas la víspera de la cumbre, para disminuir el tono de la confrontación. Queríamos, sin embargo, ventilar nuestras quejas de una manera abierta y transparente. Y no por un rencor personal o un deseo de confrontación pública, sino por algo más importante: esperábamos que al exponer la verdad sobre las FARC e identificar a quienes habían colaborado con los terroristas, tal vez podríamos impedir futuros incidentes y hacer una contribución positiva a la seguridad de Colombia a largo plazo.

Esa mañana en Santo Domingo, sentado en la mesa con casi todos los jefes de Estado latinoamericanos, leí el contenido de los correos electrónicos de Raúl Reyes. Escuchaban atónitos y en silencio, mientras las cámaras de decenas de cadenas de televisión transmitían la cumbre en vivo y en directo. No levanté la voz ni me enojé. Simplemente repetía las palabras de Reyes: sus cartas a Manuel Marulanda, su correspondencia con diversas personas en Colombia y en el extranjero, y su descripción de la relación especial que tenían las FARC con el Gobierno ecuatoriano y el venezolano. En todo el mundo, los televidentes supieron la verdad sobre las FARC, su desprecio por la vida humana y los vínculos que tenían en la región.

Mientras hablaba, el presidente Correa se hundió en su silla y me lanzó una mirada penetrante. Cuando llegó su turno, y sin ninguna explicación satisfactoria, me atacó:

—¡Qué difícil es creerle a alguien que ha mentido tanto! —dijo.

Pero las palabras del presidente Correa eran inútiles: la farsa había sido revelada y todos lo sabían. A medida que la reunión avanzaba, recibí una nota del presidente de Honduras, Manuel Zelaya, quien formaba parte del contingente de líderes de izquierda en la región. En ella decía que el presidente Chávez estaba dispuesto a discutir un posible acuerdo. Entre tanto, otros presidentes —entre ellos el de México, Felipe Calderón, y el de República Dominicana, Leonel Fernández, anfitrión de la cumbre— pronunciaron discursos conciliatorios en los que nos invitaban a mantener la unidad de la región por el bien de la paz.

Acepté los esfuerzos de mediación al final del día. La verdad había sido presentada a la opinión pública y habíamos logrado nuestros objetivos. Ante las cámaras estreché la mano al presidente Chávez, y declaramos que la confrontación había terminado. Sentí que lo hacía de buena fe, y parecía ansioso de querer seguir adelante. No fue así con el presidente Correa: también nos dimos la mano, pero su mirada era de clara hostilidad. No solo en esa ocasión, sino también en muchas otras, pedí perdón a Ecuador y expliqué en público que el bombardeo al campamento de Raúl Reyes había sido una medida extraordinaria debida a nuestra lucha contra el terrorismo, y que de ninguna manera iba dirigida a atentar contra la soberanía y el pueblo de Ecuador.

En los meses y años siguientes hicimos lo posible para restaurar nuestra relación con Ecuador; para ello contamos con la valiosa ayuda del Centro Carter. Nunca enviamos a nuestras tropas a la frontera, nunca cerramos nuestros mercados ni impusimos visas a los visitantes ecuatorianos. En 2010, durante una reunión de presidentes en México, le ofrecí al presidente Correa toda la evidencia —con excepción de los nombres de los pilotos—, para desmentir su impresión que Estados Unidos había llevado a cabo el golpe contra Reyes. El presidente Correa me dijo que no pedía el nombre de los pilotos.

En la gira conciliadora que emprendió el secretario de la OEA, José Miguel Insulza, al responder su inquietud sobre el operativo, ofrecí que le mostraran la filmación. Tarde en la noche me llamó a agradecer y me expresó que quedaba tranquilo y satisfecho. Tuve la ilusión que en su visita a Quito el día siguiente despejara todas las dudas para solucionar el impasse diplomático. Pero las heridas tardan en sanar. Las relaciones formales entre los dos países no se restablecieron plenamente sino después del término de nuestro mandato presidencial.

A pesar de los problemas, me alegra saber que las tensiones nunca pasaron a mayores. Las declaraciones de un conflicto entre nuestros países terminaron casi tan rápidamente como habían empezado. Y ahora podíamos ver cómo, una vez abatido Reyes y en entredicho el mito de invencibles que disfrutaron los cabecillas de las FARC durante cuarenta años, la implosión de este grupo comenzó a una velocidad que solo nosotros podíamos haber imaginado.

10

Solo tres días después de la muerte de Reyes, la Policía colombiana recibió una información en el municipio de Pácora, en el departamento de Caldas, al norte de Manizales y al sur de Medellín: el guardaespaldas de Iván Ríos, otro miembro del llamado secretariado de las FARC, quería entregarse y tenía algo que podía interesarnos.

Ríos, cuyo verdadero nombre era José Juvenal Velandia, era el cabecilla del bloque central las FARC y supervisaba gran parte de las actividades de narcotráfico de ese grupo. El Gobierno de Estados Unidos ofrecía 5 millones de dólares por su captura. Los miembros de la unidad comandada por Ríos, incluyendo a su compañera sentimental, eran responsables de cientos de secuestros en toda Colombia. Tenía apenas cuarenta y seis años, y era uno de los pocos cabecillas de las FARC cuya edad le permitiría seguir delinquiendo durante muchos años más. En los meses anteriores, un desertor de su círculo íntimo nos había dado la ubicación de este sujeto, y desde entonces él y su cuadrilla estaban bajo intensa presión por parte de nuestras tropas: le habían cortado sus líneas de suministro y estrechaban el cerco a su alrededor.

Tres días después de la llamada telefónica, el guardaespaldas de Ríos salió de la selva tal y como estaba previsto. Llevaba una bolsa grande y fue escoltado por nuestra Policía a una base militar cercana para reunirse con un coronel del Ejército.

—Entonces —le dijo el coronel—, ¿dónde está Iván Ríos?

El guardaespaldas sacó una mano cercenada del bolso.

—Aquí está Iván Ríos —respondió.

Informó que la presión ejercida por nuestras Fuerzas Armadas sobre las FARC se había hecho insoportable y que él sabía que todo había terminado para ellos. A continuación relató que un par de noches atrás, él mismo había matado a tiros a Ríos y a su compañera mientras dormían; luego corrió gritando que el Ejército los atacaba, e instó a los guerrilleros a huir, cosa que hicieron rápidamente. El guardaespaldas volvió a entrar a la carpa y cortó la mano derecha de Ríos con un cuchillo: esperaba que esta prueba le permitiera cobrar la recompensa en efectivo. En su mochila llevaba también el pasaporte, la cédula de ciudadanía y un computador portátil del cabecilla asesinado.

Este incidente planteó al país un dilema moral: una cosa era que un criminal desertara de un grupo terrorista, confesara sus crímenes y se reintegrara a la sociedad colombiana; pero otra totalmente distinta era que un criminal asesinara a otro y tratara de cobrar una recompensa por su crimen. Y aunque se trataba de la muerte de un terrorista peligroso, las circunstancias no eran una contribución a nuestro objetivo fundamental: recuperar el monopolio del uso de la fuerza.

Alrededor de tres semanas después recibimos la noticia que Manuel Marulanda, máximo cabecilla de las FARC desde 1964, había muerto de un ataque cardiaco; tenía aproximadamente setenta y seis años. Pasó sus últimos días huyendo, sin poder dormir más de una noche en el mismo lugar debido a los constantes ataques aéreos y otras operaciones militares que le estaban dirigidas. Las FARC, aturdidas y desmoralizadas por una rápida serie de reveses, solo pudieron mantener su muerte en secreto por muy pocos días. El simbolismo de su muerte era patético: Marulanda no solo era un cabecilla cruel, sino también un ejemplo de la posición retrógrada de las FARC y del desprecio total que sentían por la opinión pública colombiana.

La presión ejercida por nuestras Fuerzas Armadas causaba estragos a las bases de las FARC. Solo en el primer trimestre de 2008 se desmovilizaron más de doscientos de sus miembros. Luego de escapar por varios meses de la persecución que adelantaban nuestras fuerzas de seguridad, Nelly Ávila Moreno, alias "Karina" —cabecilla del llamado Frente 47 de las FARC— se entregó en mayo: estaba llena de cicatrices y al borde de la inanición. En su apogeo, la banda terrorista de Karina estuvo integrada por cerca de trescientos subversivos, pero al final, según informaron algunos medios de comunicación, el número había descendido a menos de cincuenta. Karina era una mujer sin escrúpulos y durante varios años su crueldad se extendió por Antioquia y departamentos vecinos; era pues importante neutralizarla por todos los medios posibles. Garantizamos su seguridad públicamente si se entregaba, cosa que hizo dos semanas después.

Con el liderazgo de las FARC por el suelo y sus militantes rasos desmoralizados, sabíamos que había llegado el momento de enfilar baterías para alcanzar una meta aún mayor: buscar a Ingrid, a los tres estadounidenses y a los demás secuestrados. El momento era ideal y finalmente obtuvimos la información que necesitábamos. Abatir a Raúl Reyes había dado a nuestras operaciones un beneficio muy importante.

11

En todos nuestros esfuerzos —tanto en la lucha contra el terrorismo, como en los avances económicos o en el fortalecimiento de la cohesión social—, había un elemento común: la lealtad.

Nuestra manera de analizar y debatir problemas y soluciones entre los integrantes del gobierno, los comandantes de las Fuerzas Armadas y con la comunidad, obedecía a un sentido de equipo y de Estado Comunitario o de alta participación ciudadana. Cada reunión con la comunidad, se tratara de empleadores, de trabajadores, o de otro grupo, devenía en un diálogo y terminaba con un acta de conclusiones para guiar la acción del Gobierno. Soy deliberativo, vehemente, escudriño razones, propongo objeciones, pero finalmente cedo a los argumentos, nunca ante la presión. Escogí los colaboradores con el mayor cuidado, de muchos de ellos no supe su filiación política, examinaba su competencia moral y profesional, y su compromiso con los objetivos de nuestro gobierno. Varios llegaron a las más altas posiciones cuando no habían cumplido treinta y cinco años de edad, y mi propósito era perfilar líderes para el futuro de la Patria. Confieso que deposito toda la confianza en quienes laboran conmigo, incluso paso de la defensa de sus tareas a la defensa de sus personas. He preferido errar por extremo de lealtad que por carencia. Y por regla general he sido correspondido y con creces. Hay un paradigma de lealtad: la Operación Jaque.

Tras la eliminación de Raúl Reyes, algunos en la prensa colombiana conjeturaron que uno o más de nuestros comandantes militares se verían obligados a renunciar. No fue así: los apoyé públicamente y asumí toda la responsabilidad, tal y como lo he hecho siempre. Cuando pasó la tormenta, los comandantes se sintieron fortalecidos: habían visto una vez más que tenían la confianza y el apoyo del pueblo colombiano y del presidente. Esto les demostró que podían pensar en términos audaces, creativos y arriesgados, sin temor a perder sus empleos o a sufrir perjuicios. Por eso no fue casual que pocas semanas después de haber dado de baja a Reyes, me propusieran un plan extraordinario y sumamente audaz para rescatar a los secuestrados.

El plan de rescate había comenzado a gestarse unos meses antes, en febrero de 2008. Una unidad especial compuesta por doce soldados, vestidos con uniformes camuflados y equipados para sobrevivir un mes en la selva, siguió a los secuestrados por las riberas del río Apaporis, cerca de la población de Cornelio. Un día, alrededor de las nueve de la mañana, vieron cómo, al otro lado del río, cuatro terroristas de las FARC se quitaban la ropa y dejaban sus armas en la orilla para bañarse en el río; el baño duró cerca de media hora. Nuestros hombres permanecieron en el sitio, y alrededor de la una y treinta de la tarde vieron regresar a los terroristas con cinco secuestrados conducidos a punta de pistola: eran dos policías colombianos y los tres contratistas estadounidenses.

Según afirma Juan Carlos Torres en su libro *Operación Jaque*, era la primera vez en diez años que el Ejército tenía un contacto tan cercano con los secuestrados de las FARC; era todo un logro. Por desgracia, no era posible rescatarlos en ese momento: las tropas calculaban que había entre ochenta y cien integrantes de las FARC en la zona, número que superaba con largueza el de los soldados de la unidad especial; el río que los separaba del campamento era ancho; y el rescate militar de un pequeño número de secuestrados podía poner en peligro la vida de los otros cautivos que estaban cerca. Transmitieron la información y se limitaron a observar. No logramos dar con el sitio exacto en el que se encontraba el campamento, pero el solo hecho de conocer su ubicación general supuso un avance extraordinario.

Una vez delimitada la zona donde se hallaban los secuestrados, nuestros comandantes militares tenían que encontrar una forma eficaz de rescatarlos de manera segura. Pero esto no se había hecho nunca antes y, como siempre, las FARC habían dejado claro —y Urrao y los diputados del Valle lo demostraban— que matarían a sus secuestrados más valiosos antes de verlos libres. La liberación de Fernando Araújo nos había mostrado los riesgos que tenía una operación, por más numerosa y bien organizada que fuera en términos militares, y Jhon Frank Pinchao —el policía que escapó del campamento de Ingrid en 2007— nos confirmó que la cuadrilla de las FARC que los tenía en su poder había recibido órdenes explícitas de ejecutarla a ella y a los estadounidenses en caso de un intento de rescate.

Por sugerencia mía, hecha públicamente, nuestros comandantes consideraron otra opción: un cerco humanitario. Esto es, rodearían a los secuestrados con un gran anillo de tropas, poco a poco estrecharían el cerco y luego se enviaría un emisario para tratar de convencer a las FARC que debían entregar vivos a los cautivos. Pero esta opción presentaba riesgos y dificultades evidentes, en vista de lo cual nuestros comandantes decidieron dar prioridad a una estrategia basada en el engaño. Y fue entonces cuando la muerte de Raúl Reyes nos abrió una puerta.

Como enlace del sistema triangular de las comunicaciones de las FARC, Reyes había dado cierto orden a las operaciones de ese grupo. Pero tras su desaparición —y la de Marulanda— la confusión reinó dentro de las FARC y muchas veces los terroristas no sabían cómo comunicarse entre sí. Por otra parte, nosotros teníamos los computadores de Reyes y en ellos encontramos abundante información sobre los métodos de comunicación interna de las FARC; esto sin contar que nuestras agencias de inteligencia llevaban varios años trabajando para descifrar el código secreto de este grupo y sus inmensos esfuerzos fueron tan valiosos como los de nuestros hombres y mujeres uniformadas. Para mediados de abril de 2008, estaba casi perfeccionada la comprensión del modo como se comunicaban los terroristas.

Una vez descifrado su código, a nuestros comandantes militares —encabezados por el general Mario Montoya— se les ocurrió un plan, facilitado por la ausencia de Reyes: si se lograban sabotear las comunicaciones de las FARC, se intentaría engañar a los terroristas para que liberaran a los secuestrados de forma voluntaria, sin que nuestras fuerzas hicieran un solo disparo.

El concepto era realmente ingenioso. Buscaba interceptar mensajes y simular interlocutores entre el "comando central" y la columna de las FARC que tenía a Ingrid, a los norteamericanos y a otros secuestrados. Primero, un número reducido de agentes fue entrenado para imitar a los terroristas a la perfección, con su jerga y acentos regionales. Para que pareciera que estos agentes hablaban desde la selva, se trasladaron a una casa alquilada por los militares en una montaña aislada cerca de Bogotá, que tenía las mismas propiedades acústicas de la selva. Cuando todo estaba listo y los agentes preparados, se interfirió con tecnología de punta la frecuencia de radio que utilizaba la columna de las FARC que tenía a los secuestrados y nuestros agentes suplantaron las voces de sus cabecillas. A partir de ese momento, en lugar de hablar con el comando central de las FARC, esa columna hablaba con nuestros agentes de inteligencia. El mismo procedimiento fue repetido con sus interlocutores: el comando central de las FARC creía que hablaba con los miembros de la columna, cuando en realidad lo hacía con los agentes. Este engaño se prolongó por más de dos meses sin ser detectados. Una obra maestra de las labores de inteligencia y una clara señal de lo mucho que habíamos avanzado en los últimos años.

Nuestros agentes tuvieron mucho cuidado en asegurarse que la mencionada columna de las FARC no sospechara nada. Haciéndose pasar por el comando central, dieron órdenes básicas: una de ellas fue mover a los rehenes de un lugar a otro. Unos días más tarde, la columna informó por radio que habían seguido las instrucciones. Nuestros agentes se alegraron mucho; ahora podíamos controlar eficazmente los movimientos de los secuestrados.

Pero una pregunta importante permanecía sin respuesta: ¿cómo lograr convencer a esa columna de las FARC para que liberara a los secuestrados? Una cosa era controlar los movimientos de las FARC, y otra muy distinta era hacer que liberaran voluntariamente a los secuestrados "más valiosos". En este caso, los talentosos hombres y mujeres de las fuerzas de seguridad y de los organismos de inteligencia colombianos unieron sus esfuerzos de nuevo y pensaron en todo tipo de ideas. Sabían que contaban con todo nuestro apoyo.

Después de sopesar múltiples alternativas, por fin se pusieron de acuerdo. La idea era realmente brillante y, una vez más, se apoyaba en la reciente serie de errores por parte de las FARC. Uno de los mejores momentos de Colombia estaba por llegar.

12

Durante nuestra presidencia, las crisis más graves tenían una forma extraña de llegar en oleadas. En numerosas ocasiones nos enfrentamos, de manera simultánea, a dos o más problemas sustanciales, lo que daba relevancia y ponía a prueba la calificación y la capacidad de nuestro equipo de asesores. El mes de mayo de 2008 fue, tal vez, el ejemplo más significativo de esto: el rescate de los secuestrados era un reto formidable, y para este mes ultimábamos los detalles finales de nuestro plan; pero, al mismo tiempo, estábamos ocupados con otros dos desafíos enormes que amenazaban con arruinar casi todo el progreso que intentábamos consolidar desde hacía seis años.

Para nuestro gobierno, la desarticulación del terrorismo comprendía tres elementos: autoridad sin dobleces, reinserción generosa y sin impunidad, y política social para que los jóvenes no fueran atraídos por el terrorismo. En 2005 se expidió la Ley de Justicia, Paz y Reparación. Era la primera norma de paz en Colombia que exigía justicia y reparación a las víctimas. Asignábamos la mayor importancia a la desmovilización, el abatimiento era lo menos deseado. En los ocho años se desmovilizaron más de 52.000 integrantes de los diferentes grupos criminales: alrededor de 35.000 de los paramilitares y 17.000 de las guerrillas. Nuestra intención fue proceder con generosidad con quienes cumplieran con los requisitos de la desmovilización, y con severidad con quienes los violaran. No obstante los esfuerzos humanos y presupuestales para reintegrarlos a la sociedad colombiana, alrededor del siete por ciento de quienes acogieron la oferta reincidió en actividades criminales.

Sin embargo pronto nos dimos cuenta que algunos narcoterroristas intentaban aprovecharse de nuestra generosidad. Y, en particular, un grupo de cabecillas paramilitares que, si bien había aceptado los términos de la desmovilización, se negaban a cumplir con sus compromisos en virtud de la ley: no entregaron sus fortunas ni sus tierras como lo habían prometido y siguieron con sus actividades criminales. Fueron muchos los informes que recibimos, según los cuales seguían ordenando asesinatos y coordinando actividades de narcotráfico. Ordenaron la muerte de uno de sus propios cabecillas, Carlos Castaño, en lo que parecía ser una sangrienta lucha intestina; en otra ocasión,

Rodrigo Tovar Pupo —el paramilitar conocido como "Jorge 40"— ordenó el secuestro de José Eduardo Gnecco, un ex senador de El Cesar, mientras participaba en las negociaciones para desmovilizarse. Hablé por televisión y dije que si "Jorge 40" no liberaba a Gnecco de inmediato, el Ejército lo buscaría. Lo liberó a regañadientes, pero su actitud fue claramente desafiante. Otro de ellos, Diego Murillo, conocido como don Berna, fue vinculado por un juez al asesinato de un diputado del departamento de Córdoba. Ordené al general Castro Castro, director de la Policía, que personalmente ingresara a la zona de ubicación de los paramilitares en proceso de desmovilización y procediera a capturarlo. En el tercer día de búsqueda, "Don Berna" aceptó entregarse.

Estos criminales creían, tal vez, que sus antiguas conexiones con algunos individuos inescrupulosos de la política y el sistema judicial colombiano les permitirían desobedecer las reglas que habíamos establecido. Es posible que pensaran, también, que el Estado colombiano no era lo suficientemente fuerte como para obligarlos a cumplir con su palabra. Pero estaban equivocados.

A medida que pasaban los meses, los presionábamos cada vez más en un intento por lograr su cooperación. El primero de diciembre de 2006, mientras estaba de viaje en Ciudad de México para asistir a la ceremonia de posesión del presidente Calderón, varios de estos cabecillas paramilitares fueron trasladados a una prisión de máxima seguridad. Para nuestra consternación, supimos que seguían ordenando asesinatos y otros crímenes tras las rejas. A comienzos de 2007 dije a los comandantes que estos individuos no habían cumplido con la obligación de entregar sus fortunas —como lo estipulaba claramente la Ley de Justicia y Paz—, y pedí al general Óscar Naranjo, director de la Policía Nacional, que aplicara una disposición especial de la ley colombiana que daba al Estado la autoridad para confiscar sus activos (disposición cuyo mejoramiento se debía a la labor del ministro del Interior y de Justicia Fernando Londoño). No fue suficiente para disuadirlos de seguir cometiendo crímenes. Sus acciones eran una burla de los principios que nuestro gobierno trataba de hacer cumplir, y habían causado la muerte de muchas personas inocentes. A medida que transcurría el 2008, comprendí que teníamos que buscar una solución más firme.

Nuestro gobierno tenía el íntimo convencimiento, así no hubiera por el momento sentencia judicial, de algo evidente para muchos ciudadanos: estos individuos seguían delinquiendo a pesar de la oportunidad ofrecida. Quedó también en evidencia un hecho muy doloroso: las cárceles colombianas no eran lo bastante seguras para evitar que siguieran aterrorizando al pueblo colombiano. Me reuní con el ministro Santos y con los comandantes de alto rango, y les pedí que adelantaran el proceso de extradición de catorce jefes paramilitares a Estados Unidos, incluyendo a "Jorge 40", Salvatore Mancuso, Diego Murillo —alias "Don Berna"— y algunos otros: todos muy poderosos y temidos.

La extradición la tomaban como el peor castigo, y debía procederse por la contundencia de los hechos.

Cuando, en privado, le conté a Lina de nuestras intenciones, su respuesta fue:

—Bueno, Álvaro. Debes saber que estas personas apelarán a recursos, mentiras, a lo que sea para tomar venganza contra ti, nuestra familia, los miembros del gobierno, los comandantes, más allá de la presidencia, por siempre.

Estuvo de acuerdo con mi respuesta: comprendía sus válidas preocupaciones pero debería cumplir con mi deber.

Habíamos visto ya algunas muestras preocupantes de lo que sería aquella "venganza": a través de los abogados de "Don Berna", nos enteramos que un juez asociado con la Corte Suprema de Colombia había ofrecido a su cliente algunos beneficios si me acusaba, falsamente, de haber cometido ciertos crímenes. Nunca nos dio prueba tangible de esta propuesta, y yo hubiera podido retrasar la extradición para obtener más información sobre el caso. Pero elegí no hacerlo: una vez más mi deber como presidente era más importante que cualquier esfuerzo por protegerme a mí mismo.

Así que procedimos. Aquel día en mi oficina, cuando di la orden de extradición, uno de los comandantes me dijo:

—Presidente, voy a obedecer sus órdenes. Pero le pregunto algo: ¿quién nos cuidará cuando ya no estemos en estos cargos?

—Dios nos cuidará —le contesté—. Ahora tenemos que extraditarlos.

Pocas horas antes, al enterarse de la extradición, se produjo un revuelo mediático. Los sujetos empezaron a llamar a la prensa y a amigos, en un último esfuerzo para movilizar a la opinión pública y, posiblemente, anular la orden de extradición. No tuvieron éxito. En las horas previas al amanecer del 14 de mayo de 2008, los catorce cabecillas paramilitares, esposados y con chalecos antibalas, fueron subidos a aviones con destino a Estados Unidos.

Sentí inmensa gratitud con el general Naranjo, director de la Policía, cuando me dijo que los extraditados ya estaban en vuelo por fuera del espacio aéreo colombiano. En los días siguientes, otros jefes paramilitares tuvieron un destino similar.

La extradición generó críticas considerables, no solo entre los paramilitares y sus aliados. Además, muchos analistas que me habían criticado porque supuestamente no los extraditaba para encubrir sus crímenes, para evitar sus acusaciones ante jueces norteamericanos que podrían comprometer a políticos que apoyaron al gobierno, cambiaron abruptamente. Su nueva crítica fue en contra de la extradición: alegaban que al enviarlos a Estados Unidos no repararían las víctimas y no habría manera de saber la verdad.

Solo tenía una razón para extraditarlos: contribuir a mejorar la seguridad de Colombia. Creía que al sacar a estos individuos de nuestro país evitábamos que cometieran nuevos delitos y mostrábamos a otros criminales que se enfrentarían a graves consecuencias si no cooperaban con la justicia. Como señalé en la prensa Alfredo Rangel, un reconocido analista de seguridad: "Habrá más presión para que quienes participen en el proceso digan la verdad y hagan las reparaciones porque ahora el riesgo de la extradición es real, no hipotético".

La extradición de estos criminales no tuvo nada que ver con la política colombiana, y la decisión no fue repentina en ningún sentido. Fue el producto de un proceso que duró varios años, durante el cual intentamos lograr su cooperación. Y solo autoricé la extradición a Estados Unidos después que este país nos dio garantías plenas para que todos pudieran ser interrogados por las autoridades colombianas que investigaban las atrocidades que cometieron y, también, para exigirles una reparación. No habría impunidad en este caso ni en ningún otro. En la Colombia que gobernábamos, la ley se aplicaba a todo el mundo.

13

El tercer gran desafío de este mes de mayo no provino del interior de Colombia, sino del extranjero, y en cierto sentido fue el más peligroso de todos.

A medida que transcurría el año 2008, Estados Unidos y otras economías desarrolladas comenzaron a sufrir una crisis severa, consecuencia de graves desequilibrios en los sistemas financieros de estos países provocados por una burbuja inmobiliaria insostenible, el reemplazo de la producción por la especulación y las enormes deudas contraídas tanto por los Gobiernos como por los ciudadanos. En Colombia no teníamos esos problemas: desde hacía varios años nuestra economía era sólida y presentaba una expansión cada vez mayor gracias a la mejora en la seguridad y a nuestros esfuerzos incansables y exitosos para que las empresas crearan empleos, hicieran inversiones que ayudaran a reducir la pobreza. Pasamos de un crecimiento del PIB de solo el 1,9 por ciento en 2002, el primer año de nuestro gobierno, al 4,7 por ciento en 2005, al 6,7 por ciento en 2006 y al 6,9 por ciento en 2007. Este crecimiento se produjo sin burbujas de activos gracias, en parte, a unas regulaciones financieras sólidas iniciadas por el gobierno anterior y profundizadas en el nuestro.

Pero aunque habíamos sido austeros y responsables, los problemas de los países desarrollados pronto llegaron a Colombia. La demanda de nuestros principales productos de exportación se redujo y la liquidez en el sistema financiero mundial disminuyó notablemente. A mediados de 2008, además de todos los desafíos que teníamos, los analistas de Wall Street dijeron que estábamos ante una recesión segura y, posiblemente, muy severa. Además, la crisis financiera internacional coincidía con el cierre del mercado de Venezuela y el desastre de las pirámides financieras creadas por el narcotráfico para lavar dinero.

Sin embargo, el desempeño de Colombia fue casi milagroso: nuestra economía registró un crecimiento en 2008 y 2009 —fue una de las pocas economías de América Latina en hacerlo—, y nuestra capacidad de recuperación contrastó con los graves problemas en Europa y los Estados Unidos.

¿Cómo lo logramos? En primer lugar, gracias al trabajo duro y la sabiduría de nuestro equipo económico —en cabeza del ministro de Hacienda Zuluaga y de Carolina Rentería, la directora del Departamento Nacional de Planeación—, que aplicó con destreza una política fiscal contracíclica y estimuló la economía por diferentes medios. Una de las medidas más importantes fue la de ofrecer tasas de interés subsidiadas para los sectores poblacionales de ingresos medios y bajos con el fin de adquirir vivienda, lo que impulsó notablemente la construcción. Esto se hizo posible por las reformas, la austeridad y el ahorro de los años precedentes. Afortunadamente, antes de la crisis, el Gobierno había vendido los bancos nacionalizados por quiebras que sucedieron a finales de los años noventa. El precio que se obtuvo fue muy aceptable por la confianza de inversión que habíamos ganado en Colombia. Trabajaron arduamente para obtener la confianza de los inversionistas nacionales y extranjeros, y el valor de la Bolsa de Valores de Colombia se multiplicó por cinco en el lapso de nuestra administración. Nuestro país, lejos de ser un "Estado fallido", ahora se consideraba uno de los destinos más seguros para los inversionistas internacionales. En efecto, la confianza de inversión del sector privado permitió que éste cumpliera una función contracíclica de elevada importancia.

En segundo lugar y de la misma importancia, fueron los avances que hicimos por espacio de ocho años para hacer de Colombia un país menos desigual. Tal vez la mejor garantía contra la crisis era tener un universo amplio y sólido de empresarios de todos los tamaños. Durante nuestro gobierno se crearon más de 150.000 pequeñas y medianas empresas, lo que aumentó su participación del 72 por ciento al 86 por ciento en la economía. Los microcréditos —pequeñas sumas de dinero prestadas a personas humildes— tuvieron un crecimiento tan rápido, que el crédito pendiente pasó de 380 millones a 4 mil millones de dólares al final de nuestro gobierno. Muchas veces me han preguntado por qué Colombia reaccionó tan rápido a nuestras políticas; resalto solamente un punto de mi respuesta: por la creatividad y laboriosidad de sus ciudadanos.

Soy consciente que a largo plazo nuestro gobierno puede ser mejor recordado por sus contribuciones a la seguridad. Pero pusimos igual énfasis en los programas sociales, que para nosotros son inseparables de la seguridad: ésta proporciona los recursos, y aquéllos validan en el corazón de los ciudadanos la necesidad de la seguridad. No fue difícil, como medida contracíclica, ampliar las coberturas sociales para proteger de la crisis a los más vulnerables: traíamos esas políticas desde el inicio de la administración. Durante los ocho años que duró nuestra presidencia, aumentamos el gasto social, en términos reales, en un 85 por ciento, en comparación con un aumento del 65 por ciento en gastos de defensa. En el último año de nuestro gobierno invertimos tres veces más dinero en gasto social que en defensa. Nuestro énfasis en la educación —compromiso adquirido con los alcaldes preocupados en Florencia desde el primer día de nuestro gobierno— no solo pagó claros dividendos a corto plazo, sino que benefició a Colombia en los años siguientes. Gracias a los esfuerzos de la ministra de Educación Cecilia María Vélez —quien estuvo los ocho años, a diferencia de más de 110 ministros de los 100 años previos— y de su equipo, y al Servicio Nacional de Aprendizaje, SENA, encabezado por Darío Montoya, hicimos notables avances en coberturas, pruebas de calidad, oportunidades de acceso a la universidad, bases para mejorar en Ciencia y Tecnología y en formación vocacional. Gracias a la multiplicación por ocho del número de ciudadanos capacitados, Colombia se convirtió en un destacado líder regional. Por el futuro del país nos aplicamos con todo entusiasmo a la educación, a sabiendas que sus efectos no los vería nuestro gobierno. Este caso ilustra la idea de dar estabilidad a los funcionarios, por encima de las vicisitudes políticas, a condición de sacar adelante sus programas.

En general, la pobreza disminuyó drásticamente durante nuestra administración. Si se mide por el nivel de ingreso personal, se redujo del 53 por ciento al 38 por ciento. Sin embargo, aún no estábamos satisfechos con estos resultados, pues nuestra meta era reducir los niveles de pobreza al 35 por ciento, un objetivo que no pudimos alcanzar debido a la crisis financiera global, a las dificultades comerciales que tuvimos con Venezuela y a la crisis generalizada originada por las pirámides y el lavado de activos, a la cual nuestro gobierno ha debido reaccionar con más urgencia. Al sumarle al ingreso de las personas los apoyos de nuestras políticas sociales, la pobreza cayó al 22 por ciento, con lo cual trece millones de ciudadanos superaron la pobreza durante nuestro gobierno —un número muy superior al total de la población de Bogotá y sus alrededores—; todo un logro que cambió muchas vidas. Otros gobiernos de América Latina sostenían que eran los únicos que ayudaban a los pobres y creían que solo podían hacerlo expropiando industrias e intimidando a los inversores, en un intento por crear el "socialismo".

Efectivamente, estos gobiernos lograron una mayor igualdad: hicieron que todos los habitantes fueran más pobres, con la obvia excepción de sus amigos y compinches. Por el contrario, nosotros demostramos que era posible respetar los derechos de los inversionistas y, al mismo tiempo, reducir sustancialmente la pobreza y crear una riqueza real.

Haber abordado estos grandes retos de manera simultánea fue un testimonio de la habilidad y el trabajo en equipo de miles de funcionarios de nuestro gobierno y de la importancia que dimos a los tres elementos del "Triángulo de la Confianza": la seguridad democrática, la confianza de los inversores y la cohesión social. Sin el funcionamiento simultáneo de estos tres elementos, probablemente nuestro país habría atravesado una crisis muy grave entre 2008 y 2009. Sin cohesión social, por ejemplo, los efectos iniciales de la crisis podrían haber destruido el apoyo popular a nuestro gobierno. Sin la confianza de los inversores, no habríamos tenido los recursos para las operaciones militares que mejoraron nuestra seguridad, ni para los ensanches productivos, generadores de empleo y contribuyentes de pago de impuestos.

Hablaba constantemente del "Triángulo". Tanto, que dio pie a una situación muy divertida y, a la vez, muy reveladora durante los últimos meses de nuestro gobierno. En mayo de 2010, Cartagena fue sede de la reunión anual del Foro Económico Mundial sobre América Latina. Era la primera vez que este encuentro de líderes mundiales con sede en Davos, Suiza, celebraba su reunión regional en Colombia, lo que se consideró como un avance significativo en nuestro esfuerzo por lograr la confianza internacional. Durante la conferencia, trasladamos una parte de la presidencia a Cartagena y establecimos una oficina temporal cerca del centro de convenciones.

Una tarde soleada, mientras iba de la sede de la reunión a nuestra oficina, me detuve a conversar con varios peatones. Pasó un bus escolar con niños, quienes se asomaron por la ventana y comenzaron a gritar "¡Uribe! ¡Uribe!". Esto me alegró mucho. Mientras me disponía a regresar a la oficina, vi un taxi parqueado a un lado de la calle; el conductor estaba dormido. Golpeé ligeramente la ventanilla del taxista para saludarlo. Se despertó de inmediato, me vio y abrió sus ojos de par en par. Bajó la ventanilla y exclamó:

—¡Presidente! ¡Seguridad democrática, confianza inversionista y cohesión social!

Me reí.

—Hola —dije—. Dígame una cosa, ¿por qué dijo eso?

—¡Porque yo lo escucho repetir lo mismo todas las mañanas en la radio! —contestó sonriendo.

Para mí, ésta era una señal clara de que la gran mayoría de los colombianos estaban en el mismo plano y que teníamos una misma visión para el futuro. Unidos y con los tres motores del Gobierno funcionando al mismo tiempo, ninguna tarea era imposible para nosotros.

14

Me quedé mirando al general Padilla por una fracción de segundo, mientras parpadeaba. No podía creer lo que había oído.

Él me miró y sonrió.

—¿Tenemos su autorización?

El plan de engañar a las FARC para que liberaran a Ingrid, a los tres estadounidenses y a otros secuestrados trascendía la imaginación de las películas de Hollywood. No puedo reclamar ningún crédito por la idea, que fue creación de los hombres y mujeres dedicados de nuestras Fuerzas Armadas y agencias de inteligencia. Mi labor como presidente consistió en darles el apoyo necesario, y en hacerles unas cuantas preguntas acerca de la viabilidad y contingencias del plan: ¿cuáles eran nuestras alternativas si la operación no funcionaba y cómo íbamos a tratar de salvar las vidas de los secuestrados en caso de una falla?

El ministro Santos, el general Padilla y yo debatimos los riesgos. El ministro albergaba dudas prudentes acerca de la operación. Sugirió que, en caso de fallar, debíamos pensar en la posibilidad de permitir que las FARC y los secuestrados regresaran a la selva. Pero yo creía que, pasados más de seis años desde el secuestro de Ingrid durante su campaña presidencial, no podíamos perder el rastro a los cautivos. Propuse un plan B, en caso de que fracasara nuestro plan inicial: un anillo masivo de tropas listas para rodear la zona con rapidez, a fin de estrechar el cerco sobre las FARC y convencerlos que liberaran pacíficamente a los secuestrados. En una conversación con Bernard Kouchner, el ministro de Relaciones Exteriores de Francia, le pregunté si estaría dispuesto a viajar a Colombia para cruzar un cordón militar —cerco humanitario—, entrar en contacto directo con las FARC y exigir la liberación de los secuestrados. Aceptó. No le di muchos detalles, pero le dije que pronto nos contactaríamos con él. Me dio el número telefónico de su casa y dijo que esperaría nuestra llamada.

A pesar de estas precauciones, sabíamos que la operación era extraordinariamente arriesgada. El embajador de Estados Unidos diría más tarde que creía que nuestro plan solo tenía una probabilidad de éxito del 50 por ciento.

Sin embargo, el tiempo apremiaba y no podíamos seguir esperando. Sabíamos que la salud de los secuestrados, y en particular la de Ingrid, era muy precaria. Entre tanto, al mismo tiempo que saboteábamos las comunicaciones de las FARC y nos preparábamos para la etapa final de la Operación Jaque, intentábamos una solución negociada. El 28 de marzo hicimos una nueva oferta de dinero en efectivo y la posibilidad de reducción de penas y residencia en un país extranjero a cambio de la liberación de los secuestrados. El primero de abril, el presidente Sarkozy declaró que Ingrid estaba a punto de morir y señaló su intención de enviar un equipo médico para tratarla. Respaldamos esta propuesta, pero, para sorpresa de casi nadie, las FARC se negaron a recibir la misión.

La operación militar era el único camino disponible. Y debía permanecer en el más absoluto secreto para tener éxito. En los días previos a la operación, solo cuatro personas —el general Montoya, el general Padilla, el ministro Santos y yo— conocíamos todos los detalles. Ni siquiera las tropas que estaban siendo entrenadas para ejecutar la operación se enteraron de su verdadero objetivo hasta solo unos días antes de su ejecución, fijada para el 2 de julio de 2008.

Hicimos una sola excepción en materia de confidencialidad. El primero de julio recibimos la visita de dos distinguidos senadores de Estados Unidos, Joe Lieberman y John McCain, quien en ese momento era el candidato del Partido Republicano a la presidencia de su país. Ex prisionero de guerra que estuvo detenido cinco años y medio en condiciones brutales en Vietnam, el senador McCain conocía muy bien la crueldad del cautiverio. Cuando me preguntó por los tres contratistas estadounidenses, le dije que íbamos a tratar de rescatarlos al día siguiente. Asintió con la cabeza y nos deseó solemnemente lo mejor.

Las tropas que participarían en la Operación Jaque hacían sus preparativos finales cuando los comandantes militares me pidieron la autorización definitiva.

15

—La operación está lista, señor Presidente.

—Procedan entonces —dije—. Procedan bajo mi responsabilidad.

Cerré los ojos y recé. Luego vi sus caras.

16

Los secuestrados se despertaron el 2 de julio en una pequeña edificación semejante a una bodega, en el departamento del Guaviare, la misma zona que había formado una vez el núcleo de la zona desmilitarizada de las FARC. El estado de ánimo de los cautivos era moderado pero esperanzador. Sabían que algo estaba sucediendo: sus carceleros les habían dado ropa nueva y comida decente y por primera vez en varios años habían dormido en colchonetas. Sin embargo, no tenían idea de lo que se avecinaba.

Tampoco las FARC.

Durante varias semanas los secuestrados habían notado que sus captores se sentían confundidos y desesperados. Escucharon las noticias sobre la muerte de Raúl Reyes, Iván Ríos y Manuel Marulanda por la radio y percibían cómo sus captores, quienes durante muchos años habían mostrado disciplina, ahora parecían sin rumbo y a la deriva. Seguros de que estaban siendo perseguidos, las caminatas en la selva se habían hecho más arduas y largas; además el suministro de alimentos se había vuelto intermitente y se limitaba a algunas cucharadas de arroz acompañadas con un poco de caldo. Keith Stansell, uno de los tres contratistas estadounidenses, las llamó las "caminatas del hambre". La mayoría de los secuestrados parecía "palos a los que alguien les hubiera tallado mejillas y cuellos", escribió Stansell. Ingrid Betancourt se encontraba en condiciones incluso peores. Un grupo de once soldados y policías colombianos —algunos con más de una década en poder de las FARC— había sido trasladado a este campamento.

A la salida del sol, los quince secuestrados supieron por qué los habían llevado a ese lugar, y por qué su tratamiento había mejorado un poco de un momento a otro. Los detalles eran vagos, pero las FARC les dijeron que una delegación internacional de socorristas llegaría esa tarde en helicóptero. El objetivo de la delegación era examinar la salud de los secuestrados —probablemente era por eso que estaban recibiendo una alimentación mejor— y llevarlos a otro lugar de la selva, donde otra columna de las FARC se encargaría de ellos. Algunos secuestrados creían que se trataba de un posible preludio a un acuerdo negociado para su liberación. "Pensé que nos liberarían dentro de un año aproximadamente", escribió Stansell. Mientras las FARC se preparaban para recibir a la delegación, ordenaron a los cautivos ponerse los nuevos uniformes camuflados y formarse en filas, lo que indicaba que algo trascendental estaba a punto de suceder.

Todo parecía muy alentador. Pero el estado de ánimo de los secuestrados cambió abruptamente cuando aparecieron los dos helicópteros. Vieron consternados cómo uno aterrizaba junto a un cultivo de plantas de coca mientras el otro permanecía en el aire, y que unos hombres desconocidos y de aspecto extranjero bajaban de la primera aeronave. Algunos socorristas llevaban camisetas con la imagen del Che Guevara. Estaban acompañados por un periodista y un camarógrafo de una cadena de televisión venezolana.

—En medio de la selva colombiana —gritó el periodista, bajo el ruido ensordecedor del helicóptero—, ¡estamos aquí en lo que será un momento histórico para Colombia y el mundo!

Los secuestrados comprendieron de inmediato que no se trataba de una misión humanitaria y que más bien parecía ser otro truco de propaganda a favor de las FARC. Con creciente disgusto presenciaron cómo los socorristas comenzaban a charlar y a bromear con los integrantes de las FARC, y cuando le dieron un pequeño regalo al cabecilla.

Pero luego dejaron de bromear y se dirigieron a los quince secuestrados. Sacaron esposas plásticas de sus bolsillos y les dijeron que tendrían que esposarlos para llevarlos al lugar acordado. El disgusto de los secuestrados produjo un verdadero motín. En lugar de señalar el principio del fin de su cautiverio, como habían esperado, esta operación parecía anunciar una etapa aún más sombría para ellos. Los estadounidenses gritaron furiosos a los socorristas que de ninguna manera abordarían el helicóptero. Uno de los policías secuestrados se tiró al suelo y se retorció en señal de protesta, negándose a levantarse. Mientras tanto, las hélices del helicóptero seguían girando a toda velocidad, confiriéndole un sentido de urgencia a los acontecimientos.

Finalmente los socorristas lograron persuadir a los secuestrados para que dejaran de resistirse y comenzaron a subirlos al helicóptero. Dos de los cabecillas de las FARC subieron con ellos. Cuando el helicóptero comenzaba a despegar, los socorristas trataron con mayor brusquedad a los secuestrados, empujándolos a sus asientos, quitándoles las botas y amarrándoles los pies con más esposas plásticas. Los cabecillas de las FARC contemplaban la escena con una sonrisa de satisfacción en sus rostros. El helicóptero se inclinó hacia el oeste y se elevó por encima de la selva.

Pocos segundos después estalló el caos. Los secuestrados observaron, en un estado de shock absoluto, cómo los socorristas arrojaban al suelo a los dos cabecillas de las FARC y los sometían con rapidez. El "médico" de la delegación sacó una jeringa hipodérmica e inyectó un fuerte sedante a uno de los cabecillas. Entonces, el líder de los trabajadores humanitarios se dirigió a los rehenes:

—Somos el Ejército Nacional. ¡Están en libertad!

Los secuestrados se miraron con asombro y luego empezaron a celebrar y a abrazarse entre sí.

Fue una operación sin igual en la historia militar. Los quince secuestrados fueron liberados, y los cabecillas de las FARC sometidos sin ningún tipo de bajas. No hubo un solo disparo.

La última fase de la Operación Jaque se planeó durante varias semanas. Cuando nuestras Fuerzas Armadas decidieron utilizar el engaño como base para el rescate, vieron la huella que habían dejado las recientes actuaciones de los terroristas. Unos meses atrás, las FARC habían entregado a Clara Rojas, la madre de Emmanuel, a una delegación venezolana que venía en helicóptero con un equipo de televisión. Nuestras Fuerzas Armadas estudiaron el video en detalle, creyendo que lo mismo que había funcionado una vez tenía las mejores probabilidades de volver a hacerlo. Para inspirarse, vieron películas de Hollywood sobre grandes engaños, como *Ocean's Eleven*. Cuando nuestros comandantes fijaron un plan, nueve valientes soldados colombianos se ofrecieron para participar como voluntarios, y recibieron algunos papeles que debían interpretar. Ensayaron durante varios días y tuvieron en cuenta todas las situaciones posibles. Llamaron incluso a un profesor de actuación para que les ayudara a perfeccionar sus papeles.

Nuestros comandantes también tomaron todas las precauciones posibles, pues sabían que muchas cosas podían salir mal en una situación tan estresante y que involucraba a muchas personas desconfiadas. Las esposas de plástico fueron necesarias para disuadir a los secuestrados de intentar una rebelión después de abordar el helicóptero y antes que pudieran ser informados del engaño. Una rebelión habría sido desastrosa: los secuestrados superaban por casi dos a uno a los "trabajadores humanitarios". En una base cercana en Guaviare había traumatólogos listos para el caso que la misión tuviera un desenlace infortunado. Mientras tanto, el "camarógrafo" transmitió un canal de audio en vivo a los pilotos de los helicópteros para que estuvieran pendientes de los hechos a medida que transcurrían. Si el "periodista" decía "se me perdió la billetera", era un código que significaba que los terroristas habían descubierto el engaño y debían despegar para salvar sus vidas.

Para fortuna de todos, la operación transcurrió sin mayores problemas. Desde el aterrizaje del helicóptero hasta el momento en que fueron neutralizados los dos terroristas de las FARC, la duración total fue de veintidós minutos y trece segundos.

El mayor peligro se presentó en los momentos de celebración. A medida que los pasajeros saltaban abrazándose, riendo y llorando de alegría, algunos temieron que el antiguo helicóptero pudiera venirse abajo. Pero la providencia les sonrió una vez más ese día y fueron liberados de todo peligro.

—¡Colombia! ¡Colombia! —gritaban.

Y entonces cantaron el himno nacional, completamente orgullosos de nuestro país.

17

Mientras se desarrollaba la Operación Jaque, seguí mi política habitual: trabajar por las comunidades como si nada sucediera.

Fui a una zona del departamento de Santander afectada por graves inundaciones, con la esperanza de ayudar a coordinar la respuesta al desastre. El destino quiso que no hubiera servicio confiable de telefonía celular en esa zona. Llevaba un teléfono satelital para utilizarlo en caso de emergencia, pero la debilidad de la señal me impidió seguir la operación paso a paso. Procedí como siempre: presté toda mi atención a las historias de las víctimas de las inundaciones y traté de averiguar cómo podía ayudarles nuestro gobierno. Es probable que su situación no pareciera tan dramática para el mundo exterior, pero realmente era tan desastrosa como la de los secuestrados. Sus vidas también estaban en peligro.

Finalmente, mientras regresábamos de la zona afectada a bordo de un helicóptero, recibí una llamada del ministro Santos.

—Señor Presidente —dijo con voz entrecortada—, ¡la operación fue un éxito total! Ingrid, los tres estadounidenses y los once soldados y policías están sanos y salvos.

—Gracias señor Ministro, y gracias a Dios —contesté—. Felicitaciones. Por favor salude a los comandantes y a las Fuerzas Armadas colombianas de mi parte. Hoy es un día de mucho orgullo.

Di la noticia a los ocupantes del helicóptero. Ninguno sabía nada de la operación. Alicia Arango lloró de alegría y me dio un abrazo enorme. Le di la mano al ministro Andrés Uriel Gallego, al general Flavio Buitrago y al almirante Amaya. Horacio Serpa, quien fue uno de mis rivales durante las campañas presidenciales de 2002 y 2006 y ahora era el gobernador de Santander, celebró con nosotros.

De acuerdo con nuestro protocolo habitual en estos casos, el ministro Santos salió en la televisión y compartió la noticia con el pueblo colombiano y con el mundo. En las horas siguientes, recibí llamadas telefónicas de muchos líderes. El presidente Bush llamó para felicitarnos por la operación y por la forma como simbolizaba la transformación radical de Colombia. El presidente Sarkozy expresó su alegría. Ban Ki-Moon, el secretario de las Naciones Unidas, manifestó su beneplácito por la operación y pidió públicamente a las FARC "que liberen de forma inmediata e incondicional a los secuestrados restantes". Barack Obama, el candidato del Partido Demócrata a la presidencia de Estados Unidos, emitió un comunicado para expresar su apoyo a nuestra "estrategia constante de no hacer concesiones a las FARC", y prometió que, de ser elegido, haría "todo lo que pueda... para derrotar a esta organización terrorista".

El ministro Santos me preguntó si quería ir con él a la base militar de Tolemaida, para recibir a los antiguos secuestrados ante toda la Nación. Me negué.

—Vaya solo, ministro —le dije—. Necesitamos que usted lo haga por el bien de su futuro político.

Quería decirle al país que en momentos de gran alegría o de tragedia, nuestra voluntad de trabajar se mantenía incólume y que reaccionaríamos con prudencia. Procederíamos normalmente con los asuntos de nuestro país y cumpliríamos con nuestro deber. Seguí con el resto de la agenda de ese día, que incluía la reapertura del hospital de San José en Bogotá. Era otro proyecto de suma importancia: antes de nuestro gobierno, varios hospitales públicos habían quebrado y cerrado sus puertas. Bajo nuestra administración revisamos la estructura de 224 hospitales públicos. Gracias a una gestión más eficiente, al trabajo incansable de los ministros Juan Luis Londoño y Diego Palacio, y a la afluencia de ingresos que provenían de la exitosa reactivación de la economía colombiana, logramos salvar a muchos de la bancarrota y atender a un gran número de pacientes. Cuando llegué al hospital, muchas personas se pusieron de pie y nos aplaudieron. Les agradecí y seguí adelante con mi labor. Nuestras actividades eran más importantes que las felicitaciones.

Esa noche me reuní con los liberados en el Club Militar de Bogotá. Ingrid lloró y agradeció profusamente a los militares colombianos.

—Nos rescataron de una manera impecable —dijo—. Nunca esperé salir con vida. —Instó a los países vecinos a dejar de interferir con la democracia colombiana—: Los colombianos eligieron a Álvaro Uribe —dijo—. Los colombianos no eligieron a las FARC.

Ya los estadounidenses iban rumbo a Texas, acompañados por el embajador de Estados Unidos, que había llevado una caja de cerveza para compartir con ellos en el avión. Los contratistas también manifestaron su agradecimiento cuando se dirigieron a los medios de comunicación. Uno de ellos, Marc Gonsalves, dijo que la Operación Jaque era "el rescate más perfecto que se haya realizado en la historia del mundo".

Invité a todos los antiguos secuestrados colombianos a la Casa de Nariño, y pedí a cada uno de ellos que enviara un mensaje al país a través de la televisión. Cuando llegó mi turno, empecé dando gracias a Dios y a la Santísima Virgen. Felicité al ministro Santos, al general Padilla, al general Montoya y a otros miembros de los altos mandos militares. Mientras Ingrid y los uniformados observaban, felicité a las familias de los liberados, que habían sido tan valientes como los secuestrados durante todo el tiempo que estuvieron en cautiverio. Y entonces prometí que no descansaría hasta que todos los demás secuestrados de Colombia fueran puestos en libertad: leí, uno por uno, todos los nombres de quienes aún seguían en cautiverio.

—En medio de todas nuestras debilidades y limitaciones, no nos olvidemos un solo día de las familias de aquellos que todavía siguen secuestrados. Este es nuestro compromiso: que no los olvidaremos un solo instante hasta que *todos* ustedes sean libres de nuevo.

18

Al día siguiente, Ingrid se reunió con sus hijos en el aeropuerto de Bogotá. Llevaban más de seis años separados. Estaba tan feliz, que subió corriendo las escaleras y los abrazó antes que bajaran del avión. Salieron tomados de la mano con una gran sonrisa.

—Estos son mis hijos, mi orgullo, mi razón de vivir —dijo, secándose las lágrimas.

Ellos, que escasamente habían llegado a la adolescencia cuando fue secuestrada su madre, eran ya jóvenes adultos de diecinueve y veintidós años.

—Se ven tan distintos, pero tan iguales —dijo Ingrid—. Son tan hermosos. Creo que son hermosos.

Para los contratistas estadounidenses, el reencuentro con sus seres queridos tardó un poco más, pero fue igual de alegre. Después de aterrizar en Texas, fueron recibidos por médicos militares, quienes les ayudaron a prepararse mentalmente para su reinserción a la vida civil, un proceso que ellos describirían luego, al igual que sus terribles experiencias como secuestrados, en su exitoso libro *Lejos del infierno*. Muchas cosas habían cambiado tras los varios años que permanecieron en cautiverio y debieron enfrentar algunos problemas en sus vidas privadas. Pero nada pudo superar la alegría de ver a sus familias. Keith Stansell conoció a sus dos hijos mellizos, que ahora tenían cinco años. "¡Papá! ¡Papá!", gritaron, mientras cada uno se aferraba a una de sus piernas. La madre había colgado la foto de Stansell en la pared del cuarto de sus hijos. Todas las familias habían conservado la fe.

Tuve el privilegio de ser testigo de varias de estas reuniones. Esa noche en el Club Militar, vi a varios de los once soldados y policías colombianos rescatados abrazar a sus seres queridos después de más de diez años de separación. Mis ojos se llenaron de lágrimas al pensar en todo el dolor que habían sufrido, y en la felicidad y el alivio que debían sentir al poder estar de nuevo con sus seres queridos.

Ésta era una escena de la Colombia que había anhelado, de la Colombia que amaba, de la Colombia a la que dedicábamos los esfuerzos de la vida entera. Una Colombia donde las familias pudieran vivir juntas en paz, donde los padres y madres pudieran abrazar a sus hijos sin que nadie atentara contra su unión.

19

Pocas horas después de la operación interceptamos otro mensaje de las FARC. Era de la columna que había tenido a los secuestrados, y estaba dirigida al comando central. Decía simplemente: "NOS ENGAÑARON".

Por dos semanas escuchamos a las FARC recriminarse cada vez con mayor amargura, en la ignorancia total que, infiltradas al nivel más profundo, estábamos escuchando cada palabra que decían. Y entonces, la frecuencia quedó en silencio.

La Operación Jaque fue un golpe catastrófico para las FARC. A todos los progresos que habíamos hecho en los últimos años, se sumó esta operación que dejó a las FARC sin algunos de sus secuestrados más importantes y demostró claramente la superioridad operativa de las fuerzas de seguridad colombianas. Pero sabíamos que no era el final de nuestra lucha. Habíamos previsto, correctamente, que las FARC tratarían de recuperar su protagonismo mediante el asesinato de personas inocentes y la realización de atentados; tal como lo habían hecho innumerables veces en el pasado. El 5 de julio, tres días después de rescatar a los secuestrados, el Ejército decomisó cerca de una tonelada de explosivos en una finca en las afueras de Bogotá, que se creía estaban destinados para un fuerte ataque en señal de venganza. El 10 de julio frustramos un asalto a la cárcel de alta seguridad de Doña Juana, en el departamento de Caldas, donde estaban recluidos más de 500 integrantes de las FARC.

En realidad, nuestra lucha contra las FARC seguía teniendo altibajos. En los años siguientes, otros terroristas importantes fueron neutralizados por nuestras operaciones militares. En junio de 2010 realizamos la Operación Camaleón, en cierto sentido casi tan atrevida como la Jaque: basados en la inteligencia obtenida a través de un desmovilizado de las FARC, nuestras Fuerzas Armadas rescataron tres policías y un soldado colombianos que permanecieron secuestrados más de doce años. Pero a pesar de nuestro progreso, las FARC y otros grupos violentos continuaron matando y mutilando personas inocentes. En 2009, las FARC sacaron al gobernador de Caquetá de su casa, lo secuestraron y degollaron en un eco inquietante de las tragedias anteriores. Los terroristas no iban a desaparecer por cuenta propia y el pueblo colombiano necesitaba mantenerse firme.

La filosofía a largo plazo de los terroristas, y su negativa a desaparecer, fue bien articulada por un hombre que pasó mucho tiempo entre ellos: Fernando Araújo.

—El problema es que las FARC no tienen ninguna noción real del tiempo —señaló en una entrevista—. Ellos piensan que están pasando por un momento difícil y creen que inevitablemente se van a recuperar, como lo han hecho siempre. Yo los escuchaba encadenado cantar sus canciones. Cantaban "Si hoy es malo, mañana será bueno". La característica principal de las FARC es la perseverancia. Personalmente, no creo que nunca se sienten en una mesa de negociaciones y renuncien a su misión. Siempre que tengan fondos económicos, es decir, drogas y el apoyo de Gobiernos extranjeros, tendrán posibilidades de existir.

20

Compartí con Araújo la evaluación de los retos —y sus causas— que aún teníamos por delante. Hasta el último día de nuestra presidencia continuamos los esfuerzos para negar a los terroristas un refugio seguro en otros países. Lamento decir que, a pesar de nuestra buena fe, nuestra tarea nunca fue fácil.

Un ejemplo de ello se dio en 2009, cuando hablé con el presidente Chávez sobre el caso de Luciano Marín Arango, alias "Iván Márquez", un conocido terrorista de las FARC. Márquez, jefe del Bloque Caribe de las FARC, era responsable del asesinato de varios cientos de colombianos, y nuestros informes de inteligencia demostraban que se encontraba en Venezuela. También teníamos información cierta de la presencia de varios campos armados ilegales en territorio venezolano. Le di toda la información pertinente al presidente Chávez. En una reunión posterior me dijo que había enviado al Ejército de Venezuela, pero que no habían encontrado ningún rastro de los terroristas.

—Presidente, usted necesita utilizar sus activos de inteligencia —le dije—, porque si se limita a enviar su Ejército, los terroristas tienen personas que les informarán, y entonces huirán.

El presidente Chávez suspiró y cambió de tema. Luego lo retomó y dijo que si su gobierno combatía a los "guerrilleros", Venezuela nunca podría ser útil como mediador de paz en Colombia. Contesté que los terroristas nunca estarían *interesados* en la paz mientras tuvieran un escondite en Venezuela, porque se sentirían cómodos en el "exilio" y se aferrarían a sus esperanzas de volver a Colombia para reanudar sus actividades delictivas.

—Muy bien —respondió secamente el presidente Chávez—. Voy a pensar en una solución y luego me pondré en contacto con usted.

Poco después asistí a la Cumbre de las Américas en Trinidad y Tobago. Era la primera vez que el presidente Barack Obama se reunía con los líderes de toda la región. Cuando concluyó la sesión plenaria, abordé al presidente Chávez en el mismo salón de la reunión.

—Señor Presidente —le dije—, ¿ya tiene la solución que me prometió en referencia a Iván Márquez?

El presidente Chávez me susurró al oído.

—Esta es la situación: Si eres capaz, puedes ir por Márquez, al igual que lo hiciste con Granda. Pero no puedes decir que yo te di permiso. Si lo haces, diré que se trata de una mentira.

Me sentí perturbado por estas palabras, e inmediatamente le expresé mi preocupación a Jaime Bermúdez, ministro de Relaciones Exteriores, y a Carolina Barco, nuestra embajadora en Estados Unidos. Continuamos tratando de resolver nuestras diferencias por medio del diálogo y de la buena voluntad. Pero con los socios que teníamos, detener las actividades de las FARC y el ELN en los países vecinos era un desafío constante.

La urgencia de esta tarea aumentó a medida que los narcoterroristas entraron en una fase más vulnerable. Había estudiado que organizaciones como ETA —el grupo terrorista vasco— continuaron con sus actividades criminales muchos años después de haber perdido el apoyo popular y la mayor parte de su capacidad operativa. Como las FARC, durante muchos años sus cabecillas usaron el territorio francés como refugio. Los funcionarios españoles me dijeron hace poco tiempo que el golpe letal que recibió este grupo se produjo cuando Francia permitió que la Policía española entrara a su territorio para buscar a los terroristas. Poco después, ETA anunció el fin de su campaña armada. Pienso, entonces, que para provocar una cadena de acontecimientos similares que hicieran que las FARC y el ELN cesaran sus actividades armadas, se tendrá que eliminar su capacidad de sentirse cómodas en los países vecinos.

A mediados de 2010, cuando faltaban unas pocas semanas para el término de nuestra presidencia, recibimos nuevas fotografías satelitales y filmaciones recientes a corta distancia hechas por informantes, que demostraban la presencia de campamentos de las FARC en Venezuela. Consideramos tres opciones: la primera era un bombardeo similar al que habíamos hecho contra Raúl Reyes, pero decidimos que ya era muy tarde para que nuestro gobierno pudiera enfrentar las posibles consecuencias. La segunda opción era permanecer en silencio, pero esto era incompatible con todo lo que habíamos hecho durante los últimos ocho años, y perjudicial para la seguridad de Colombia. Me atormentaba la idea de que en un futuro me preguntaran: *¿si sabía algo, por qué no actuó?* Siempre que comprobé con las autoridades información de la comunidad sobre un delincuente, yo mismo lo denunciaba en público, lo visibilizaba, así, al perder el anonimato, el criminal empezaba a perder la impunidad. En mi mente se construyó ese paralelo, no podía aceptar quedarme en silencio. Entonces, la opción final era denunciar la existencia de los campamentos terroristas ante la Organización de Estados Americanos. Era la mejor opción disponible dadas las circunstancias, y fue lo que hicimos.

Como era de esperarse, esta denuncia generó una última confrontación internacional en los últimos meses de nuestro gobierno. Una vez más, fui señalado por algunos críticos como el agresor: alguien que intentaba llamar la atención o echar todo a perder en una última pelea antes de abandonar el escenario mundial. Como si el hecho de tener imágenes satelitales que demostraban claramente la presencia de campamentos terroristas en suelo venezolano fuera culpa *mía*; o como si yo debiera permanecer en silencio y permitir que continuara esta farsa. Este era otro ejemplo de la doble moral a la que se veía sometida Colombia en su búsqueda de la seguridad. ¿Estados Unidos debió permanecer con los brazos cruzados cuando descubrió a Osama bin Laden escondido en Pakistán? O, para citar un ejemplo de la historia, ¿fue culpa del presidente John F. Kennedy descubrir la presencia de misiles nucleares soviéticos en Cuba? ¿Alguien pensó seriamente que el presidente Kennedy debería haberse limitado a ignorar semejante amenaza, o que podría llegar a una solución tratando de quedar bien con Fidel Castro?

No; defenderíamos la seguridad de Colombia a toda costa, sin importar las consecuencias. Así habían sido las cosas en nuestro gobierno y siempre serían iguales.

Poco antes de terminar la presidencia se realizó en Cancún, México, una cumbre de mandatarios para avanzar en la creación de un ente unificador de los países latinoamericanos y caribeños. Una vez se escuchó al presidente de Haití y se examinó el caso de la hermana nación semidestruida por un terremoto, pedí la palabra, anticipé que con todo respeto me referiría a nuestra situación con Venezuela, que incluía un cierre de las relaciones comerciales impuesto por el Gobierno de ese país. El presidente Chávez respondió, se quejó de que había sido "botado" de la facilitación para buscar la liberación de secuestrados de la FARC y concluyó diciendo que no me escuchaba y se retiraba. Le dije:

—Presidente, estas reuniones son para resolver los problemas. —Él insistió en su retiro y entonces repliqué—: Presidente, usted insulta a más de dos mil kilómetros de distancia y al estar cara a cara no permite superar las dificultades.

Nada valió, amagó con retirarse, y en ese momento me levanté de la silla, reconozco que di una palmada a la mesa y exclamé:

—Sea varón, no se vaya.

Por mi mente pasaron ráfagas de pensamientos, por un lado me preocupaba violar las reglas de la diplomacia al ser yo representante de mi país, por otro, me parecía que por dignidad era necesario proceder con toda energía frente a la cobardía de los tiranos.

Estos enfrentamientos fueron recurrentes hasta el final, pero se limitaron a un número muy reducido de países. Disfrutamos de una relación positiva con la gran mayoría de los países latinoamericanos y de todo el mundo. Hubo quien afirmara que las acciones de nuestro gobierno habían contribuido a aislar a Colombia. Esto no solo es falso, sino contrario a la realidad: gracias a nuestros múltiples tratados comerciales, inversiones y a muchas otras medidas, desde un punto de vista económico Colombia estaba más integrada que nunca con el resto de América Latina y el mundo al terminar nuestro mandato; los lazos con Europa también mejoraron notablemente. Durante el último año de nuestra presidencia, el primer ministro canadiense, Stephen Harper, me hizo una invitación especial a la cumbre de las naciones del G-8 —integrado por las economías más grandes del mundo— para, en ella, explicar cómo habíamos avanzado en Colombia.

En enero de 2009 tuve el honor de recibir del presidente Bush la Medalla de la Libertad, el mayor honor para un civil en Estados Unidos. La ceremonia tuvo lugar en Washington y compartí el galardón con el ex primer ministro británico Tony Blair y el ex presidente de Australia John Howard. Me alegró que cuando el presidente Bush se dirigió a mí ese día, honrara la fortaleza y la perseverancia del pueblo colombiano, felicitando a todo el país por nuestro gran avance.

—A principios de esta década, la República de Colombia estaba cerca de ser, en el mejor de los casos, un Estado fallido —dijo el presidente George W. Bush—. En esas condiciones, se necesitaba más que ambición e ideales para postularse a un cargo político: se requería un inmenso valor personal y fortaleza de carácter. El presidente Uribe ha forjado un fuerte vínculo con su pueblo, el cual se ha reunido con su presidente en las alcaldías de todo el país; lo ha visto obtener resultados... Al negarse a permitir que la tierra que tanto ama fuera destruida por un enemigo interno, al demostrar que el terrorismo puede ser confrontado y derrotado, el presidente Uribe ha reavivado las esperanzas de sus compatriotas, y ha mostrado un modelo de liderazgo ante un mundo que lo observa.

En los años siguientes tuve también una relación muy cordial con el presidente Obama y con los altos funcionarios de su administración. Cuando en junio de 2010 la Secretaria de Estado Hillary Clinton nos visitó en Colombia, contó maravillada que se había reunido con su marido —quien se encontraba realizando una labor filantrópica en otra ciudad colombiana— para cenar en un restaurante de Bogotá: algo que habría sido imposible unos años antes por los problemas de seguridad.

—Hablamos de lo extraordinario que era poder hacer este tipo de cosas —dijo Clinton a los reporteros al día siguiente—. Mi corazón se llenó con la esperanza que sé que llena los corazones de tantos colombianos por todo lo que se ha logrado.

Agregó que la administración Obama "acogía plenamente" el Plan Colombia, y quería "construir sobre el éxito de los últimos años, mientras esperamos un futuro de mayor paz sostenible, progreso y prosperidad para el pueblo de este hermoso país".

Vi al presidente Obama en varias ocasiones. Una de ellas, como ya lo mencioné, fue en la cumbre en Trinidad y Tobago. Ese día, durante un almuerzo con el presidente Alan García de Perú, observé que el presidente Obama era cálido e inteligente, y que estaba muy interesado en Colombia. Discutimos con cierto detalle el Triángulo de la Confianza, que esbocé en una hoja de papel. Al terminar, el presidente Obama sonrió y dijo que estaba totalmente de acuerdo con los tres puntos; entonces ofreció darme su autógrafo. Acepté. *Para el presidente Uribe, con admiración*, decía la dedicatoria.

Tuve excelentes relaciones con líderes de toda América Latina. El presidente de México, Felipe Calderón, me pareció siempre un mandatario extremadamente valiente. Alan García de Perú fue una figura admirable. Antes el presidente Toledo nos apoyó resueltamente para derrotar al frente amazónico de las FARC. Siento una gratitud y un respeto enorme por los presidentes de Chile, de República Dominicana y de los países de Centroamérica y el Caribe. También debo un agradecimiento especial a los presidentes de Panamá: Mireya Moscoso, Martín Torrijos y al muy eficiente Ricardo Martinelli.

Para la gran sorpresa de muchos observadores, también tuve relaciones muy sólidas con muchos líderes regionales que se inclinaban hacia la izquierda ideológica. Los presidentes Tabaré Vásquez de Uruguay, Fernando Lugo de Paraguay y muchos otros. Sentí respeto por Luiz Inácio Lula da Silva de Brasil: su ascenso personal desde la pobreza me pareció admirable y sus políticas pragmáticas eran un ejemplo positivo para quienes habían adoptado un socialismo de línea dura. Lo vi ampliar las políticas sociales que su antecesor, el presidente Cardozo, nos explicó a varios líderes de la región para implementarlas en nuestros países. En 2008, el presidente Lula estuvo en Colombia durante la celebración del día de nuestra independencia, cuando cientos de personas salieron de nuevo a las calles para rechazar a las FARC. Las manifestaciones tuvieron lugar en ciudades de todo el mundo; en lugares como Madrid, Toronto, Sydney y París, donde Ingrid Betancourt se dirigió a la multitud y dirigió la consigna de "¡No más secuestros!". Los presidentes Lula, García y yo estábamos en Leticia, Colombia, una ciudad amazónica limítrofe con Brasil, donde Shakira, la cantante colombiana que tanto bien le ha hecho a nuestro país, participó en un concierto. Ese día, el presidente Lula apoyó sin reservas nuestra causa, señaló que las relaciones entre nuestros países eran "excelentes" y respaldó nuestra lucha contra los terroristas.

Incluso quienes podían sentir desconfianza —fuera por mis interacciones con el presidente Chávez o por otras razones—, muchas veces cambiaron de opinión. Recuerdo que estaba reunido con el presidente de Uruguay, José Mujica, quien fue un líder guerrillero por espacio de varios años. Noté que me miraba con escepticismo. Empecé nuestra conversación con una sonrisa y le dije:

—¡Ah, las cosas que usted debe haber oído hablar de mí!

El presidente Mujica lanzó una carcajada y así comenzó una relación sólida y constructiva. Con los países que nos apoyaron en nuestra búsqueda por la seguridad y la paz solo tuvimos los mejores sentimientos de fraternidad y respeto. Imposible citar a tantos mandatarios con quienes pude compartir. Recordaré con admiración la fortaleza de José María Aznar, el pragmatismo escuchado en los diálogos con Felipe González, las buenas relaciones con el presidente Rodríguez Zapatero y, siempre, con su majestad don Juan Carlos, Rey de España, y al gran amigo Tony Blair, primer ministro británico.

Entre los numerosos desafíos que aún tiene Colombia, tal vez ninguno me preocupa tanto —o me parece tan importante— como el flagelo de las drogas.

Mientras Colombia sea un importante productor de narcóticos, siempre habrá la posibilidad que existan narcoterroristas. Fernando Araújo tenía razón: por sí solas, las drogas pueden sostener a las FARC y a otros grupos durante muchos años. Cuando nuestra presidencia terminó, las FARC aún ganaban alrededor de 200 millones de dólares al año por tráfico de drogas. Esto, a pesar de todos nuestros esfuerzos —que han tenido cierto éxito— para derrotar a los productores de narcóticos. Al final de nuestro gobierno, la superficie de Colombia con cultivos de coca se redujo a cerca de 68.000 hectáreas. En comparación, la superficie cultivada en 2000 era de al menos 170.000 hectáreas que hubieran podido ser hasta 400.000, si se hubieran utilizado técnicas modernas de medición. En cualquier caso, la reducción de los cultivos ha sido incompleta pero significativa.

Además de la fumigación aérea y de la erradicación manual, tratamos de implementar programas innovadores. Uno de ellos se llamó "Familias Guardabosques". Bajo esta iniciativa, casi 100.000 familias que habían estado involucradas en el cultivo de coca en toda Colombia firmaron acuerdos con nuestro gobierno para vigilar los bosques o selvas cerca de sus hogares, mantenerlos libres de plantas de coca y supervisar la recuperación del ecosistema nativo en aras de la protección del medio ambiente. A cambio, después que las Naciones Unidas certificaban que estos ciudadanos cumplían con sus obligaciones, se les pagaba una bonificación económica que, por períodos de dieciocho meses, alcanzaba aproximadamente 2.000 dólares. Además procuramos apoyarlos con educación, salud y las diferentes herramientas sociales.

También hicimos grandes esfuerzos para desmantelar los carteles que cooperaban con organizaciones como las FARC, los paramilitares y otras dedicadas exclusivamente al narcotráfico. Durante nuestro gobierno, alrededor de 1.140 traficantes de drogas fueron extraditados a Estados Unidos y muchos otros países. Aplicamos la ley que contempla la confiscación por concepto de enriquecimiento ilícito, y en los últimos tres años de nuestra administración confiscamos 15.000 bienes ilícitos.

Sin embargo los esfuerzos de Colombia no han sido suficientes. Se requiere la disminución del consumo global. Muchos Gobiernos hacen esfuerzos, otros dan la espalda al problema, algunos sin emprender la lucha quieren la vía fácil de la legalización. Sin embargo, el tema también es, y de qué manera, de las sociedades y de las familias. Tan grave es pretender dejarlo en las manos exclusivas del Estado, como que éste lo ignore con la disculpa de que debe quedar circunscrito al seno de la familia.

Desapruebo la legalización, no solo como padre de familia ni tampoco exclusivamente por nuestra lucha; sino porque no encuentro lógica en las razones que la sustentan. No hay que legalizar para evitar llevar a la cárcel al consumidor y darle tratamiento médico. Para que en el tratamiento al adicto, el médico recete suministro de drogas con dosis decreciente, tampoco hay que legalizar; la ley no niega los espacios de la ciencia. Anticipan estudiosos que la legalización estimularía tanto el consumo social —especialmente durante los primeros años—, que no habría manera de quitar ingresos al crimen, ni de recaudar impuestos, con tasas razonables y en cantidades suficientes, para pagar la rehabilitación del número de consumidores en crecimiento exponencial.

El libre albedrío no puede ser para poner en peligro al prójimo. Con la libertad de consumo de drogas el individuo pierde su libertad, actúa enajenado y pone en peligro a quienes lo rodean. También pierde el control sobre su voluntad, la esencia de su libertad, aquello que lo diferencia del reino animal.

En muchos países, incluido el nuestro, casi todos los sicarios capturados al cometer un crimen, han sido encontrados bajo el influjo de las drogas, en muchas ocasiones combinadas con alcohol.

Con la creciente producción en el norte y el consumo en el sur, quedó derogada la vieja división entre productores y consumidores; los hechos refuerzan la necesidad del esfuerzo global.

El tema ambiental es fundamental, y en países amazónicos como Colombia de gran trascendencia; por mucho que bajara el precio, a consecuencia de una eventual legalización, los cultivos de drogas seguirían siendo una gran amenaza para el bosque primario: un precio más bajo podría desestimular siembras en California y acrecentarlas en la Amazonía.

Para muchos científicos la división entre drogas blandas y fuertes es eufemística; las primeras son vectores que conducen a las segundas.

Ante la pregunta de un estudiante de por qué el alcohol sí y la marihuana no, solamente le respondí: "Prepárate para contestar por qué la marihuana sí y la cocaína no".

La economía de las drogas va en contra de la economía productiva; el narcotráfico es especulación con crimen.

Creo en una política correcta: rehabilitación sin cárcel del consumidor, políticas de salud pública y prevención para la comunidad y cárcel para los distribuidores.

Cuando los turistas empezaban a acudir a Colombia, un video internacional acusó a una de nuestras ciudades de ser destino de un turismo consumidor de drogas. Intentamos capturar a los distribuidores y no se pudo: llevaban dosis personal. Muchos de quienes acusan estos hechos, promueven la legalización. No la podemos aceptar.

Más pertinente que el debate de legalización sería requerir de cada país la rendición de cuentas sobre sus acciones frente al consumo, la captura de narcotraficantes, la confiscación de bienes ilícitos, el control de precursores químicos, etc.

22

Cuando nuestra presidencia llegaba a su fin, me enfrenté a una última pregunta. Un asunto, en gran parte responsable de lo que habíamos logrado en los últimos ocho años, me inquietaba. Quizás la inquietud la suscitó un viaje que hice a un lugar situado a solo cien kilómetros del mar Caribe, pero tan alto en los Andes que a menudo nieva en los alrededores. Allí existe un pequeño pueblo indígena llamado Kankawarwa.

Los habitantes de Kankawarwa usan unas túnicas blancas que les llegan a los pies. Sus tribus son descendientes directas de los incas, y aun hoy algunos de los ancianos no hablan español. Su aislamiento durante gran parte de la historia fue casi total: en una época tan reciente como los años cincuenta, algunos habitantes seguían creyendo que los reyes españoles gobernaban los territorios circundantes. Solo es posible llegar hasta ellos a pie, a lomo de mula o en helicóptero. La niebla envuelve los picos de la Sierra Nevada, donde se encuentra Kankawarwa. Cuando llueve, muchos lugareños se alegran, pues creen que el agua limpia el alma.

La Sierra Nevada es un lugar hermoso y profundamente espiritual. Sin embargo, durante muchísimos años fue un microcosmos de las peores tragedias de Colombia. De acuerdo con ancianos de las tribus, los hombres blancos permanecieron alejados de la zona hasta principios del siglo XX. Cuando llegaron, consideraron que los indios eran débiles: trajeron, entonces, negros de la costa para que violaran a las indígenas y así engendrar una raza más resistente para el trabajo manual. En los años cincuenta, los desplazados que huían de La Violencia se apoderaron de las mejores tierras agrícolas y obligaron a los nativos a refugiarse en tierras más altas y áridas. En los años setenta, algunos de los primeros cultivos de marihuana en Colombia aparecieron en las laderas de sus montañas. Poco después llegaron las FARC y el ELN, seguidas por los paramilitares: asesinaron a un sinnúmero de indígenas inocentes mientras se disputaban el control del tráfico de drogas.

Durante nuestro gobierno trabajamos con las tribus indígenas para restablecer la seguridad que había desaparecido desde hacía casi un siglo. Construimos varias aldeas, incluyendo a Kankawarwa, a cuya inauguración asistí en 2009. Sus habitantes dijeron que muchas cosas habían cambiado; y aunque la violencia no ha desaparecido completamente de la zona, los ancianos de la tribu señalaron que la transformación era muy significativa. En efecto, después de varias décadas de operar con completa impunidad, nuestras brigadas de alta montaña expulsaron a muchos narcoterroristas; construimos nuevas escuelas y creamos empleos; y el eco-turismo de todo el mundo empezaba a descubrir los encantos de la Sierra Nevada.

—El cambio es como el día y la noche —le dijo a un periodista Danilo Villafañe Torres, uno de los ancianos de la tribu—. Las cosas no son como eran antes.

—¿Cuándo era exactamente ese "antes"? —preguntó el periodista.

Villafañe pensó un momento.

—En 2007 —respondió—. En 2007 las cosas seguían mal aquí.

Las palabras del anciano eran otra prueba de nuestro progreso como Nación. Pero al instante me sugirieron otra cosa: que nuestro progreso en muchas zonas de Colombia era muy reciente y muy frágil.

Al realizar un consejo comunitario en Nabusimaque, poblado de la Sierra Nevada —todavía en la primera parte del gobierno— los ancianos indígenas que ejercían autoridad me dijeron que tres semanas antes habían llegado hombres con uniforme que dijeron ser paramilitares, y días después otros con idéntico uniforme que dijeron ser guerrilleros, y la víspera de nuestra reunión quienes llegaron fueron identificados como los soldados del Gobierno. Aquel día asignamos a un coronel del Ejército la misión de ser enlace de construcción de confianza con la comunidad; esquema que se replicó en varias partes. Me perturba algo que sigue gravitando en mi mente: la confianza tiene que ser por siempre.

A medida que nuestro segundo mandato presidencial llegaba a su fin, me preocupaba que no hubiera tenido tiempo suficiente para hacer una transformación perdurable y permanente. La seguridad había mejorado en grandes extensiones del país, pero todavía era muy endeble. Incluso en aquellas zonas en las que nos habíamos concentrado desde el inicio de nuestra presidencia —como el área metropolitana de Medellín—, los asesinatos seguían presentándose con una frecuencia preocupante. Recordé una vez más que, en dos siglos de historia, Colombia solo ha tenido cuarenta y siete años de paz. Estábamos haciendo frente a unas dificultades que eran tan antiguas como nuestro país. Y no estaba seguro que ocho años hubieran sido suficientes para darles una solución definitiva a esos problemas y transformar al país de una manera perdurable.

Entre tanto algunos de nuestros partidarios comenzaron a discutir la posibilidad de mi postulación para un tercer mandato presidencial. Las encuestas mostraban que más de la mitad de los colombianos quería que me lanzara otra vez; y según una encuesta publicada por *El Tiempo* en enero de 2010, más del 85 por ciento de los probables electores dijeron que votarían "sí" a un referendo popular que modificara la constitución y me permitiera buscar un tercer mandato.

Tuve sentimientos contradictorios con respecto a esa posibilidad y a ellos me referí públicamente y en muchas ocasiones como una encrucijada del alma. Por un lado, no compartía la idea de perpetuar al presidente, pues he luchado toda la vida en armonía con los principios democráticos. Por esta razón, la posibilidad de un tercer mandato me hacía sentir muy incómodo. Pero también me preocupaba que las políticas de nuestro gobierno no perduraran, y que todo el progreso que habíamos hecho fuera reversible. Recordé a todos los amigos y seres queridos que habíamos perdido en los últimos años debido a la violencia. Pensé también en todos los ciudadanos que se habían beneficiado de nuestras políticas, como los secuestrados que ahora gozaban de la libertad o los habitantes de Kankawarwa. En este sentido entendía el deseo popular para que nuestro gobierno pasara otros cuatro años: seguiríamos haciendo frente a los problemas y alcanzaríamos más victorias.

Creía que Colombia necesitaba tomar una decisión basada en sus necesidades, en sus circunstancias y en sus leyes. Pero también recordé que en la historia reciente, algunos jefes de Estado elegidos democráticamente en otros países habían pasado más de una década en el poder, con el fin de llevar a cabo las transformaciones que habían iniciado. Franklin Roosevelt fue presidente de los Estados Unidos durante trece años. Margaret Thatcher fue primera ministra de Gran Bretaña durante once años. Felipe González fue primer ministro de España durante catorce años. Ninguno de estos líderes le hizo daño a las instituciones democráticas de su país tras permanecer en el cargo por un período tan largo. Y todos aprovecharon ese tiempo para asegurarse que sus gobiernos marcaran definitivamente un "antes" y un "después" en la historia de sus países.

A medida que el debate se intensificaba, fui criticado intensamente por no decidirme y por no señalar con claridad mis intenciones en uno o en otro sentido. En términos retrospectivos, creo que pudo haber sido un error de mi parte no haber frenado la iniciativa popular para permitir que un tercer mandato fuera posible. Pude haber dicho simplemente "no". Sin embargo aproveché el debate para hablar todos los días, no de la nueva reelección del presidente, sino de la necesidad de prolongar las tres políticas del Triángulo de Confianza.

En últimas, pensaba que la mejor estrategia era mostrar un respeto por nuestras instituciones democráticas y dejar que el tema siguiera su curso a través del Congreso y los tribunales; y eso fue lo que hice. Muy pronto dieron su veredicto. El 26 de febrero de 2010 la Corte Constitucional de Colombia falló en contra de la legalidad de los esfuerzos de nuestros partidarios para celebrar un referendo popular sobre un posible tercer mandato.

Me encontraba en Barranquilla, en un evento público sobre problemas y soluciones para la salud cuando la decisión del tribunal fue anunciada oficialmente. De inmediato los periodistas irrumpieron en el recinto y empezaron a gritar: "¿Cuál es su reacción a la decisión?". Les pedí el favor de esperar hasta que el evento terminara, pues los asuntos del Estado siempre estaban primero que la política. Cuando terminamos, unos minutos más tarde, me dirigí al país.

—Acepto y respeto la decisión de la Corte —dije—. Todos los ciudadanos tenemos que respetar la ley, especialmente el presidente.

Hablé brevemente acerca de mi respeto por la separación de poderes, de la importancia de la democracia y de la necesidad de someter el estado de opinión —como la expresión más participativa del Estado de Derecho— al fallo de las instituciones, en este caso de la Corte Constitucional. También hablé, una vez más, sobre la importancia del Triángulo de la Confianza. Terminé con la promesa de "servir a Colombia desde cualquier trinchera, bajo cualquier circunstancia y hasta el último día de mi vida".

Luego hice lo que he hecho siempre: volver a trabajar.

Poco antes de terminar nuestro mandato, visité el municipio de Urrao, aquel lugar que había desempeñado un papel único y recurrente en mi vida y en nuestra presidencia. Se trataba del pueblo que había servido como base de operaciones del capitán Franco y de su escuadrón de guerrilleros liberales durante mi niñez. Más tarde, fue el lugar donde operaron los cabecillas de las FARC que asesinaron a Guillermo Gaviria Correa y a Gilberto Echeverri Mejía. Al norte de Salgar —el pequeño pueblo cerca de la finca donde crecí— y por la misma carretera, está Urrao; su tradición de violencia y belleza sublime se remonta al siglo XIX. El general Rafael Uribe Uribe, uno de mis héroes y cuyo retrato tenía en el despacho presidencial, dijo que Urrao era un "paraíso perdido".

Y es un paraíso: sus hermosas colinas verdes dan paso a un valle selvático que conduce primero al río Atrato y después al océano Pacífico. Las orquídeas, de tonos rojos y rosados, florecen por todas partes. La maravillosa Colombia, la que mi madre y mi padre me enseñaron a amar, está presente allí para que todo el mundo la pueda contemplar. Sin embargo, y a pesar de sus tesoros naturales, para el 2002 y debido a la violencia, la población de Urrao se había reducido a unas 30.000 personas y la mayoría de los negocios cerraba a las cinco de la tarde porque los comerciantes temían ser atacados —de acuerdo con Luis Ernesto Vélez, alcalde del municipio—. A solo tres kilómetros del pueblo había avisos que decían: "Bienvenidas FARC". Cuando los terroristas entraban en acción, los habitantes de Urrao pasaban tres o cuatro días encerrados en sus casas hasta que la situación se normalizara.

Cuando volví a Urrao en los días finales del gobierno, para realizar uno de los últimos consejos comunitarios, el municipio se había recuperado y su población había aumentado de nuevo a cerca de 45.000 personas, según me dijo el alcalde Vélez. Las FARC habían sido expulsadas en su mayor parte, había empleo de nuevo y la presencia del Estado se sentía profundamente. La transformación de Urrao fue tan grande que ya no era conocido como un bastión terrorista, sino como uno de los mejores lugares del mundo para volar en parapente, debido a sus fuertes vientos y magníficos picos. Los turistas de

Europa y Estados Unidos acudían en número ascendente, sorprendidos por su belleza natural. La demanda creció hasta el punto que el alcalde Vélez y otras personas alquilaban con frecuencia las casas de sus fincas para hospedar a los turistas de Colombia y del extranjero.

Después de aterrizar en Urrao, vi un aviso puesto por sus habitantes en una montaña cercana. Decía: PRESIDENTE URIBE, POR SU CULPA URRAO ESTÁ EN PAZ. Era un mensaje de gratitud con un toque de ironía, que reflejaba las polémicas que acompañaron nuestra presidencia hasta el último día. Una vez reunido con los habitantes en el consejo, hablamos de los retos que aún tenía nuestro país. Había muchos temas para discutir. Pero los problemas de Urrao que se mencionaron ese día ya eran como los de muchos otros países: temas como servicios públicos, carreteras y escuelas. Era evidente que la actitud de sus habitantes había cambiado. Cuando asumí como presidente, los colombianos sufrían la violencia en silencio, las víctimas no reclamaban, en los primeros consejos comunitarios se expresaron los reclamos con una vehemencia que rayaba con la rabia. Al final, la mayoría había modificado la actitud: se presentaban los mismos reclamos o más, había conciencia de exigirle a las autoridades, pero la gran mayoría transmitía confianza. Muchas veces tuve que soportar lo más duro de estas exigencias, pero estaba seguro que el cambio había sido sumamente positivo. Los ciudadanos ahora confiaban lo suficiente en su Gobierno como para esperar un cambio; era una transformación notable. Pasamos de ser un Gobierno que rogaba por dialogar con los terroristas, a ser un Gobierno comprometido que dialogaba con el pueblo colombiano.

Durante nuestro gobierno hubo algunos momentos en los que recuerdo haberme sentido satisfecho, e incluso feliz. Siempre creía que había más cosas que hacer, que otro grupo de personas debía ser rescatado, que había que superar otro obstáculo en nuestro camino hacia el bienestar de todos los colombianos. Pero ese día en Urrao tuve un fuerte sentido del pasado, del presente y del futuro de Colombia. Pude apreciar en qué lugar de la "película" estaba Colombia, en referencia a lo que me había dicho una vez el presidente Clinton, quien delante de una nutrida concurrencia expresó —en defensa de nuestro gobierno— que a Colombia era necesario mirarla en película y no en la foto del día, para apreciar de dónde venía, dónde estaba y para dónde iba. Varias generaciones, incluyendo la mía, habían sido asoladas por bandas de criminales. Y aunque los delincuentes no habían desaparecido del todo, la vida había mejorado en términos económicos y de seguridad. Mientras me preparaba para entregar mi cargo, tenía la esperanza de que Juan Manuel Santos, mi ex ministro de Defensa, y quien había sido elegido para sucederme como presidente, continuara con nuestra labor en nombre del pueblo colombiano.

Por esa misma época, mientras recorría una zona rural, me encontré con un campesino que me agradeció por lo mucho que había mejorado el país.

—Esta no es una tierra de leche y miel —le respondí.

—Ah, sí —me dijo—, pero al menos los ríos ya no están manchados con sangre.

Esta fue la Colombia que entregué a nuestros sucesores: una Colombia que no era un paraíso, una Colombia que aún tenía muchos problemas serios, pero una Colombia que estaba avanzando en la dirección correcta.

Es cierto que cometimos errores y asumo la responsabilidad por ellos. Pero estoy seguro que, en términos generales, hicimos bien las cosas. Combatimos a los violentos y derrotamos a muchos de ellos y, al mismo tiempo, mantuvimos el respeto por la democracia, los derechos humanos y la cohesión de nuestra sociedad. Lo hicimos de una forma que nos valió el apoyo y el respeto de la gran mayoría del pueblo colombiano. Al acabar nuestro gobierno, teníamos un nivel de aprobación entre el 74 y el 84 por ciento.

Ahora que observo el panorama internacional, los eventos en el mundo árabe, en Afganistán, Pakistán y en el resto de América Latina, veo que enfrentan desafíos similares a los que enfrentó Colombia hace una década. Espero que los líderes de esos países puedan aprender de nuestros triunfos, así como de muchos de nuestros fracasos. El deseo de seguridad y bienestar es universal y ningún sistema puede garantizar la sostenibilidad de ambos por fuera de la democracia.

A las futuras generaciones de colombianos y de líderes jóvenes de todo el mundo, espero que nuestra historia les sirva como prueba de que *cualquier* situación, sin importar cuán sombría pueda parecer, puede abordarse. La historia de Colombia demuestra que todos los problemas humanos tienen una solución humana. Cuando hay amor hay entrega y, entonces, hay eficacia y puede concluirse que no hay causas perdidas.

EPÍLOGO

Una tarde de noviembre de 2011, quince meses después del final de nuestra presidencia, me encontraba en la oficina de Bogotá con el periodista estadounidense Brian Winter, apoyo fundamental para escribir este libro. Disfrutábamos unas galletas y las acompañábamos con un buen vaso de leche mientras discutíamos los últimos días de nuestro gobierno. Y entonces la conversación giró en torno a Urrao y a su notable cambio. Decidimos llamar a Luis Ernesto Vélez, el alcalde de este municipio, para que nos diera más detalles sobre el progreso reciente de Urrao. Y nos contó la historia que aparece en el capítulo final. Antes de colgar me dijo:

—Gracias por todo, señor ex presidente. Colombia ha cambiado para siempre gracias a la labor de ustedes en el Gobierno.

Dos horas más tarde recibí una llamada telefónica. Era de nuevo el alcalde Vélez.

—¡Las FARC quemaron mi finca! —dijo angustiado.

La casa que alquilaba a los turistas ahora estaba en llamas. Y solo la Providencia impidió una tragedia mayor: el alcalde nos dijo que de no haber sido porque nuestra llamada telefónica lo retuvo durante largos minutos, probablemente habría llegado a su finca en el momento en que los terroristas la incendiaban.

—Seguramente me habrían secuestrado o asesinado —agregó con voz temblorosa. Poco después se enteró que otras fincas, de diferentes personas, también habían sido incendiadas.

Tal como lo ilustra este episodio, el progreso de Colombia sigue siendo frágil. El país mejoró, eliminamos unos grupos terroristas, debilitamos otros, pero su voracidad criminal persiste. La culebra todavía está viva. Los casos como el de Vélez están de nuevo presentes y dan señales de querer aumentar. Pareciera que el Gobierno estuviera perdiendo terreno frente a los violentos en algunas regiones de Colombia. Y aunque creo que el presidente Santos tiene la firme determinación de derrotar a los terroristas, me atemoriza pensar que algunos individuos dentro de su gobierno consideran irreversible el progreso de la última década o lo subestiman, cambian el rumbo y crean nuevos y grandes riesgos. Por el bien de nuestra democracia debemos permanecer firmes. No podemos contemporizar con los terroristas o con quienes los albergan. Si fallamos, existe la posibilidad que una época oscura envuelva de nuevo a Colombia.

Desde el momento que regresé a la bella condición de simple ciudadano de Colombia, el 7 de agosto de 2010, he procurado mantener un buen ritmo de trabajo. Tuve el honor de servir como Vicepresidente del Grupo de Investigación de las Naciones Unidas, creado con ocasión del incidente de la flotilla de Gaza en mayo de 2010. He sido profesor visitante y he acudido a muchas universidades a deliberar. He defendido el legado de nuestro gobierno y a quienes han sido perseguidos injustamente en los tiempos que le siguieron. Me he reencontrado con las actividades del campo. Ahora ayudo a cumplir el sueño de una universidad, sin ánimo de lucro, que esté al alcance de colombianos de aldeas remotas.

He mantenido mi participación en la política, nunca la he abandonado. Amo a Colombia y vivo agradecido con mis compatriotas que me permitieron dirigir a la Nación durante dos períodos. Mis críticos confunden mi participación en la política con aspiraciones personales. Me gusta hacer campaña sin que tenga que ser candidato, defiendo unas tesis pero me opongo a la falta de consecuencia entre los discursos del candidato y las acciones del gobernante. Comprendo bien que las ideas no se pueden estancar pero me repugna que se las deje expósitas o se les sustituya por el aplauso del momento. El liderazgo tiene que saber nadar contra la corriente que otros quieren imponer y perseverar para cambiarla.

Creo en ese Puro Centro Democrático que define el equilibrio entre la Seguridad, la Inversión y la Cohesión Social. La pobreza y la inequidad de Colombia requieren seguridad como fuente de recursos, para superarlas.

Me horroriza pensar que pasemos de la seguridad que avanzaba a la seguridad a medias y, de nuevo, a la inseguridad general.

Pido al Creador que me permita deliberar hasta el día final, con amor a Colombia, con la única intención de servirla, como un homenaje a tantos seres humanos sacrificados en esta lucha y como un compromiso con el derecho de las nuevas generaciones a vivir en una Patria de rectitud, bienestar y equidad.

AGRADECIMIENTOS

Todo lo que he logrado en mi vida y que vale la pena ha sido el resultado del trabajo en equipo. Este libro no fue la excepción.

Quisiera agradecer a Brian Winter. Me ayudó a escribir un libro que cubre mi gobierno y mi vida de forma detallada y emotiva. El talento de Brian como escritor, su empatía como entrevistador y su ojo para extraer anécdotas interesantes fueron esenciales a lo largo de los dos años que pasamos trabajando juntos en este proyecto.

La sabia asistencia y el consejo de mi asesor Iván Duque Márquez fue igual de instrumental a lo largo de este proceso. Iván es más que sabio y estoy seguro de que tiene por delante un futuro brillante.

Varios amigos cercanos me ofrecieron sus reflexiones más profundas y me hicieron muchas sugerencias para mejorar este libro, incluyendo Francisco Santos, los generales Óscar Naranjo, Freddy Padilla y Mario Montoya; Alicia Arango, Luis Guillermo Plata, Jaime Bermúdez, Luis Alberto Moreno, Fernando Araújo, Cecilia María Velez y César Mauricio Velázquez. Beatriz Delgado, mi asistente personal ejecutiva y Carolina Escamilla, una asistente joven y talentosa, también ofrecieron su valioso apoyo.

Lina María Moreno, mi esposa, y Tomás y Jerónimo Uribe, mis hijos, han sido los lectores más perspicaces y exigentes de este libro. Sus consejos y sus aportes han enriquecido cada una de sus páginas. Los quiero a todos.

Estoy también muy agradecido con Leticia Bernal, por su inconmensurable ayuda en la corrección editorial del libro, con Jan Miller, mi agente, y Ray García y su equipo de Penguin. Gracias a su visión y su fe, hemos tenido la oportunidad de contarle la historia de Colombia al mundo de una forma detallada y seria. Por este privilegio me siento infinitamente agradecido.

Todos los beneficios obtenidos por la venta de este libro serán destinados a la financiación de una universidad sin ánimo de lucro en cuya creación estamos trabajando. En un principio la universidad tendrá un enfoque en tecnología e ingeniería y será lo más virtual posible para que jóvenes colombianos que residen lejos de las grandes ciudades tengan acceso a una educación de alta calidad. Es con mucha alegría que he notado que la publicación de este libro coincide con el nacimiento de nuestro primer nieto, el hijo de Tomás e Isabel Sofía, y con la boda de Jerónimo y Shadia. A medida que me haga viejo, espero poder dedicar toda mi alma a las nuevas generaciones de colombianos para que ellos, al igual que nuestros nietos, puedan vivir felizmente en esta, nuestra noble tierra. Así mis padres y mis abuelos podrán estar felices en el cielo.

Una vez más, quisiera agradecer a los miembros de las Fuerzas Armadas que me han protegido a mí y a mi familia. Estaré siempre agradecido con los generales Flavio Buitrago y Mauricio Santoyo, el almirante Rodolfo Amaya, el coronel Eduardo Ramírez y con todos los hombres y mujeres, leales y comprometidos, que se han dedicado a esta tarea difícil y riesgosa.

Finalmente, lo más importante: este libro no habría sido posible sin los sacrificios y el duro trabajo de los héroes anónimos que han trabajado para crear una Colombia mejor. Ya sea que fueran miembros de las Fuerzas Armadas, de la Policía, del sistema judicial, de los diversos ministerios o simples ciudadanos colombianos que trabajaron para mejorar un poco nuestro país, el cambio de los últimos años simplemente no habría sido posible sin sus esfuerzos. Me sobrecojo y me conmueven sus contribuciones. Mi historia es su historia; su historia es la mía. Juntos seguiremos trabajando para mejorar a Colombia.

UNAS PALABRAS SOBRE LAS FUENTES

Al igual que todos los atributos humanos, la memoria es imperfecta. Nos hemos esforzado por ofrecer en este libro un informe tan rico y detallado de mi vida y de mi presidencia como fuera posible, y trabajamos arduamente para extraer antecedentes, contextos e información a partir de diversas fuentes. La principal fuente para el contenido de este libro fueron las entrevistas que Brian Winter me hizo durante cuatro semanas entre mayo de 2010 y noviembre de 2011 en Washington D.C., en Bogotá, en Rionegro y en El Ubérrimo, mi finca en Montería. Estas conversaciones se complementaron con entrevistas a unas veinticinco personas, incluyendo a miembros de mi familia, funcionarios de mi gobierno y oficiales de las fuerzas de seguridad colombianas. Brian recurrió a prestigiosos medios de comunicación para el contexto de fechas y eventos clave, incluyendo fuentes colombianas como *El Tiempo El Colombiano, El Mundo* de Medellín y la revista *Semana*, y conocidas publicaciones internacionales como *Reuters, The Economist* y el *New York Times*.

Brian y yo hicimos todo lo que estaba a nuestro alcance para verificar la información contenida en este libro con múltiples fuentes acreditadas. Inevitablemente, a pesar de nuestros mejores esfuerzos, puede haber errores derivados de informes erróneos o incompletos de los medios de comunicación y de trabajos académicos. Todos los errores en términos de memoria son solo míos.

FUENTES

PRIMERA PARTE: La narración del secuestro de Guillermo Gaviria Correa y de los acontecimientos que condujeron a él, fueron extraídos de informes de medios de comunicación colombianos, así como de un artículo publicado en el *Times* de Londres por Glenn D. Paige, un académico norteamericano que estudió la vida del gobernador en detalle y lo nominó para el Premio Nobel. Las descripciones del cautiverio del gobernador Gaviria provienen de las cartas que le escribió a su esposa, muchas de las cuales fueron publicadas póstumamente. La narración de los acontecimientos que condujeron a la muerte de mi padre se basa casi exclusivamente en un relato escrito por mi hermano Santiago Uribe, que fue publicado en 2002 bajo el título *El día que las FARC mataron a mi padre*. Ricardo Galán y el general Mario Montoya nos ayudaron a reconstruir muchos detalles de las secuelas de la operación militar para rescatar al gobernador Gaviria y a los otros rehenes. Los detalles de la operación militar contra alias "El Paisa" en el 2008 están basados en una entrevista con oficiales de la Policía de Colombia y en documentos internos.

SEGUNDA PARTE: Mi descripción de la historia reciente de Colombia está basada en numerosos trabajos académicos citados en la bibliografía que aparece al final. Los archivos históricos de la revista *Time* también fueron útiles para la descripción de los acontecimientos durante La Violencia y la turbulenta década de 1980 en Medellín y en toda Colombia. Lina me ayudó a recordar los detalles de cómo nos conocimos y de los momentos que pasamos en Rionegro, en Cambridge y en otros lugares. Robin, que sigue siendo un trabajador de confianza en El Ubérrimo, nos proporcionó algunos detalles sobre el intento de asalto a nuestra finca. Las noticias locales nos ofrecieron el contexto en relación con el atentado en el Hotel Orquídea Real.

TERCERA PARTE: Los archivos de la revista *Semana* y del diario *El Tiempo*, en particular, nos ayudaron a reconstruir los acontecimientos durante mi gobernación. Una amplia variedad de medios de comunicación internacionales, entre ellos el *Los Angeles Times*, *The Guardian* y *Associated Press*, nos ofrecieron detalles sobre el relato y la historia de Werner Mauss. Any Vásquez nos ayudó a llenar muchos espacios vacíos durante mi gobernación, así como del ataque a Vegachí. Las agencias de noticias, y particularmente *Reuters*, nos ayudaron a proporcionar un contexto para el creciente caos de la década de 1990, incluyendo la violencia de las elecciones departamentales y municipales de 1997. La historia de la participación de las FARC y de otros grupos armados en el tráfico de drogas proviene de varias fuentes, incluyendo el libro de la Corporación Observatorio para la Paz, el libro de Michael Reid, y algunos fragmentos del libro de Juan Manuel Santos. Una encuesta sobre Colombia realizada en 2001 por *The Economist* nos suministró algunos de los datos sobre la economía y los alcances empíricos de la violencia antes de mi presidencia. Jaime Bermúdez nos ayudó a llenar los espacios en blanco en los años de Oxford, así como muchos de los puntos de quiebre de mi campaña presidencial. Ricardo Galán también nos proporcionó una gran cantidad de detalles sobre esta. La colaboración de Lina en este sentido también fue fundamental.

CUARTA PARTE: Ricardo Galán, Francisco Santos y el almirante Rodolfo Amaya nos ayudaron a recordar algunos detalles del día de la inauguración presidencial y de nuestros esfuerzos para velar por la seguridad de todos. Los vívidos relatos de *El País* y *El Tiempo* nos suministraron gran parte de los detalles de ese primer día crucial en Valledupar y Florencia. El libro de Ingrid Betancourt nos ofreció su visión personal sobre su captura y cautiverio, y el libro de los tres contratistas estadounidenses capturados desempeñó un papel similar con respecto a sus experiencias. El académico estadounidense Harvey Kline recopiló datos útiles, así como varios eventos importantes en relación con la Ley de Justicia y Paz, y otros sucesos de mi primer mandato. La colaboración de Alicia Arango desempeñó un papel decisivo en la reconstrucción de mi presidencia, a partir de los primeros días.

QUINTA PARTE: La reconstrucción de la captura de Rodrigo Granda, y los acontecimientos derivados de esto, fueron tomados parcialmente del libro de Jaime Bermúdez. Las citas del presidente Chávez y de otros protagonistas provienen en su mayoría de medios de comunicación internacionales como la BBC, *Reuters* y *The New York Times*. El propio Fernando Araújo nos hizo un relato detallado de su cautiverio y huída. Luis Guillermo Plata tuvo la amabilidad de suministrarnos muchos datos e información con respecto a las negociaciones comerciales de nuestro país, y al desempeño general de nuestra economía. Francisco Santos nos ayudó con el contexto crítico en nuestros esfuerzos para mejorar los derechos humanos. Hemos dependido en gran medida de los informes de medios de comunicación, y particularmente de los servicios de cable, para la descripción de nuestras negociaciones con los grupos armados, y para las cifras de víctimas de los atentados terroristas. Algunos detalles sobre el incidente del niño Emmanuel provienen de una entrevista con el general Montoya, mientras que otros fueron tomados del libro de Juan Manuel Santos.

SEXTA PARTE: La información relativa a las operaciones de inteligencia dirigidas a alias "Raúl Reyes" proviene de entrevistas privadas con funcionarios de la Policía colombiana. Un libro del periodista norteamericano John Otis nos ofreció un contexto parcial de la operación muy útil, así como una descripción general de las tácticas de las FARC durante el segundo período de mi presidencia. Gran parte de los datos utilizados para suministrar el balance final de nuestras políticas económicas, sociales y de seguridad proviene de *Uribe: Trabajo, hechos y corazón*, un libro que publicó mi gobierno mientras nuestro segundo mandato llegaba a su fin. Las transcripciones oficiales y los informes de los medios de comunicación nos ayudaron a reconstruir mis reuniones con líderes extranjeros, entre ellos el presidente Bush y el presidente Lula. La narración detallada de la Operación Jaque se debe en gran parte a la entrevista con el general Montoya, así como a un libro homónimo escrito por Juan Carlos Torres. Otros detalles de esta operación provienen también de una inolvidable conversación que tuvimos el general Freddy Padilla, el general Óscar Naranjo, Brian Winter y yo en mayo de 2010, junto a una chimenea en las afueras de Bogotá, un día antes de la primera vuelta presidencial para elegir a mi sucesor.

BIBLIOGRAFÍA PARCIAL

Reid, Michael. *The Forgotten Continent: The Battle for Latin America's Soul.* New Haven: Yale University Press, 2007.

Gaviria Correa, Guillermo. Edited by James F.S. Amstutz. *Diary of a Kidnapped Colombian Governor.* Tenford, Pennsylvania: DreamSeeker Books, 2010.

Roldán, Mary. *Blood and Fire: La Violencia in Antioquia, Colombia, 1946-1953.* Durham: Duke University Press, 2002.

Bushnell, David. *The Making of Modern Colombia.* Berkeley: University of California Press, 1993.

Carpenter, Frank G. *South America: Social, Industrial and Political.* Boston: Geo. M. Smith & Co., 1900.

Vincent, Frank. *Around and About South America: Twenty Months of Quest and Query.* New York: D. Appleton and Company, 1890.

Kline, Harvey F. *Showing Teeth to the Dragons: State-building by Colombian President Álvaro Uribe Velez.* Tuscalossa, AL: The University of Alabama Press, 2009.

Santos, Juan Manuel. *Jaque al Terror: Los años horribles de las FARC.* Bogotá: Editorial Planeta, 2009.

Martin, Franklin H. *South America.* New York: Fleming H. Revell Company, 1922.

Bermudez, Jaime. *La audacia del poder.* Bogotá: Editorial Planeta Colombiana, 2010.

Gonsalves, Marc, et al. *Out of Captivity.* New York: William Morrow, 2009.

Corporación Observatorio para la Paz, et al. *Guerras inútiles: una historia de las FARC.* Bogotá: Intermedio Editores Ltda., 2009.

Policía Nacional de Colombia. *DIPOL: 15 años contra el crimen.* Bogotá: Panamericana Formas e Impresos S.A., 2010.

Davies, Howell, ed. *The South American Handbook 1948.* London: Trade and Travel Publications Ltd., 1948.

Izquierdo, Maria. *Álvaro Uribe: Con la patria en el corazón.* Bogotá: Panamericana Editorial, 2004.

Otis, John. *Law of the Jungle.* New York: Harper Collins, 2010.

Coghlan, Nicholas. *The Saddest Country: On Assignment in Colombia*. Toronto: McGill-Queen's University Press, 2004.

Torres, Juan Carlos. *Operación Jaque, La verdadera historia*. Bogotá: Planeta, 2008.

Robinson, James and Urrutia, Miguel, eds. *Economía colombiana del siglo XX*. Bogotá: Fondo de Cultura Económica, 2007.

Cepeda Ulloa, Fernando, ed. *Fortalezas de Colombia*. Bogotá: Editorial Planeta, 2004.